The Science of Sprinting

スプリント学
ハンドブック
すべてのスポーツパフォーマンスの基盤

編集 ■ 日本スプリント学会

西村書店

はじめに　日本スプリント界のこれまでと今後の展望

　スプリント(sprint)という用語は，主に陸上競技の短距離走のような全力疾走や長距離走のラストスパートなど，いわゆる酸素を用いずにエネルギーを供給するアネロビック・パワーを主に発揮しながら高いスピードで疾走する運動のことを指す．

　今でこそこのスプリントの花形種目は100 m走であるが，古代オリンピックで競われていたスタディオン走と呼ばれる短距離走は，概ね180 mの距離で競われたとされる．しかし，いずれにしても古代オリンピックの第1回大会(紀元前776年)で実施された種目は，このスタディオン走ただ1種目だけであったことから，古い時代から足の速さは人類共通の目標であり，憧れであったことが推察される．言い換えれば，人類が最も長い時間をかけて取り組んできたテーマがスプリントといってもいいだろう．

　スプリントの日本一を競う日本陸上競技選手権大会が初めて開催されたのは1913年(大正2年)，このときの男子100 m走の優勝記録は12秒4と記録されている．そしてその10年後，第10回大会では11秒4までその記録は短縮されることとなった．その後，1935年(昭和10年)に開催された関東近畿フィリピン対抗陸上競技大会では，吉岡隆徳選手が当時の世界記録に並ぶ10秒3をマークする快挙を成し遂げた．手動計時とはいえ，当時のグランドコンディションを考えれば驚異的な記録といってよいだろう．また，吉岡選手はその3年前の1932年(昭和7年)，ロサンゼルスで開催されたオリンピックでも，男子100 m走において決勝6位に入賞している．

　当然のことながら昭和初期のレースに関する科学的なデータは皆無に等しく，当時の技術や練習方法を知るには，彼らが残した記録や当時の映像や写真，そして出版された書物などを紐解いていくしかない．しかし，我々は，その中で多くの先輩方がこれまで積み上げてきたそれらスプリントの歴史を科学的に検証し，さらに高いレベルへの到達を目指さねばならない．それには研究者のみならず，スポーツ現場で精力的に活動している指導者や競技者が結集して研鑽できる環境の構築が大切だと考えられる．日本スプリント学会はそのような

考えをもとに活動が始まり，早くも四半世紀が経過することとなった。

　スプリント界にとって大きな転機となったのは，1991年に東京で開催された世界陸上競技選手権大会だった。本学会においても，男子100m走で世界記録を樹立して金メダルを獲得したカール・ルイス選手をはじめ，世界のトップスプリンターたちの走法を細かく分析し，それまで我々日本人が当たり前と考えていたスプリント走の技術や指導法について多くの修正と新しい知見を得ることとなった。本学会独自のスタイルである「得られた成果を即座に指導現場に還元し，研究者と指導者，そして競技者らが結集して意見を取り交わす」というスタイルはこの頃確立された。そしてこのような取り組みは現在もなお継承され，多くの成果を上げている。

　そのような中，日本のスプリント界のレベルもこの十数年で飛躍的に向上してきた。2003年にはパリで開催された世界陸上競技選手権大会の200m走で末續慎吾選手が銅メダルを獲得し，その後，2008年の北京オリンピックでは男子4×100mリレーで銅メダル，2016年のリオデジャネイロオリンピックでは銀メダル，そして続く2017年のロンドン世界陸上でも銅メダルを獲得するなど，日本代表選手らの活躍は国内を大いに沸かせている。

　そして2017年9月9日，福井県で開催された日本学生陸上競技対校選手権大会で桐生祥秀選手がついに10秒の壁を破る9秒98の日本記録を19年ぶりに樹立した。複数名の競技者が複数回10秒0台をマークする中，誰が日本スプリント界の悲願である100m走9秒台を最初に記録するのかが注目されていたが，桐生選手が達成したこのわずか10秒ほどの歴史的瞬間は日本国内を大いに盛り上げた。また，スプリントにかかわる競技者，指導者，研究者らに対しても，2020年に東京で開催されるオリンピックに向け，より一層の努力を心に誓わせたに違いない。

　このような状況の中，学会内では以前から書籍の出版について計画がなされてきた。この度ようやく機が熟し，25年間蓄積してきた実績をまとめる機会が得られた。ぜひとも日本のスプリント界の発展を願う多くの方々に本書を手にとっていただき，今後の日本スプリント界をともに創造していっていただければ幸いである。

日本スプリント学会　会長
高野　進

目 次

はじめに――日本スプリント界のこれまでと今後の展望　　高野　進 ii
執筆者一覧　vi

第1部　スプリント能力を生み出すメカニズム　　1

1章　スプリント走のエネルギー代謝　　森丘保典　2
スプリント走中のエネルギー供給　　2
スプリント走中のエネルギー供給系の貢献度　　4
スプリント走中の疾走スピード低下(疲労)の原因　　5
400m走中のエネルギー供給シミュレーション　　6
スプリントトレーニングを考える　　7

2章　神経筋システムからみたスプリント走　　小木曽一之　12
神経系による動きの統制―「意識する」重要性　　12
スプリント走と筋腱複合体の機能　　18
スプリント走のパフォーマンスを阻害する要因　　23
神経筋システムからみたスプリント走の技術　　25

3章　発育・発達に伴うスプリント能力　　遠藤俊典　30
身体の発育・発達の一般的経過　　30
「歩」および「走」運動の獲得　　31
跳運動およびその他の移動運動の発達　　33
「走能力」の発達　　35
トップフォームに至るまでのスプリント能力の発達　　40
スプリンターのタレント発掘と育成　　43

第2部　陸上競技におけるスプリント能力　　47

4章　スプリント走にみられる疾走スピードの変化　　安井年文　48
疾走スピードの測定　　48
最大疾走スピード　　48
パフォーマンスを高める必要条件としての最大疾走スピード　　49
平均疾走スピード　　50
環境条件の影響　　50
疾走スピード，ストライド長，ピッチの関係　　50
疾走スピードの変化　　51

5章　スプリント走のバイオメカニクス　　土江寛裕　62
スプリントのバイオメカニクス的理解　　62
スプリント走のキネマティクス　　68
スプリント走のキネティクス　　71
まとめ　　80

6章　ハードル走におけるスプリント能力 ……………………山崎一彦／前村公彦 81
疾走スピードからみたスプリントハードルとロングスプリントハードル …… 81
スプリントハードル …………………………………………………………… 82
ロングスプリントハードル …………………………………………………… 86
ハードル走のコーチング ……………………………………………………… 90

7章　中長距離走におけるスプリント能力 ……………………………門野洋介 93
中長距離走でスプリントがみられる局面 …………………………………… 93
中長距離走におけるスプリント動作の特徴 ………………………………… 95
まとめ …………………………………………………………………………… 99

8章　4×100 m リレーのバトンパス技術 …………………………………小林　海 100
4×100 m リレーについて …………………………………………………… 100
4×100 m リレーの走順 ……………………………………………………… 101
バトンパスの方法 ……………………………………………………………… 102
バトンパスの評価方法 ………………………………………………………… 104
バトンパスの練習方法 ………………………………………………………… 105

9章　跳躍種目における助走スプリントのコーチング ……………青山清英 108
跳躍種目のスプリントとは …………………………………………………… 108
跳躍種目のコーチングポイント ……………………………………………… 109
コーチングポイントとしての助走スプリントの動き ……………………… 111
コーチング学的視点からみた助走スプリントの分析方法 ………………… 111
まとめ …………………………………………………………………………… 115

10章　投てき競技におけるスプリント能力 …………………………田内健二 117
やり投における助走の実態 …………………………………………………… 117
やり投におけるスプリント能力 ……………………………………………… 120
サークル系種目におけるスプリント能力 …………………………………… 125
まとめ …………………………………………………………………………… 128

第3部　様々なスポーツにおけるスプリント能力　131

11章　スピードスケートにおけるスプリント能力 …………………結城匡啓 132
スピードスケートのスプリントレース ……………………………………… 132
スピードスケートのスタート動作のバイオメカニクス …………………… 133
優れたスピードスケート選手のスタート技術 ……………………………… 136
スピードスケート・スプリント能力を高めるトレーニング ……………… 141

12章　野球におけるスプリント能力 …………………………………宮西智久 145
野球のスプリント特性 ………………………………………………………… 145
野球のスプリント研究 ………………………………………………………… 147
走塁における方向変換 ………………………………………………………… 151

13章　サッカーにおけるスプリント能力 ……………………………杉本龍勇 156
サッカーとスピード …………………………………………………………… 156
サッカーのためのスプリントトレーニング ………………………………… 157
速く走る技術にみられる基礎的要素 ………………………………………… 160
まとめ …………………………………………………………………………… 164

用語集　串間敦郎／金子公宏　166
索　引　171

執筆者一覧

編集委員長

小木曽一之（おぎそ・かずゆき）　　皇學館大学教育学部　教授

編集委員

高野　　進（たかの・すすむ）　　日本スプリント学会 会長／東海大学体育学部　教授
安井　年文（やすい・としふみ）　　日本スプリント学会 理事長／青山学院大学教育人間科学部　教授
青山　清英（あおやま・きよひで）　　日本大学文理学部　教授
遠藤　俊典（えんどう・としのり）　　青山学院大学社会情報学部　准教授
小倉　幸雄（おぐら・ゆきお）　　大阪国際大学短期大学部　教授
土江　寛裕（つちえ・ひろやす）　　東洋大学法学部　教授
森丘　保典（もりおか・やすのり）　　日本大学スポーツ科学部　教授

執筆者（執筆順）

高野　　進（たかの・すすむ）　　日本スプリント学会 会長／東海大学体育学部　教授
森丘　保典（もりおか・やすのり）　　日本大学スポーツ科学部　教授
小木曽一之（おぎそ・かずゆき）　　皇學館大学教育学部　教授
遠藤　俊典（えんどう・としのり）　　青山学院大学社会情報学部　准教授
安井　年文（やすい・としふみ）　　日本スプリント学会 理事長／青山学院大学教育人間科学部　教授
土江　寛裕（つちえ・ひろやす）　　東洋大学法学部　教授
山崎　一彦（やまざき・かずひこ）　　順天堂大学スポーツ健康科学部　教授
前村　公彦（まえむら・ひろひこ）　　環太平洋大学体育学部　教授
門野　洋介（かどの・ひろすけ）　　仙台大学体育学部　講師
小林　　海（こばやし・かい）　　日本スポーツ振興センター　研究員
青山　清英（あおやま・きよひで）　　日本大学文理学部　教授
田内　健二（たうち・けんじ）　　中京大学スポーツ科学部　准教授
結城　匡啓（ゆうき・まさひろ）　　信州大学学術研究院（教育学系）　教授
宮西　智久（みやにし・ともひさ）　　仙台大学体育学部　教授
杉本　龍勇（すぎもと・たつお）　　法政大学経済学部　教授
串間　敦郎（くしま・あつろう）　　宮崎県立看護大学看護学部　教授
金子　公宏（かねこ・きみひろ）　　明治大学理工学部　准教授

第1部 スプリント能力を生み出すメカニズム

1章　スプリント走のエネルギー代謝 …………………… 2
2章　神経筋システムからみたスプリント走 ………… 12
3章　発育・発達に伴うスプリント能力 ……………… 30

1 スプリント走のエネルギー代謝

本章のねらい

「スプリント」は「短時間に短い距離を非常に速く移動すること」を意味する。陸上競技のスプリント走(100〜400 m走)には，走距離や競技レベルを問わず加速期〜最大疾走スピード(期)〜減速期がみられるという共通点がある。本章では，このような特徴を持つスプリント走におけるエネルギー代謝に着目し，3つのエネルギー供給系の働きとその貢献度，スプリント走中に起こる速度低下の原因を考慮した疾走中のエネルギー供給シミュレーションなどについて概観するとともに，スプリント走の生理学的・力学的特異性や技術と体力の相補性を踏まえたスプリントトレーニングの考え方を提示する。

スプリント走中のエネルギー供給

自動車が走るために「ガソリン」というエネルギーが必要であるのと同様に，人間が走るためには，「アデノシン三リン酸(ATP)」と呼ばれる物質が「アデノシン二リン酸(ADP)」と「リン酸(Pi)」に分解されるときに発生する化学エネルギーが必要である。

激しい運動を持続した際に消費されるATPの総消費量は，実に30 kgにも及ぶともいわれている。しかし，あらかじめ体内に蓄えられたATPは1〜2秒程度で枯渇してしまう程度のわずかな量(約100 g程度)しかない。したがって，10秒程度で終了する100 m走であっても最後まで走り切るためにはATPを生成(再合成)しなければならない。

運動中の骨格筋内のATP濃度はリアルタイムで測定すると，ほぼ一定の値に保たれ，大きな変化はみられない。すなわち，ATPは蓄えるものではなく「生きて動く」ために「絶えずつくり続けられるもの」であるといえる。

ATPは図1に示されるような多様かつ複雑な系によって再合成される。このATPの再合成プロセスは，主に以下のような3つのエネルギー供給系に分類される。

ATP-CP系

ATP-CP系は，筋中に蓄えられたクレアチンリン酸(PCr)を分解してATPを再合成するエネルギー供給系である(図1右，下式)[1]。

$$ADP + PCr \Longleftrightarrow ATP + Cr$$

筋中にあるATPとクレアチンリン酸は「高エネルギーリン酸」と総称される。そのため，ATP-CP系は，3つの系の中で最も素早く，かつ多くのエネルギーを供給することが可能で，主にスプリント走などの短時間高強度運動(の初期)において重要な役割を果たす。しかし，あらかじめ体内(筋内)に蓄えられているクレアチンリン酸の量は，1〜2秒程度で枯渇してしまうATPの3〜4倍程度でしかなく，その持続時間はあまり長くない。なお，この系は，短時間の高強度運動時だけではなく，最大下強度での持続的運動(開始)時にも用いられることが確認されている。

解糖系(乳酸系)

解糖系(乳酸系)は，筋や肝臓に蓄えられて

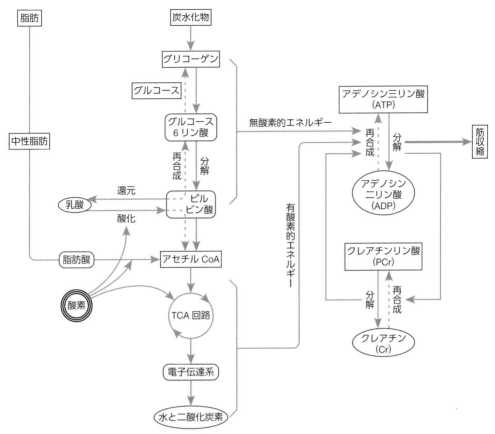

図1 運動のためのエネルギー供給系の概念図[1]

いるグリコーゲンやグルコースを分解してピルビン酸を生み出し，さらにそれが乳酸に変化する過程でATPを再合成するエネルギー供給系である（**図1左上**）[1]。この系は，ATP-CP系ほど短時間に多くのエネルギーを供給することはできないが，30秒〜1分程度の高強度運動において貢献度の高い系ということができる。

ATP-CP系および解糖系は，ATP再合成の過程で酸素を必要としないため「無酸素性（anaerobic）」のエネルギー供給系と呼ばれている。そのため，解糖系によるATPの再合成は，筋内が無酸素状態の中で行われると誤解されることも少なくない。グルコースは体内の酸素の状態（量）にかかわらず，ピルビン酸に変換されるが，その後，ピルビン酸が乳酸に変換される場合（無酸素性の解糖）と，アセチルCoAに変換（有酸素性の解糖）され，その後に酸化されてATPを再合成する場合の2通りがある。したがって，「無酸素性」というのは，あくまでもグリコーゲンやグルコースをピルビン酸に変換する過程において酸素を必要としないことを意味するものであり，筋内の無酸素状態を示すものではない。

酸化系

酸化系は，体内のグリコーゲン（グルコース）や脂肪を燃焼（酸化）することによってATPを再合成するエネルギー供給系であり，「有酸素性（aerobic）」のエネルギー供給系とも呼ばれる（**図1左下**）[1]。長時間にわたって安定したエネルギー供給が可能だが，大きな力やパワー（スピード）を発揮することはできない。

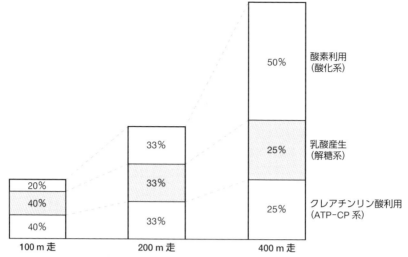
図2 スプリント走のエネルギー供給の貢献度(推定)[2]

スプリント走中のエネルギー供給系の貢献度

運動強度が徐々に高まると,酸化系から解糖系によるエネルギー供給が中心となり,さらに短時間の高強度運動となればATP-CP系が重要な役割を果たすようになる。一昔前の運動生理学の教科書では,これらの系の活動に関して,最大運動時のエネルギー需要量と体内(筋中)にあるATPやクレアチンリン酸,グリコーゲンなどの量から推定されるエネルギー供給量を踏まえ,「10秒以内の高強度運動の際にはクレアチンリン酸によるATP再合成が枯渇した後に解糖系によるATP供給が開始される」,「運動開始後の7秒程度はATP-CP系,続く33秒程度は解糖系,40秒(7秒+33秒)以降は酸化系によってATPが供給される」などと説明されていた。

しかし,100m走のような10秒程度の最大運動においても,ATP-CP系と乳酸系によるATP供給量が等量を示すことや,運動開始後1〜2秒ですでにグリコーゲンの分解が起こりはじめ,分解された糖の多くが乳酸に変化していることなどが確認されている。また,解糖系の主要な調整系であるホスホフルクトキナーゼ(PFK)は,運動に伴いADPやアデノシン一リン酸(AMP)の濃度が高くなるとその活性が高まって解糖作用を促すが,細胞内のATP濃度が十分に高いときや酸化系のATP供給が十分なときは,そのPFK活性は低下し,解糖作用が抑制されることが示されている。

スプリント走中のクレアチンリン酸利用(ATP-CP系),乳酸産生(解糖系)および酸素利用(酸化系)のそれぞれの割合は,100m走では40%,40%,20%,200m走では33%,33%,33%,400m走では25%,25%,50%になると推定されている(図2)[2]。これらのことは,3つの系の関与の度合い(貢献度)が,運動負荷(強度と時間),すなわちスプリント走の種目に応じてダイナミックに調整(最適化)されていることを示唆している。

また,同等の400m走能力を有する短距離走者,中距離走者,十種競技者を対象に間欠的な漸増負荷走行テスト(maximal anaerobic running test:MART)を実施すると,専門とする種目間で,テスト中の血中乳酸動態に相違がみられたことが報告されている(図3)[3]。これらのことは,同等の走能力を有する競技者においても生理・生化学的特性が異なること,すなわち同じ運動負荷(強度と時間)にお

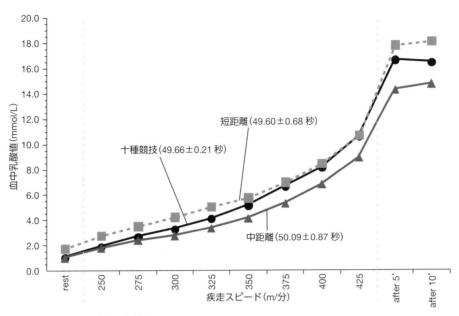

図3　MART 中の血中乳酸動態の比較[3]

スプリント走中の疾走スピード低下（疲労）の原因

　スプリント走のレースパターン（疾走スピード変化）は，100 m，200 m および 400 m 走それぞれに種目による特異性はみられるものの，性別や年齢，パフォーマンスレベルやトレーニングの有無などに依存しない一定の法則性があるといわれている。スタートからほぼ全力で疾走する 100 m および 200 m 走は「オールアウト型ペース（all-out pacing strategy）」，レース後半に向けて著しくスピードが低下する 400 m 走は「漸減型ペース（positive pacing strategy）」に分類されるが，いずれの種目も 5〜7 秒程度で最大疾走スピードに到達し，フィニッシュに向けて疾走スピードが低下（疲労）していくという共通点を持つ[4]。

　では，スプリント走中の疲労を引き起こす原因は，一体何なのか。

　ミオシンとアクチンの相互作用としての筋収縮は，筋原線維を取り囲んだ筋小胞体からカルシウムが放出されることによって起こり，カルシウムが筋小胞体に戻って相互作用を停止させることによって筋が弛緩する。したがって，筋小胞体からのカルシウムの出入りは筋収縮とって必須の振る舞いである。

　一方，スプリント走のような強度の高い運動では，短時間に多くのエネルギー（ATP）を必要とするため，ATP が ADP とリン酸に分解される過程およびクレアチンリン酸がクレアチンとリン酸に分解されて ATP が再合成される過程において，多くのリン酸が蓄積する。リン酸は，カルシウムに弱く結合してしまう性質を持つため，運動によって多量のリン酸が生成されると，筋収縮に必須のカルシウムの働きが阻害され，結果的に筋収縮に悪影響を及ぼすと考えられる[2]。したがって，スプリント走に共通してみられる疾走スピードの低下（疲労）が，その走行中に一定の割合で変化（増加または低下）するものによると考えれば，それは現状では ATP 出力の低下，すなわちクレアチンリン酸の低下やリン酸の蓄積が最も有力であるといえるだろう。

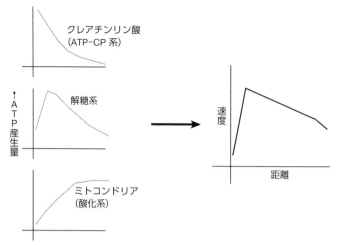

図4 400m走中のエネルギー供給の変化(概念図)[2]

400m走中のエネルギー供給シミュレーション

400m走中のエネルギー供給と疾走スピード変化との関係は，
1) スタート直後から100m付近まではクレアチンリン酸(ATP-CP系)が多く使われ，最大疾走スピードの出現に貢献するが，それ以降はフィニッシュに至るまで低下し続ける。
2) 解糖系も(ATP-CP系ほど早くはないが)レースの序盤からATPの生成に貢献するが，レース中盤以降はミトコンドリア以外でのATP再合成が減少し，疾走スピードが一定の割合で低下していく。
3) レース中盤(200m付近)では，すでにミトコンドリア(酸化系)からのエネルギー供給が2/3の貢献度に達しており，最後の直線では3/4程度のエネルギー供給が酸化系で賄われている。

と推定されている(図4)[2]。

これまで，400m走のようなロングスプリント走においては，走行後の筋中および血中に多量の乳酸が蓄積していることから，「高強度運動による乳酸の生成」と「生体内アシドーシス(酸性)による筋収縮の阻害(筋疲労)」を結びつけ，疲労の原因を「乳酸(の蓄積)」で説明するのが一般的であった。しかし，乳酸が単なる自由拡散ではなく輸送担体によって積極的に運ばれて代謝が継続する，すなわち乳酸がATP産生に再利用されるという「lactate shuttle(乳酸シャトル)」(図5)のフレーム[5]が提示されて以来，高濃度の乳酸が筋の興奮性を持続させ筋疲労を抑制する可能性や，細胞膜からの乳酸の放出や取り込みに関与するトランスポーター(monocarboxylate transporter：MCT)の関与メカニズムが示されるなど，「乳酸＝エネルギー源」というエビデンスも多数報告されてきている。パフォーマンス向上という視点でいえば，疲労物質としての「乳酸の洗い出し(除去)能力」から，エネルギー基質としての「乳酸の産生および再利用能力」へと焦点が移ってきたといえるだろう。

また，運動による疲労の原因としては，クレアチンリン酸の低下やリン酸の蓄積のほかに，カリウムやナトリウムの筋内外への出入り，筋グリコーゲンの減少などが指摘されている。さらには，疲労を「運動を起こす側(中枢)と運動を行う側(末梢)の相互作用」として捉え，末梢から中枢へのシグナルとなるべき生理的パラメータの探索やレース(ペース)戦略の最適化に関する実践的な研究などが行わ

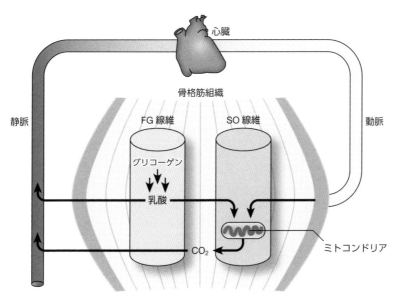

図5 乳酸シャトル[5]
FG線維：typeⅠ線維，酸化系能力が高い。SO線維：typeⅡB線維，解糖系能力が高い

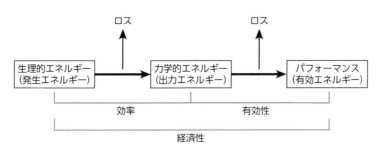

図6 運動パフォーマンス成立までのエネルギー変換プロセス[6]

れている．

図6は，入力としての生理的エネルギーが運動パフォーマンスに変換されるまでの過程をエネルギーの流れに着目して示したものである[6]．生理的エネルギーは，筋活動によって力学的エネルギーに変換される．しかし，スプリント走のようなシンプルな運動であっても，力学的エネルギーが大きいほど高いパフォーマンスが得られるとは限らない．したがって，出力された力学的エネルギーが運動パフォーマンスに有効なエネルギーに変換できたかについても問われるべきである．

図4に示されたレースパターン（エネルギー供給の変化）が不可避であるとすれば，400m走ではレース前半に高い疾走スピードを獲得しつつ，中盤以降のスピード低下の抑制を目指すことが課題になる．そのためには，競技者個々の生理的特性や種目特性を十分に考慮したうえで，エネルギーの出し方（効率）と使い方（有効性）の改善を目指したトレーニングを実践していく必要があるといえるだろう．

スプリントトレーニングを考える

世界的な中距離選手を数多く育成したアーサー・リディアードは，「トレーニングの究極のねらいは，簡単な話，自分が出場しようとしているレースをスタートからゴールまで，

自分が目標としているタイムを出すために必要とするスピードで走り切るだけのスタミナをつけることである」と述べている。これは，スプリント走にもあてはまる「究極のねらい」であるといえるが，ここでいう「スピード」と「スタミナ(持久力)」の本質的な意味を読み解くことはそれほど容易ではない。

たとえば400 m走においては，より短い距離(100 mや200 m)の走力が必要条件になることはいうまでもないが，その一方で短い距離(100 mや200 m)の走力向上が必ずしもそのパフォーマンス向上につながらない事例がみられること，逆に，400 m走から100 m走へと種目間トランスファーを果たした国内外のトップスプリンターが散見されることなどはその難しさを示している。

八田[2]は，400 m走トレーニングでよく用いられる「300 m+100 m(300 m走+休息+100 m走)」は，300 m走中にできた二酸化炭素が運動後(休息中)に遅れて体内に出てくるだけでなく，多くの乳酸が蓄積されている状況にあることから，400 m走のラスト100 mの「苦しさ(疲労)」を克服するためのトレーニングと考えられてきたが，休息時にクレアチンリン酸が再合成されてしまうため，100 mをスタートするときの筋内は300 mを走り切ったときほど苦しい(枯渇した)状態，すなわち400 m終盤の状況ではないと指摘する。

トレーニングの「特異性」という原理を踏まえれば，パフォーマンス向上のために獲得すべき能力は，あくまでもその種目の「特異性」を踏まえた「専門的」なものであるべきことは言を俟たない。そこで，以下では，高強度インターバルトレーニング(high-intensity interval training：HIIT)のスプリントトレーニングへの応用の可能性について考えてみたい。

スプリント走の生理的特異性を踏まえて

100 m走で80%，200 m走で65%，400 m走でも50%程度がATP-CP系および解糖系からのエネルギー供給によって賄われていることは，スプリントトレーニングの主なターゲットが無酸素性のエネルギー供給能力の向上にあることを示している。しかし，その一方で，100 m走で20%，200 m走で33%，400 m走で50%程度を担っている酸化系のエネルギー供給能力もまた無視できるものではない。

Tabata et al[7]は，最大酸素摂取量の170%強度($170\%\dot{V}O_2max$)の自転車エルゴメータ運動を20秒間，10秒間の休息を挟んで8回程度で疲労困憊に至るインターバル(間欠的)トレーニング(IT1)と，$200\%\dot{V}O_2max$強度の同運動を30秒間，2分間の休息を挟んで3〜4回程度で疲労困憊に至るトレーニング(IT2)とを比較し，IT1が無酸素性および有酸素性のエネルギー供給系に最大(最高)の負荷を同時にかけられるきわめて有効性の高いトレーニングであることを示している。

この「Tabata(タバタ)プロトコル」の特徴は，運動時間を短くすることによって$\dot{V}O_2max$強度以上の高強度を負荷しながら，休息時間を短くすることでエネルギーの再合成をできるだけ抑えたまま，できる限り運動を反復(持続)させることに目的がある。IT1が，相対的に強度が高く時間も長いIT2より高い有効性を示したことは，運動強度と休息時間の関係がそのトレーニング効果を大きく左右することを示唆しているといえるだろう。

また，荻田[8]は，$300\%\dot{V}O_2max$に近づくようなきわめて高い強度の泳運動を5秒間，10秒間の休息を挟んで5回繰り返すトレーニングを1日2回(20分休憩)，週5回，4週間行ったところ，最大酸素借，間欠的全力発揮パワー，30秒および1分間の全力運動時の総仕事量などが改善されたことを報告してい

る。このトレーニングは，短時間（30秒以内）の超最大努力を要するパフォーマンス向上に向けて，100 m走のような10秒程度しか維持できない運動強度を，休息を挟むことで25秒まで（間欠的に）持続させることを企図したものであるといえるが，上記の結果は，総運動時間がわずか30秒程度であっても，ねらったエネルギー供給系に高い刺激を与えることができれば，スプリント走に特異的なエネルギー供給能力およびパフォーマンスの向上を引き出すことが可能であることを示している。

インターバルトレーニングの利点は，休息を挟むことによって同じ強度でより長い（総）運動時間が得られること，または同じ総運動時間でより高い強度の運動が可能になるという点にある。これらのことは，「トレーニング効果は，目標となる運動パフォーマンスに貢献するエネルギー供給系に対して最大の負荷をかけたとき最大化する」という特異性の原理に則ったトレーニングを構想するうえで有用な方法であることを示唆しているといえるだろう。

スプリント走の力学的特異性を踏まえて

スプリント走の生理的（体力的）な特異性を考慮した「目標とする運動パフォーマンス（運動時間や強度）のエネルギー供給系に刺激を与えるトレーニング」の重要性については前述したが，力学的（技術的）にも「改善すべき運動パフォーマンス（動き）と類似した動作および動作速度によるトレーニング」を用いるときにそのトレーニング効果は最大化すると考えられている。その意味で「（より）速く走るためには（より）速く走る必要がある」という考え方は説得的である。実際，スプリントトレーニングの主な方法としては，高強度（最大もしくは最大に近い疾走スピード）運動を完全休息を挟みながら反復する「レペティ
ション法」や，数回のレペティションをセットにして，セット間にはより長い回復時間を設けて反復する「セット法」などが広く用いられている。

一方，ザチオルスキー[9]は，スピードを高めるために行う高強度トレーニングの反復が「動作（動き）のステレオタイプ」を形成し，スピードの頭打ちを生じさせるという内部矛盾の存在を「スピード障害」という表現を用いて示唆している。自動車のエンジンにおける最大トルク（推進力）が，相応の最適回転数のもとで発揮されるのと同様に，スプリント走における最適なストライド長・ピッチ関係の追究はきわめて重要なトレーニング課題である。しかし，無意識に実施されるスプリント走は競技者自身の固有のストライド長・ピッチ関係によるものであり，最大疾走スピードに近づくほどその可変性は低下していく。

このスピード障害の回避方法の1つである「破壊法」は，競技者の最大疾走スピードを上回る条件を人為的につくり出すことによって，定着したステレオタイプ（固有のストライド長・ピッチ関係）を強制的に壊しながら，より高い疾走スピードへの適応を目指すものである。代表的な方法として牽引走や坂下り走などの「負荷軽減法」が挙げられるが，これらのトレーニングは心身への負担（負荷）が大きく，反復回数も限られてしまう。そのため，実際には，ウインドスプリント，ウェーブ走，テンポ走などと呼ばれる最大下スピードによる走トレーニング量（距離）が多くなることは不可避である。このような最大下強度での走トレーニングには，スピード持久力の向上といった「体力的」な意義だけでなく，スピード障害の回避を目的としたストライド長・ピッチ関係や努力度の意図的な切り替えなどによる「技術的」な習熟，改善という意義を併せ持つと考えられている。

以上のことから，負荷軽減法や最大下スピードでの走トレーニングを，スプリント走の生理的および力学的な特異性を踏まえてイ

第1部 スプリント能力を生み出すメカニズム

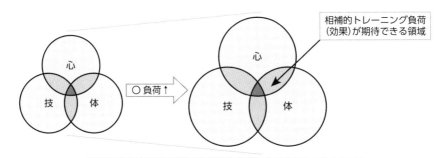

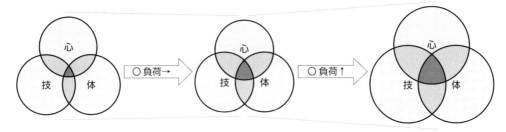

図7 心技体の相補性を意識したトレーニング（概念図）[12]
〇の大きさ：個別のトレーニング負荷，▲の大きさ：相補的トレーニング負荷

ンターバルトレーニング化することによって，代謝エネルギーの増大だけでなく，力学的エネルギー産生の効率化およびその有効利用に導くトレーニング効果を生み出すことが期待できるといえるだろう。

技術と体力の相補性原理とは

村木[10]は，期分け論における体力面への傾斜が顕著であることを踏まえたうえで，有用な実践理論の構築には技術・体力の相補性原理を包括する統合理論が不可欠であることを指摘している。この「技術・体力の相補性原理」の理論化とは，巧みな動きやよい動きに内在する「運動技術」について，運動課題を達成するために「生理的エネルギー（発生エネルギー）」を「力学的エネルギー（出力エネルギー）」に変換し，その力学的エネルギーを「運動課題（パフォーマンス）」に応じて効果的に使うための運動経過として包括的に捉えるべきであるという指摘（図6）[6]にほかならな

い。

これらの指摘は，技術が体力の制限因子になっているのか，それとも体力が技術の制限因子になっているのか，という問いを立てる，言い換えれば，「体力をあるレベルまで高めることによって初めて獲得できる技術」や「ある技術を獲得しているからこそ発達する体力」の存在を常に意識しておくことの重要性[11]を示唆しているといえる。

トレーニングの種類としての「技術」および「体力」という区別は，あくまで便宜上の一面的な描写に過ぎず，運動による真のスポーツパフォーマンスやトレーニングの実体を示すものではない[10]。トレーニング負荷は，いわゆる体力論的には，運動の強度，時間，頻度および休息時間によって決まるとされているが，そのトレーニング（運動）で考慮されている心理的・技術的な要素の多寡によって得られる効果は大きく異なる。心理・技術・体力などに分けて切り出した個別のトレーニング負荷をいくら増しても，それらが

有機的に重なりあう部分，すなわちその競技(種目)の特異性を踏まえた専門的トレーニングが実践されなければパフォーマンスの向上は望めない．心技体の相補性が考慮されたトレーニングを実践することによって，その効果は最大限に引き出されるといえるだろう(図7)[12]．

したがって，スプリントトレーニングの洗練化のためには，走行距離や走スピードなどの「量的負荷」の無数の組み合わせに盛り込まれるべき「質的負荷(相補性)」をリアルに想定しながら，技術と体力の相反性と相補性という「矛盾」を内包させつつ，その最適化を図っていくことが必要になる．

スプリント走のエネルギー代謝についての理解は，そのための重要な示唆を与えてくれるはずである．

【森丘保典】

● 参考文献

1) 金子公宥：スポーツ・エネルギー学序説, 杏林書院, 2011
2) 八田秀雄：乳酸と運動生理・生化学 エネルギー代謝の仕組み, 市村出版, 2009
3) 森丘保典ほか：体育学研究 48：181-190, 2003
4) Abbiss et al：Sports Med 38：239-252, 2008
5) Brooks et al：Med Sci Sports Exerc 18：360-368, 1986
6) 阿江通良ほか：スポーツバイオメカニクス20講, 朝倉書店, 2002
7) Tabata et al：Med Sci Sports Exerc 29：390-395, 1997
8) 荻田太：エナジェティクスを改善するトレーニングの考え方. スプリントトレーニング 速く走る・泳ぐ・滑るを科学する, 日本トレーニング科学会編, pp57-67, 朝倉書店, 2009
9) V・M・ザチオルスキー：スポーツマンと体力, ベースボール・マガジン社, 1972
10) 村木征人：スポーツ方法学研究 21：1-15, 2007
11) 結城匡啓：コーチング学研究 25：13-20, 2011
12) 森丘保典：体育の科学 63：712-718, 2013

2 神経筋システムからみた スプリント走

本章のねらい

運動学習は，ある課題を巧みに遂行する能力を獲得し，それを永久に持ち続けられるよう実践しながら経験を積んでいくプロセスである[1]。学習では，学習している自分自身の思考や行動を対象化し，それらを客観的に認識しながら（メタ認知），学習の課題を解決していく。特に，運動学習では，生体の機能を課題に応じて適切に修正するため，その行為や活動結果を捉え，身体運動のイメージを内的に構築し，それまでに記憶されている運動パターンと照らしあわせて修正していくことが必要とされる。その過程では，内的あるいは外的な刺激を身体の筋・腱・関節周囲・皮膚などに存在する感覚受容器で感知し，その関節位置覚・運動覚・力覚などを感覚として中枢に認識させる深部感覚が重要な役割を果たす。このことは，スプリント走のパフォーマンス向上にとっても例外ではなく，いかに最適な内的イメージを運動感覚に基づいてつくり出していけるかが重要な課題となる。本章では，このようなプロセスに深く関係する神経筋システムからスプリント走の技術やそのトレーニング方法を考えていく。

神経系による動きの統制 —「意識する」重要性

無意識下で行われる随意運動

スプリント走は，無意識下で行われる伸張反射などの不随意運動を含む「できる限り速く移動する」目的を持った随意運動である。

この全身を用いたリズミカルな運動は，数多くの運動単位が一定のリズムの下で適切に制御され，その動作が時間的・空間的に滑らかに反復される。しかし，驚くことに，そのほとんどは，大きな意識が払われないまま自動化され，反射運動のごとく自律的かつ適切に遂行される。そのため，ほとんどの人は，「走ることは簡単」「意識しなくてもできる」と思いがちである。

しかし，話はそれほど簡単ではない。我々は，たった１つの関節の動きを制御するだけでも，その主働筋，協働筋，拮抗筋それぞれの筋活動を制御し，お互いの筋活動パターンを調整しなければならない。複数の関節が関与する多関節運動では，関与する単関節筋や二関節筋などの活動パターンまでも調整し，各関節の伸展・屈曲，内転・外転，回内・回外動作などをその運動目的にあわせて滑らかに組み合わせていく作業が必要となる。したがって，より効率よく，合理的に，速く走るためには，その「動き」を注意深く自己観察し，常に修正し，改善していかなければならない。

中枢による無意識の統制

四足動物では，ある一定のパターンを反復する歩行運動のような運動に対して，脳幹だけではなく，脊髄に存在する独立した神経回路の中枢（中枢パターンジェネレータ〈CPG〉）が重要な役割を果たす。たとえば，ネコは大脳あるいは感覚入力が遮断されたとしても，CPGの働きにより，リズムを乱すような外乱が与えられない限り，一定の歩行を継続することができる。

二足歩行を行う我々人間も，新生児のときにはその両脇を支えられ，身体を垂直に保持された状態で，足を床に触れさせながら前方へとゆっくり動かされると，規則正しいリズムで足踏みが交互に生じる（原始歩行）。このような原始歩行は脊髄レベルでの反射と考えられ，人間におけるCPGの存在を裏づける。

しかし人間の場合，原始歩行は生後4～6カ月で消失し，その後，異なるパターンの初期正常歩行が現れてくる。そのため，我々のCPGは四足動物のように独立したものではなく，大脳皮質運動野，小脳，脳幹などの上位中枢からの指令によって大きく修正を受ける運動系神経回路の一部であると考えられている。

このことは大脳皮質，すなわち「どのような意識で運動を行うか」がその運動系神経回路の形成に大きく関与することを意味し，スプリント走のパフォーマンスを向上させるうえでも，動きに対して「どのような意識を持つか」が非常に重要になることを示している。

随意運動の発現

運動を行おうとする欲求は大脳辺縁系で生じる。その欲求により発生する運動は，高位，中位，下位と階層構造をなす中枢神経系で，高位から下位へと運動指令が伝えられる中で制御される（図1）。
- 高位中枢：大脳皮質連合野では，運動欲求に基づく目標が定められ，どのように筋を動かすのかについて企画・立案される。特に，前頭連合野では，フィードバックされた末梢からの情報や過去の記憶をもとに，取るべき行動が決定される。決定された指令は，運動の準備や運動の効果的な実施に向けて働く運動前野や補足運動野といった高次運動野を介して一次運動野へと伝えられ，様々な筋を直接制御する脊髄へと直接つながっていく。
- 中位中枢：大脳基底核や小脳では，どのように運動を制御するかについてのプログラミングがなされる。大脳基底核では，運動の状況に応じて情報を取捨選択し，不必要な動作は抑制し，必要な情報は興奮信号として補足運動野にフィードバックされる。小脳では，末梢からの感覚情報と高位からの運動指令を照合し，企画・立案された運動に必要な力の大きさ，距離，速さ，タイミングなどを計算・修正しながら，多くの筋がスムーズに協調して動くプログラミングを一次運動野にフィードバックする。

中枢神経系では，このように高位から下位へと運動指令が伝えられる中，大脳皮質がつくり出した運動イメージと実際に行われた運動とを照合し，その誤差を繰り返し修正しながら，よいイメージの内部モデルを小脳に構築していく。様々なスポーツでみられる美しいフォームや効率のよい動きは，この形づくられた運動プログラムが脊髄を下行し，α運動ニューロンを通して筋へと伝えられることで生み出された結果である。そして，その結果は，感覚ニューロンによって再び体性感覚野にフィードバックされ，修正を受ける。「うまくいった」，「うまくいかなかった」といった感覚は，この内部モデルとフィードバックされた実際の感覚との差を中枢神経系が認識し，分析した結果である。

動きをイメージする重要性

随意運動を生み出す神経系の働きは，その運動を頭の中でイメージするだけでも生じることが知られている。運動のイメージは，実際の運動時と同じ脳領域を活動させたり，微弱な筋活動を導いたり，運動感覚を生じさせたりする。実際，運動感覚の優れたスプリンターは，そのレースパターンのイメージが非常に正確で，実際の記録とほとんど同じタイムでレースをイメージすることができる。

これらのことは，運動をイメージするだけで，中枢神経系内に実際の運動に類似したイ

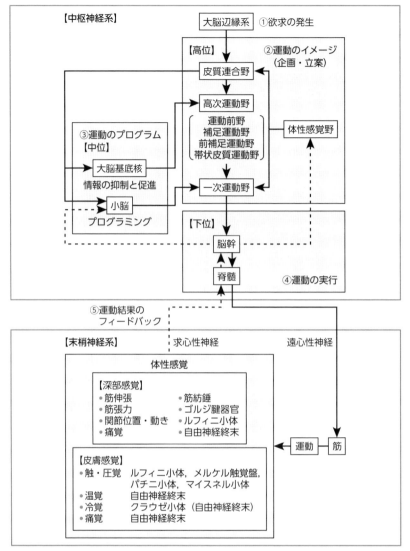

図1 随意運動が発現するメカニズム
運動の結果は常に体性感覚によって中枢へとフィードバックされる。中枢神経系では，その際行われた運動と大脳皮質がつくり出した運動イメージとを照合し，その誤差を修正していく。しかし，素早い動きの場合，今までの経験や内部モデルなどに基づき，事前に個々の筋に必要な張力や筋間の協調を命令するフィードフォワード的制御が行われる

メージ上の運動がつくり出されることを示し，イメージトレーニングが運動学習を効果的に行っていくうえで大きな手助けとなりうる可能性を示している。また，学習過程だけではなく，事前にイメージを構築することで，実際の運動時における緊張や心理的不安を軽減させ，高いパフォーマンスを発揮できる環境もつくり出すことができる。

フィードフォワードによる素早い動きの制御

　動作スピードがさほど速くない日常運動では，中枢からの指令によって実行された運動の結果が絶えず中枢へとフィードバックされ，その結果に基づく修正が行われながら運動が継続される。しかし，スプリント走やジャンプ運動などの非常に素早い運動では，末梢からの感覚情報のフィードバックが間に

あわず，それに対する修正をしている時間的余裕はない．感覚情報や運動指令を伝える神経線維の伝導速度は，その直径に比例し，感覚神経で最も太い直径（13〜20 μm）を持つⅠa群求心性神経では 80〜120 m/秒，直径約 15 μm の α 運動神経では約 100 m/秒である．そのため，たとえば，膝裏の脛骨神経を電気刺激することで誘発される H 反射は，膝裏から脊髄，脊髄からヒラメ筋へといった短い反射弓にもかかわらず，その潜時は 35〜40 ミリ秒に達してしまう．スプリント走における最大疾走スピード時の接地時間が約 100 ミリ秒であることを考えると，この時間はとても長いものである．

このような遅延をできる限り防ぐため，次に生じる状況が予測できる場合，内部モデルから取るべき行動が事前にプログラミングされ，それに基づく運動が行われる．課題となる運動が複雑であればあるほどその反応時間は遅くなるが，予備緊張を伴う「予測」は明らかにその反応時間を速くする．疲労の進行もまた主運動前の予備緊張を高めることが知られているが，これも事前に運動プログラムを用意することで，課題とする運動をできる限り素早く適切に行おうとするあらわれである．

一方，予測が困難な場合でも，その時間的な遅延を最小限に抑えるため，今までの経験や内部モデルなどに基づき，個々の筋に必要な張力や多くの筋出力の協調を事前に命令するフィードフォワード的制御が行われる．ただし，その場合，予測が間違っていたり，その運動が持つ周期性や規則性が崩されたりすると，その違いに素早く対応できず，予測に基づく誤反応を引き起こす．実際，力発揮のタイミングなど，予測にズレが生じると，その修正には少なくとも 100 ミリ秒程度の時間を要し，それはズレが大きければ大きいほど大きくなる．運動学習とは，このようなズレを小脳を中心とした中枢神経系が適切に修正していく過程を意味するが，いずれにしても，素早い巧みな動作を行ううえでは，次の動きを予測し，タイミングよく，素早く的確な反応を行うことがきわめて重要になる．

「動きの先取り」といわれる事前の準備はこのような点からも重要で，その時点での動きではなく，次に生じる動きを意識しながら対処することが必要である．実際，ボックスジャンプなどのプライオメトリック系のトレーニングで，地面に足が接地してから跳ぶことを意識すると，その反応が著しく遅れることは誰しもが経験することである．

素早い動きと正確性

古くから，運動のスピードと正確性は相反し（スピード-正確性トレードオフ〈speed-accuracy trade-off〉），その程度は運動課題に依存することが知られている．スプリント走は，陸上における最も速い移動手段である一方，その素早い動きの大半は矢状面上で行われる単純な動作である．それだけに，地面からの反力をどのように推進力に変換していくのかといった技術の正確性はそのパフォーマンスに直接的な影響を持つ．

スプリント走のトレーニング現場で多く用いられているスプリントドリルは，そのような動作の一部を強調し，個々の特性にあわせて修正していく分習法的な技術練習である．そこでは，実際のスプリント走よりもゆっくりとしたスピードの中，反射などの制御も含めた動きの正確性を求めていく．

しかし，残念ながら，サイズの原理（size principle）で示されるように，ゆっくりとした動きと速い動きでは，その動員される運動単位が異なり，活動電位の発射頻度も大きく異なる（図2）．また，このサイズの原理も絶対的なものではなく，大きな力を発揮する大きな筋群では，その力の調節が運動単位の動員によりなされることが多いのに対し，細かい動きを行う小さな筋群では，発射頻度の調節によって行われることが多い．すなわち，

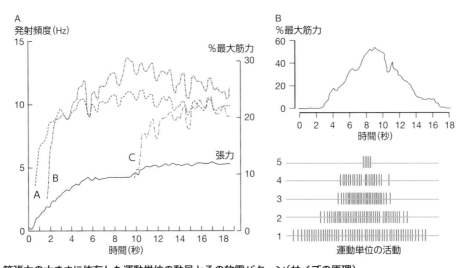

図2　筋張力の大きさに依存した運動単位の動員とその放電パターン(サイズの原理)
運動単位は基本的に，運動ニューロンの細胞体が小さい運動単位から大きい運動単位へと運動の負荷や速度が大きくなるにしたがって動員される．A：張力が増加するとともに小さな運動単位Aから大きな運動単位Cへと動員されていくことがわかる[2]．B：小さな運動単位1から大きな運動単位5へと張力の大きさに伴い順次動員される．速筋線維で構成される大きな運動単位は，遅筋線維で構成される小さな運動単位に比べ，持久性が劣り，長時間の活動参加は行えない[3]

その筋が行う運動目的に対して，その力の制御方法は異なることになる．それゆえ，スプリントドリルがspeed-accuracy trade-offに逆らって，速くかつ正確に動くことが求められるスプリント走に直接反映されるとは考えにくい．スプリントドリルでは，一糸乱れぬ動きをしていても，いったん全力で走り出すと，そのねらいとはまったく異なる動きで走っている光景はそれをよくあらわしている．

したがって，正確にかつ速く動くためには，速い動きにも対応できる神経筋システムを構築するため，ゆっくりとした動きの中で得られた正確性を少しずつ速い動きの中でも発揮できるように段階的な取り組みが必要となる．なお，サイズの原理に基づく「スピードや力の大きさが異なれば，動員される運動単位も異なる」といった知見は，その他様々な練習内容にも影響する．たとえば，100m走のパフォーマンスを上げるために200mを何本走ったとしても，そこに関与する運動単位は異なり，その練習は100m走のパフォーマンス向上に直接的には結びつかないということである(図3)．

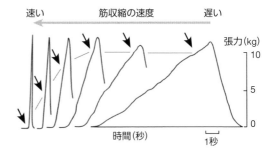

図3　筋収縮の速度に依存した運動単位の動員(サイズの原理)
矢印は，最大張力が12kgになるように6種類の速度で前脛骨筋の短縮を行ったときのある運動単位の発射閾値を示す．遅い速度では10kgにならないと発射しない運動単位が，速い速度では0kgで発射を開始し，その動員が収縮速度に依存することがわかる[4]

大きな筋群の制御

スプリント走をはじめとした全力を発揮するような運動では，腰関節や肩関節周りにある大きな筋群がその動きを統制したり，推進力を発生したりするための重要な役割を果たす．しかし，バドミントンの初心者が，腰や肩関節を用いず，手首だけでラケットを振るように，大きな筋群を思いどおりにコントロールすることは，その運動単位の大きさや筋紡錘の密度などの点から非常に難しい．

- 運動単位の大きさ：大きな筋では，基本的に大きな運動単位，すなわち運動指令を伝える1本のα運動神経が支配する筋線維数がより多くなる。たとえば，人間の筋線維に対する神経支配比（innervation ratio）は，外眼筋を構成する外直筋で1：5，手の筋である母指内転筋で1：100，前脛骨筋で1：600，腓腹筋内側頭で1：1900程度になる。神経支配比の大きい運動単位は，大きな力を発揮できない一方，その動きの正確性は高くなり，神経支配比が小さい運動単位は，大きな力は発揮できるものの，その動きの正確性は低くなる。これは，5人の相手に対してあることを指示するときと1900人の相手に対して指示するとき，どちらが正確に動いてくれるかということを想像してみるとわかりやすい。それゆえ，運動のパフォーマンスに大きく影響する神経支配比の小さな腰関節や肩関節周りの大きな筋群を思いどおりにコントロールするには，何度も何度も正確な動作を繰り返し，学習させ，定着させていくことが必要となる。
- 筋紡錘の密度：筋内に散在する筋の長さに関する情報を中枢にフィードバックする筋紡錘は，大きな筋になるほどその密度が小さくなる。人体には，約27500個（それぞれの腕に約4000個，脚に約7000個）の筋紡錘があるとされるが，各筋におけるその数は，基本的にその筋質量に依存する。しかし，速筋線維より遅筋線維，二関節筋より単関節筋，大きな動きをする筋より細かく動く筋（手や頸にかかわる筋）でその密度は高くなる傾向にある（例：人間の骨格筋の湿重量1gあたりの筋紡錘数は，虫様筋で18.8，ヒラメ筋で0.9，腓腹筋で0.4）。このことは，姿勢の維持や細かい作業などを担う筋は筋の長さに関する感受性が強く，そのフィードバックに基づく細かな修正がなされやすいことを示す。一方，大きなスピードや関節間でのエネルギー転送に深く関与する二関節筋では，動きの安定性を高めるために筋紡錘の密度は小さい。もし仮に筋紡錘の密度が大きい場合，それに起因する伸張反射などが2つの関節に同時に作用することとなり，それでは動きのスムーズなコントロールにとって不都合になる。すなわち，筋紡錘は，各筋に課せられた目的に応じて適切に配分されていることになる。しかし，このことは逆に，スプリント走などのパフォーマンスに重要な腰関節周りの大きな筋群や二関節筋などのコントロール，そしてそのフィードバックに基づく修正が非常に難しくなることを意味している。

これらのことから，スプリント走のような最大限のパフォーマンスを発揮する運動では，その動きを効果的に行うため，「意識どおりにうまく動かないところを意識どおりに効率よくうまく動かしていく」ことが重要であり，そのためにはより強い意識づけと気の長い正確な反復練習が必要となる。

正確な繰り返し練習の重要性

生後1年ほどで「歩き」はじめる我々は，陸上競技に出会うまで，独自に獲得してきた移動技術を用いてスプリント走を行っている。陸上競技では，そのような長い期間をかけて自動化されてきた独自のスプリント走を，個人の特性を活かしながら，より効率のよい合理的な技術へと修正していかなければならない。

しかし，現実的には，意識しづらい大きな筋群，大きな運動単位を使わなければならないことに加え，動作が単純で個々の形態や特性が色濃く反映される疾走動作を修正することは並大抵のことではない。そのため，多くのトレーニング現場では，スプリントドリルのような技術練習を運動感覚や動きに注意しながら取り入れている。

神経情報は，ある神経細胞の軸索（シナプ

ス前膜)からシナプス間隙に放出された神経伝達物質が続く神経細胞(シナプス後膜)を興奮させることで伝達される。しかし,シナプス前膜の活動電位がシナプス後膜の活動電位を必ず生じさせるわけではない。シナプス後膜の活動電位が義務的に生じるのは,神経と筋の間におけるシナプスなどにとどまり,その他は非義務的な反応になる。

しかし,このような神経回路で強い入力刺激が繰り返されると,シナプス後膜での興奮性シナプス後電位(EPSP)が大きくなるとともに,その効果が長期間にわたり続く生理的な変化が生じる。このシナプスでの伝達効率の向上は「長期増強」と呼ばれるが,これは,反復練習が新しい技術の獲得とその長期にわたる保持を可能にすることを意味する。しかし,逆にいえば,正しい知識を持ち,正確な技術を意識しながら技術練習を反復しなければ,望ましくない技術が固定化されてしまう可能性も高くなってしまうことになる。

入力刺激の繰り返しは,シナプス後膜での生理的変化を導く長期増強だけではなく,シナプス前膜からの神経伝達物質の量を増大させ,シナプスでの伝達効率を向上させる「長期促通」も導く。長期促通は,新しいタンパク質合成とあいまって,新たなシナプス形成にも役立つ。

これらのことは,新たな運動技術の獲得やその保持・発達に関与する神経回路の伝達効率は,どれだけその回路が刺激されたのかに依存することをあらわしている,すなわち「正確な意識の下でどれだけ正確に繰り返されたか」に依存することになる。実際,動作の反復練習が筋出力の正確性を向上させることや運動経験の豊富さが運動感覚の再現性を高くし,正確な動作を導くことが知られている。

スプリント走と筋腱複合体の機能

筋線維の走行

筋は,骨格筋,平滑筋,心筋の3つに大きく分けられる。そのうち,我々の身体動作を生み出すのは,全身に400種類以上ある骨格筋である。筋線維の束からなる骨格筋は様々な形状を持つが,上肢には力の作用する方向と筋線維が平行に並ぶよう腱膜に付着する平行筋(上腕筋や上腕二頭筋)がみられ,下肢には力の作用する方向とある傾斜角度(羽状角)を持って筋線維が腱膜と付着する羽状筋が多く配置されている(図4)。

羽状筋は,その羽状角により,筋線維の短縮距離がそのまま筋の短縮距離とはならない。筋の肥大はこの羽状角を大きくするため,筋が大きくなればなるほど筋線維の短縮が効率よく筋全体の短縮に転換されないことになる。

一方,一定の体積の中により多くの筋線維を配置でき,その筋線維の横断面積の和である生理学的筋横断面積を大きくできることから,より大きな力を発揮することができる。下肢に羽状筋が多くみられることは,身体全体の重さを受け止め,移動させなければならない下肢の特性にあわせた筋の合理的な配置と考えられるが,その過剰な肥大は,筋収縮のスピードを逆に落としてしまうため注意する必要がある。

筋線維組成

骨格筋を形づくる筋線維は,その収縮速度やATP合成能力の特徴から以下の3つのタイプに大きく分類される(分類方法の違いなどによってその名称は異なる)。
- SO線維(typeⅠ線維,赤筋線維):収縮速度は遅いものの,酸化系能力が高く,疲労し

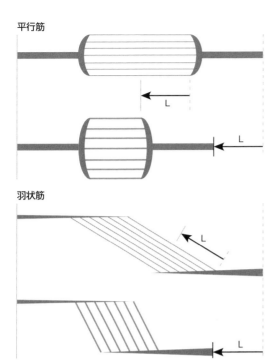

図4 同じ長さの筋線維が両筋に配置され，同じ大きさの短縮が筋腱複合体で起きたと仮定した場合の平行筋と羽状筋の短縮モデル
実際には，平行筋は筋線維長が長く，短縮する距離・速度ともに羽状筋よりも大きくなる。これは筋線維内に直列配置されたサルコメアの数が多くなるためである。なお，筋線維の収縮による体積変化は小さいため，収縮時はその横断面積が増加し，筋の長軸に垂直な面である解剖学的横断面積も増加する。一方，羽状筋は，その筋線維長が短い代わりに，同じ体積内により多くの筋線維を配置でき，その生理学的横断面積を増加させることができる。そのため，より大きな力発揮が可能となる。また，羽状筋は，腱膜に対する筋束の傾斜角度（羽状角）を増加させ，横断面積の増加した筋線維を腱膜の同一面積上に配置させるため，筋厚の変化をあまり生じさせにくい

- FOG線維（type II A 線維，中間筋線維）：収縮速度，解糖系・酸化系能力が比較的高く，疲労もしにくい。
- FG線維（type II B 線維，白筋線維）：収縮速度が速く，解糖系能力が高いものの，疲労しやすい。

このうち，SO線維を遅筋線維，FOGおよびFG線維を速筋線維と分けることもできる。これら3種類の筋線維は，筋内にモザイク状に分布しているが，その比率は個人によっても，筋，そして筋の部位（表層や深層）によっても異なる。当然ながら，大きなスピードが求められるスプリンターやジャンパーは，各筋における速筋線維の比率が高い傾向にある。

一方，各筋でみられる筋線維組成の違いは，その筋が主に姿勢維持のために働くのか，瞬発的な力発揮のために働くのかなど，その受け持つ役割に依存する。たとえば，姿勢維持に深くかかわるヒラメ筋は遅筋線維がその約80%を占めるが，同じ足底屈筋でも動きのスピードに深く関係する二関節筋の腓腹筋では約50%とその割合は低くなる。また，膝伸展筋群である外側広筋はその約45%が遅筋線維であるのに対し，膝屈筋群である大腿二頭筋はその約65%が遅筋線維となる。

これらの筋線維は，身体運動時，その特性に応じて動員され（サイズの原理），ゆっくりとした動きでは遅筋線維が，スプリント走などの素早い動きでは速筋線維が選択的に動員される（遅筋線維の活動が選択的に抑制される）。それゆえ，たとえば，持続的な踵上げのようなトレーニングは，遅筋線維が多くを占めるヒラメ筋などに対して効果的であり，仮にその肥大を生じさせた場合，脚の末端の質量を増加させ，脚の慣性モーメントを増加させてしまう。これは，脚を素早く振り回すスプリント走にとっては逆効果といえ，トレーニングにおいても各筋の筋線維組成を考慮し，何をどのように行うのかを考える必要がある。ただし，各筋線維は，結合組織を通して，隣りあう筋線維が発揮した張力を互いに伝達しあうため，一方の線維が働いているときに一方の線維はまったく働かないわけではない。すなわち，筋線維によって発揮された力は，筋全体として伝えられていくことになる。

筋収縮形態

筋収縮は大きく以下のような3つの形態に分けることができる。
- 筋が短縮しながら力を発揮する短縮性収縮
- 筋が伸張しながら力を発揮する伸張性収縮

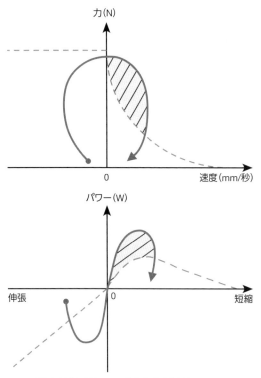

図5 摘出筋(点線)および疾走中(実線)におけるヒラメ筋の力-速度関係(上)とパワー-速度関係モデル(下)

摘出筋では伸張性収縮時，その伸張速度が増加しても発揮する力はほぼ一定となる。そのため，伸張速度が上がるとともに，そのパワーは直線的に増加する。短縮性収縮では，その速度が上がるにつれて，発揮できる力が低下するため，そのパワーは最大筋力の約30〜35%時に最大となる。一方，伸張-短縮サイクルでは，速度がゼロの時点を中心に，円を描くような力の発揮がなされ，パワーはS字状を描くようになる。このような特性は，筋が短縮性収縮に移行した折，摘出筋でみられるものより，より大きな力やパワーを発揮することを可能とする(斜線部分：増強作用)[5]

- 筋が長さを変えないまま力を発揮する等尺性収縮

このうち，短縮性収縮は，意図した方向に関節を回転させる収縮であり，その発揮張力は短縮速度が上がれば上がるほど小さくなる。一方，伸張性収縮は，大きな外力により，意図した方向とは逆方向に関節が回転してしまう収縮で，短縮性収縮より大きな力を短縮速度に関係なく発揮できる(図5)。

伸張性収縮におけるこのような特性は，伸張される速度が上がれば上がるほど筋にかかるパワー(力×速度)が大きくなることを示す。それは肉離れや筋痛を引き起こす原因ともなる。坂下り走や牽引走などのトレーニングは，この伸張性収縮を強く引き出すトレーニングであり，その実施には動作も含めた大きな注意が必要である。逆に，短縮性収縮では，発揮される力と収縮する速度が反比例するため，そのような危惧は小さく，大きなスピードでの実施も基本的には問題ない。

短縮性収縮は，筋により異なるものの，一般的にはその最大負荷の35%ほどでそのパワーが最大となる。そのため，その負荷でのトレーニングが最大パワーを導くトレーニングとして最適であると考えられがちである。しかし，トレーニングには特異性があり，同じ負荷あるいは同じ速度だけでトレーニングをした場合，その主要な効果は実施した負荷あるいは速度のときにだけ限定されてしまう。全体としてパフォーマンスを向上させるには，様々な負荷や速度でのトレーニングが必要となる。また，上り坂と下り坂を組み合わせたインターバルのようなトレーニングでは，短縮性収縮時は収縮張力と収縮速度が反比例し，伸張性収縮時は大きな力が収縮速度に依存しない特性から，上り坂では全力で，下り坂ではゆっくり下りてくることがケガなどの危険性を低くし，パワーなどを効果的に高める方法となる。

伸張-短縮サイクル

筋は腱膜に移行し，腱となって骨に付着することで，その発揮した力を関節の回転へと転換する。そのため，機能上も構造上も筋と腱組織は明確に区別することができず，あわせて筋腱複合体(muscle-tendon complex：MTC)と呼ばれる。身体運動のパフォーマンスは，この筋腱複合体の状態，特に伸張された後に短縮する伸張-短縮サイクル(stretch-shortening cycle：SSC)の出来栄えに大きく依存し，それにはいくつかの要因が存在する。
- 予備緊張：筋は，事前に活性化された状態(予備緊張)から短縮するとより大きな力を

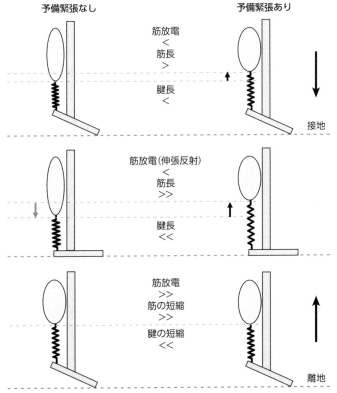

図6　スプリント走やジャンプ中における下腿三頭筋の伸張-短縮サイクルモデル
先取りの意識がなく，予備緊張を伴わない場合，筋は腱と同様にその接地時に引き伸ばされてしまい，大きな力を発揮できず，感覚的にも力が抜けてしまうことが多い．一方，予備緊張を伴う場合，接地前には筋がすでに収縮し，腱組織の張力は高められた状態になる．これは，接地後，筋にはより等尺性収縮に近い状態で大きな力を発揮させることを可能とさせ，腱には緊張した状態からの伸張による大きな弾性エネルギーを蓄えることを可能とする．その結果，接地期後半，離地に向けて効率のよい，大きな力発揮が可能となる．予備緊張のない場合あるいは伸張-短縮サイクルがうまく利用できない場合には，接地期後半，筋のより能動的な短縮性収縮が不可欠となり，効率よく大きな力を発揮することが難しくなる

素早く発揮することができる．筋腱複合体全体としても，筋が予備緊張を伴う状態から伸張され，短縮すると，より大きな力を素早く発揮することができる．それは，筋にはより等尺性に近い状態で大きな張力を発揮させながら，腱組織にはより大きな伸縮を引き起こさせることで，その弾性を引き出させるためである（図6）．

- 切換時間：伸張-短縮サイクル運動のパフォーマンスは，伸張から短縮への切り換え時間である coupling time に大きく影響される．基本的には，その coupling time が長ければ長いほど，筋の伸張時に蓄えられた弾性エネルギーやその後の短縮局面でみられる増強作用（potentiation）は失われ，その効果は低減する．ただし，至適な coupling time は筋線維組成に依存し，速筋線維の比率の高い者は短い方が，遅筋線維の比率の高い者はやや長い方が伸張-短縮サイクルの効率が向上する．

- 腱弾性：歩行運動では，接地中，筋が等尺性に近い収縮を行い，腱組織が伸張と短縮を繰り返す伸張-短縮サイクルを行う．これは，筋でのより大きな力発揮と腱組織における弾性エネルギーの利用を導き，効率のよい歩行動作を生み出す．スプリント走においても，この筋腱複合体の伸張-短縮サイクル運動はそのパフォーマンスを間違いなく向上させる．しかし，神経支配を受けていない腱組織の弾性を効果的に引き出し，利用するには，それを導くための適切な筋活動が必要となる．ボックスジャンプ

や立五段跳などのプライオメトリックトレーニングは，適切なタイミングでの筋の弾性を引き出し，筋腱複合体全体の伸張-短縮サイクルの効率を上げようとする取り組みである．実際，長時間にわたり伸張-短縮サイクルが繰り返される長距離ランナーにおいても，そのパフォーマンスと立五段跳の記録には相関がみられ，腱組織の弾性をいかに効果的に利用するかは，走運動や跳運動のパフォーマンスを向上させる重要な鍵となる．

伸張反射

筋腱複合体の伸張は，腱組織の弾性エネルギーを利用するだけではなく，ほとんどの場合，筋の伸張反射による筋硬度の向上も引き起こす．筋の長さおよびその長さ変化の情報を中枢へと送る筋紡錘は，1 mm/秒以下の速度でゆっくり伸張しても，γ 運動神経による支配を受けないとき（リラックス時）には1秒間に約4回，γ 運動神経による支配を受けたとき（緊張時）には約10回の頻度でⅠa群感覚神経の活動電位を増加させる（四肢の筋）．伸張速度を1 mm/秒以上に増加させると，その放電頻度はさらに高まる．このことは，スプリント走のような非常に速い動作かつ前緊張を伴う運動の場合，たとえわずかな筋の伸張に対しても，筋紡錘は敏感に反応し，伸張反射を誘発することを意味する．

筋腱複合体の伸張は，short-range stiffnessといわれる伸張直後の結合組織などの抵抗で発生する力に続き，この伸張反射による力を生じさせる．この両者には密接な関係があり，short-range stiffnessでの力が大きければ伸張反射による力も大きい．すなわち，どのような状態で筋腱複合体が伸張され，どのような力を得ることができたかがその後の伸張反射や随意収縮による力発揮に大きな影響を及ぼすことになる．

筋の伸張による力は，予備緊張があったかなかったか，そして筋がどのような状態で伸張されたかによって大きく異なる．筋は，予備緊張があったときに伸張されると，大きな力を素早く発揮する．しかし，面白いことに，伸張反射の大きさはその予備緊張の強さには大きく依存しない．予備緊張が「あったか，なかったか」に大きく依存するのである．

この予備緊張は，「次に何が起きるのか」を意識するだけで，γ 運動神経による筋紡錘の感度調節とともに，筋が伸張される約100ミリ秒前から自然と生じる．伸張による力が予備緊張の強さに依存しないことを考えあわせれば，次に起きることを意識（先取り）することが重要であって，意識的に力を入れて次の動作に望む必要はない．すなわち，力を入れて運動を行うことは，何らパフォーマンスを高めるものではなく，そのエネルギー効率を悪くしてしまう．

また，等尺性収縮の状態で筋が伸張されると，短縮あるいは伸張している状態で伸張される場合に比べ，より大きな力が素早く効率よく発揮される．これらのことは，筋腱複合体の伸張-短縮サイクルを効果的に行うには，その伸張開始時点，スプリント走でいえば接地直前で筋が等尺性収縮の状態にあり，その直後に適切に伸張されることが重要であることを示している．事実，スプリント走のパフォーマンスの高い競技者は，接地直前，空中で足が止まったようにみえ，その後，スポンッと地面にある穴の上に足が入っていくかのような接地をみせる．

しかし，その反面，スプリント走では，接地中，下腿三頭筋での伸張反射が抑えられるといった報告もある．これは，スプリント走の動きの中で最も不安定あるいは再現性が低い接地瞬時から接地期前半にかけて伸張反射が誘発された場合，姿勢の維持を困難にする可能性があるためと考えられる．しかし，スプリント走中の接地時間が約100ミリ秒であるのに対し，予備緊張を伴った伸張反射による力は，伸張による筋放電出現後，約20ミリ

秒ほどで現れるため，フィードフォワード的制御と考えあわせても，このような伸張反射による力をスプリント走に利用しない手はない。実際，スプリント走の接地中，二関節筋である腓腹筋はほぼ等尺性に近い収縮をし，単関節筋であるヒラメ筋は伸張された後に短縮する。

このことは，腱組織の伸張・短縮による弾性エネルギーの活用とともに，単関節筋であるヒラメ筋などでは伸張反射による力を基盤とした身体を支える土台づくりがなされていることを示唆している。したがって，上方から落ちてくる大きなエネルギーを持つ上体をしっかりと受け止め，それを推進力へと変えていく安定した接地技術を獲得することが，スプリント走における最も重要な課題の1つとなる。

スプリント走のパフォーマンスを阻害する要因

中枢疲労と末梢疲労

我々が持続的に身体を動かすよう筋収縮を反復すると，その身体動作のパフォーマンスは必然的に低下する。このような現象は一般的に疲労と呼ばれ，様々なレベルの要因が関与する複雑な機能不全である。その中で，特に骨格筋の疲労は，①最大筋力が低下する，②一定の筋力発揮が維持できない，こととして定義される。そしてそれは，筋線維の力発揮能力の低下および神経筋シナプスの効率低下によって生じる末梢性疲労と脳，脊髄，α運動ニューロンの機能低下によって生じる中枢疲労とに便宜上，分けることができる。

末梢性疲労は，筋活動電位伝導速度の低下による振幅の減少と持続時間の延長，筋線維の刺激に対する興奮性の低下，単収縮後の弛緩期の延長などがその神経的特徴として挙げられる。一方，中枢性疲労は，α運動ニューロンの興奮性の低下，個々の運動単位の発火頻度の低下，単シナプス反射の抑制などがその特徴として挙げられている。しかし，それらの相対的貢献度はいまだ明確ではない。

疲労に対する筋の対応

筋における力の発揮は，運動ニューロンのインパルス発射頻度と運動単位の動員様式によって決定される。この両者の力発揮に対する貢献度は筋によって大きく異なる。たとえば，複雑で正確な作業を求められる小さな筋群では，インパルス発射頻度によって出力を調整した方が有利であり，基本的には出力の小さな段階でほとんどの運動単位が動員され，その後はインパルス発射頻度によって持続的な出力調節がなされる。一方，スプリント走に用いられる大きな力を素早く発揮するような運動単位は，持続的な活動ができず，動員後，インパルス発射頻度が急速に低下し，その動員も早々と打ち切られる。そのため，筋出力は短時間で低下してしまう。ただし，発火頻度の低下した筋線維では，収縮後の弛緩時間が延長することに加え，他の新しい運動単位も動員されるため，その急激な低下はある程度抑えられる。一定レベルの等尺性収縮の維持が表面筋電図の振幅を大きくすることや単収縮後の弛緩期の延長と運動単位の発火頻度との間にみられる負の関係はこのことを示すものである。

疲労が生じるような持続的な筋収縮では，できる限りその出力を低下させないよう，同じ仕事を受け持つ運動単位が持ち回りで動員される。これは，協働筋レベルでもみられ，ある運動課題を持続的に行ううえでの疲労に対する適応である。しかし，このことは，疲労した段階で，ある運動課題を達成しようとすると，本来とは異なるかたちの対応がとられる可能性があることを示している。スプリント走でも，フレッシュな状態と疲労した状態での疾走は，そのタイムだけではなく，身体の使い方にも違いが生じる可能性が生まれ

てしまう。

したがって，どのような状態であれ，望ましい身体の使い方ができるよう，同じ感覚で身体を動かす意識が必要となる。疲れている状態で，無理やり全力で走っても，身体を効率よくコントロールする練習にはつながらない。加えて，疲労は，末梢の情報を中枢へと送る筋紡錘などの固有受容器からの情報を小さくするだけでなく，その固有受容器と中枢神経系の興奮度合いもアンバランスにしてしまう。筋紡錘だけみても，錘内筋線維であるbag1，bag2，chainからのⅠa群，Ⅱ群感覚神経を介した情報の貢献度は変化する。

したがって，疲労時には，通常時よりも，最適な状態での動きをより強くした意識を持って取り組まなければならない。なお，錘内筋線維もトレーニングあるいは除神経によりその機能が変化するため，疲労に対する耐性をつけるトレーニングやその疲労の中で活動する（意識する）トレーニングをすることで，筋疲労時における適応が改善される可能性がある。

筋損傷

肉離れなどの筋損傷は，急激な方向転換やダッシュなどを行ったとき，筋が伸張されながら大きな力を発揮することで，その筋腱移行部または腱膜への移行部で血管損傷（Ⅰ型），部分損傷（Ⅱ型），裂離損傷あるいは完全断裂（Ⅲ型）が発生して生じる。筋と腱組織は，腱組織のコラーゲン線維が筋線維を包む筋線維鞘に指のように入り込んで垂直に連結されており，この部分の損傷は非常に大きな力が働いたことを示している（図7）。

痛みあるいは疲労といった情報は，Ⅲ群，Ⅳ群感覚神経といったⅠa群，Ⅱ群感覚神経と比べると細い軸索を有する神経によって伝えられる。しかし，筋紡錘から発するⅠa群，Ⅱ群感覚神経は，骨格筋から発する感覚神経全体の1/12から1/7を占めるに過ぎず，そ

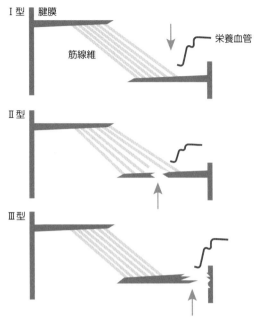

図7　肉離れのタイプ
Ⅰ型は筋腱移行部の血管損傷による出血のみ，Ⅱ型は筋腱移行部（特に腱膜）の損傷，Ⅲ型は筋腱付着部の裂離を含む損傷を指す。復帰までにⅠ型は1～2週間，Ⅱ型は1～3カ月，Ⅲ型は手術が必要となる[6]

の約1/2は痛みなどに応じる遊離神経終末（free nerve ending）からの感覚神経である。そのため，その情報の総量はα運動ニューロンに対して非常に強い抑制効果を持つ。これは，侵害刺激などから身体を守ったり，筋痛などのときに無理をさせないなど，身体を保護していくうえで非常に重要な機能といえる。筋痛時，大きな力が発揮できず，力が抜けてしまうような感覚を持つのはこのためである。

しかし，身体を保護するこのようなシステムがあるにもかかわらず，スプリント走では肉離れを再発するケースが多い。その原因は，不完全な治癒のまま練習を再開したり，受傷する原因となる動作などの改善が図られなかったりしたためと考えられる。それゆえ「肉離れは癖になる」といわれないよう，自分自身の身体からの警告に謙虚に耳を傾けながら，望ましい動きを意識してトレーニングをすることが必要である。

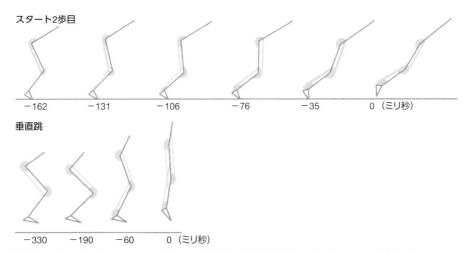

図8　スプリント走におけるスタート2歩目と垂直跳にみられる筋のコーディネーションパターン
循環運動であるスプリント走では，垂直跳の離地時にみられるような明確な主働筋と拮抗筋の同時収縮はみられない。また，スタート時のコーディネーションパターンは，最大疾走スピード局面においても基本的には維持される[7),8)]

神経筋システムからみたスプリント走の技術

循環運動の特性

　同じ動きが繰り返される循環運動では，その運動をスムーズかつ効率よく行うため，関節の伸展・屈曲，内転・外転，回内・回外動作に働くそれぞれの筋を同時収縮させない相反抑制がよくみられる。スプリント走においても，主働筋と拮抗筋は基本的には同時収縮せず，それは，垂直跳のような非循環系の運動とは大きく異なる(図8)。

　このような筋のコーディネーションパターンは，スプリント走の技術に対しても大きな意味を持つ。たとえばスプリント走では，形態や体力水準に影響されはするものの，離地後，下腿を大腿に近づける膝関節の能動的な屈曲を行うと，脚全体を前方へと素早く運ぶための大腿前面にある筋活動が妨げられてしまう。膝関節の屈曲は，脚全体の慣性モーメントを小さくし，前方へと運びやすくすると考えられているが，筋全体のコーディネーションパターンからみれば，それは不正解である。実際のスプリント走では，股関節の能動的な屈曲により，大腿が前方へと運ばれる中，膝関節はその関節反力によって結果として屈曲し，下腿が大腿後面へと引きつけられていくことになる。

　同様なことは，膝を高く上げる動作にもあてはまる。接地前，膝を高く上げすぎることは脚全体の地面への引き込みと足の上への身体重心の素早い乗り込みを妨げる。膝は，離地後，大腿を前方へと運ぶ勢いによって上がってしまうのであって上げるものではない。膝が上がってきた段階では，すでに接地に向けて，大腿を引き下ろす筋群が活動しており，膝の過度な引き上げはこの大腿後面の筋活動を妨げ，接地のタイミングを遅れさせる。子どものように，筋力が小さく，大きな動きができない者にとっては，高く膝を上げて大きなエネルギーを外に向けて発揮する「大きな走り」は非常に重要である。しかし，スプリント能力の向上に伴い，今度は，外に向けて大きく発揮されたエネルギーを素早く吸収し，次に向けた動作へとつなげていく作業がより重要となってくることには注意しなければならない。

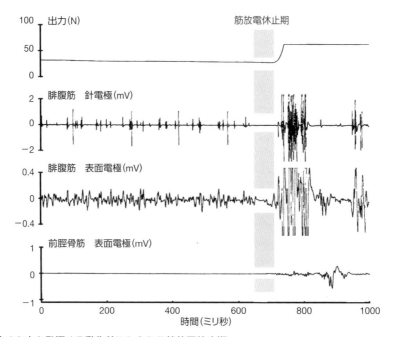

図9 素早く大きな力を発揮する動作前にみられる筋放電休止期
足底屈を一気に行うとき，一瞬，主働筋である腓腹筋の筋活動がみられなくなる時間が生じ，その後，一気に大きな放電が生じる[9]。

動きの「ため」と「切れ」

　主働筋と協働筋は，その活動を同期化することで，効率よく大きな力を瞬時に発揮することができる。トレーニングは，統一性のない活動をしていた主働筋と協働筋をタイミングよく同期して働くようにさせ，効果的な力の発揮を可能とする(ただし，持久的な運動の場合，わざと筋の活動を同期させず，主働筋と協働筋の同時疲労を導かない戦略もとられる)。

　このような同期化は，なにも主働筋と協働筋の間だけで行われるのではない。投てきや跳躍などでみられる急速な動作では，その動作速度や力を効率よく一気に発揮させるため，その動作の直前，運動単位の活動を一時停止させ，その後，一気に運動単位の活動を同期化して生じさせる筋放電休止期(silent period)が度々みられる(図9)。このような現象は，パフォーマンスレベルの高い一流競技者においてよくみられ，その持続時間は動作の熟練度が増すほど短い。

　四肢の動きが非常に速く，各分節間に働く反作用による大きな力によって四肢の末端が周期的に振り回されるスプリント走においても，このメカニズムは素早い動きのスムーズなコントロールに寄与すると考えられる。ほんの一瞬の静寂の後，スパッと一気に大きな力が発揮されることを，我々は動きの「ため」，そして「切れ」と呼んでいるが，筋放電休止期はそのような働きを導く。

　しかし，この動作の「ため」とその後の「切れ」ある動きをスムーズに導くメカニズムは，過度に緊張したり，力んでしまった場合，うまく働かない。協働筋と拮抗筋の相反抑制がうまくいかないだけでなく，筋活動の同期化も適切になされなくなってしまうからである。それゆえ，日々の練習時から，いかにリラックスして，自分のリズムで動くことができるかがそのパフォーマンスを高めるためには重要となる。

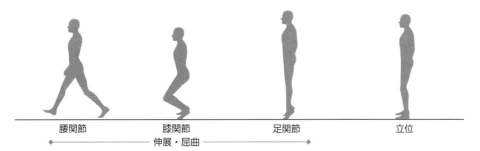

図10　下肢各関節の伸展・屈曲とその運動方向
足関節と膝関節の伸展・屈曲は身体を主に上下方向に移動させ，腰関節の伸展は水平方向へと移動させる。身体が前方へと傾いているスタートダッシュでは，この足関節と膝関節の伸展が身体を前方へと進めるために効果的に働く。しかし，地面からの反作用により身体が起き上がってくる最大疾走スピード局面では，足関節と膝関節の伸展を強調すると身体が上下方向に大きく動いてしまい，身体は効率よく前方へと進まない

加速局面における神経筋システム

　スプリント走のパフォーマンスは，疾走中の最大疾走スピードに最も影響される。これは何も100 m走に限ったわけではなく，400 m走や400 mHあるいは800 m走にもみられる特性である。実際，高いパフォーマンスを示す競技者は，レース中における最大疾走スピードが明らかに大きい。全力疾走中の最大疾走スピードは，年齢や性別，パフォーマンスレベルを問わず，スタート後，5〜7秒ほどで出現する。そのため，この7秒間にどれだけ大きなスピードを得ることができるかがそのパフォーマンスを決定する第一条件となる。

　日本人によくみられる低い姿勢から飛び出し，下肢関節をしっかりと伸展させ，地面を強くキックするスタートは，その最初の数秒間，距離にしてスタートから30 mほどまでは世界と互角のパフォーマンスをみせる。外側広筋や腓腹筋が速筋線維を多く有することなどを考えると，膝関節や足関節の伸展を用いた力強いスタートは，その前傾している身体の移動方向ともあいまって，より鋭い加速を生み出す可能性が高い。しかし，それは大きな最大疾走スピードを生み出すことにはつながらない。疾走スピードは，スタート後，そのピッチとストライドを交互に大きくしながら増加していくが，膝と足関節の伸展が強調されたスタートでは，ピッチが優位となる初期の加速段階から最大疾走スピード段階へはスムーズに移行できない。これは，最大疾走スピードが膝・足関節の伸展ではなく，大殿筋やハムストリングスなどの股関節伸筋群が生み出す下肢全体の伸展動作に大きく影響されるため，すなわち筋のコーディネーションパターンが大きく異なるためである。だとすれば，スタート時は膝や足関節伸展を強調した伸展動作を行い，中間疾走時にそれを股関節の伸展を中心とした脚全体の伸展動作へと変化させればよいのではないか。しかし，そのようなコーディネーションパターンの変化は，「はなはだ難しい」といわざるをえない（図10）。

一貫したコーディネーションパターン

　筋は，ある一定頻度で刺激されているとき，たった一度の余分な刺激インパルスが加えられただけでその張力は増大し，それはその後，それ以前と同頻度で刺激し続けても増大したまま維持される。逆に，筋への刺激中，たった一度でも刺激インパルスが与えられなかった場合，その張力は大きく低下し，元のレベルまで回復することはない（図11）。

　長距離走などで転倒した後，驚くほどの追い込みができたり，「もうだめだ」と集中力が途切れた瞬間，まったく身体が動かなくなっ

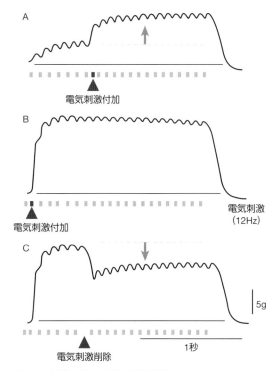

図11　刺激に対する筋の収縮特性
12 Hzで電気刺激をしている摘出筋に余分な1回の電気刺激を加えたとき(AおよびB)と1回分の電気刺激を削除したとき(C)の発揮張力の変化。たった1回の刺激の有無で力の大きさは大きく変化し、その状態が維持されることに注意する[10]

たりする現象は，このような筋の特性にも影響される．また，この筋の特性は，全力での運動中，主働筋と拮抗筋の働きなど，筋活動のパターンをスムーズに変化させていくことの難しさを示している．加えて，運動単位を同期化するだけでも，筋放電休止期のようなそれまでの活動を一度リセットする必要性が生じることを考えあわせると，主導筋，協働筋，拮抗筋を含めた筋全体のコーディネーションパターンを全力疾走中に変化させることは非常に難しいといわざるをえない．さらに，スプリント走のような最大もしくは最大下での運動は，神経支配比の大きい大きな筋群かつ大きな出力を伴う運動単位を動員しており，スムーズで正確な出力調整はより困難となる．

　かつて100 m走でよくみられた疾走スピードのピークが2つある二峰性のスピード曲線は，スタート時の膝・足関節の伸展を大きく用いた動きから，その後に現れる最大疾走スピードに対応するため，一度，無意識のうちにスピードを落とし，疾走にかかわる筋のコーディネーションパターンを変化させていた可能性がある．一方，現在，世界一流競技者は，スタートから股関節の伸展を強調し，膝関節の伸展が小さい，あたかも「すり足」のような動きで一気に最大疾走スピードまで加速していく．この「すり足」のようなスタートは，最大疾走スピード局面において強調される下肢全体の伸展動作をスタート時点から取り入れ，最大疾走スピード時と同じコーディネーションパターンで走っていることを示している．世界一流競技者にみられる「すり足」のような動きは，スタート直後は遅く感じられても，より大きな最大スピードを導くうえでは非常に合理的である．

　したがって，スタートから最大疾走スピードの出現，そしてレース全体を通した筋活動のコーディネーションパターンをトレーニングの場でレース前にしっかり準備しておくことがスプリント走のパフォーマンスを上げるためには非常に重要になる．

コーディネーションパターンへの影響

　神経筋の振る舞いは，内的，外的に様々な影響を受ける．α運動ニューロンの興奮性の1つの指標であるH反射は，H反射を導出する筋だけではなく，その導出時にとられた姿勢あるいは頭部の位置によっても大きく影響される．また，H反射のような神経系における基本的な脊髄反射は，1つの筋あるいは主働筋と拮抗筋に影響を及ぼすだけでなく，関節を越えた他の筋群へも影響を及ぼす．このことは，望ましい筋活動のコーディネーションパターンを得るためには，姿勢など，身体全体の動きを考えなくてはならないことを示している．

100m走の予選など，競技力の高い競技者がゴール前，横を向きながら余裕綽々でゴールする姿がよくみられる。リズムを保ち，徐々に疾走スピードを落とすのではなく，適当かつ急激に疾走スピードを落としたりするような行為は本来の運動目的を達成するための神経筋の振る舞いとは異なる。それは間違いなく求められる筋活動のコーディネーションパターンを崩し，みずからのパフォーマンスを準決勝，決勝とつなげていくうえでマイナスとなる。

　特に，スプリント走のような全力を発揮する非常にスピードの速い運動では，より大きな注意を「動きのコーディネーション」に払う必要がある。また，トレーニングにおいても，単に「走るだけ」，「筋力を上げるだけ」といったものではなく，筋活動の望ましいコーディネーションを意識して，そのコーディネーションパターンの中でパフォーマンスを発揮できるようにすることが重要である。

【小木曽一之】

参考文献

1) Schmidt RA et al：Motor Control and Learning 3rd edition, Human Kinetics, 1999
2) De Luca CJ：J Exp Biol 115：125-136, 1985
3) Kamen G et al：Brain Res 482：136-140, 1989
4) Desmedt JE：Adv Neurol 39：227-251, 1983
5) Gregor RJ et al：J Biomech 21：721-732, 1988
6) 奥脇透：MB Orthopaedics 23：51-58, 2010
7) Jacobs R et al：J Biomech 25：953-965, 1992
8) Bobbert MF et al：J Biomech 21：249-262, 1988
9) Moritani T et al：J Electromyogr Kinesiol 4：1-10, 1994
10) Burke RE et al：Science 168：122-124, 1970
11) Enoka RM：Neuromechanics of Human Movement 4th edition, Human Kinetics, 2008
12) 伊藤文雄：筋感覚研究の展開, 協同医書出版社, 2000
13) 加藤宏司ら：神経科学 脳の探求, 西村書店, 2007
14) Latash ML：Neurophysiological Basis of Movement, Human Kinetics, 1998
15) Lieber RL：Skeletal Muscle Structure, Function, and Plasticity, Lippincott Williams & Wilkins, 2010
16) 松村道一ほか：ヒトの動きの神経科学, 市村出版, 2002
17) Ogiso K：Stretch Reflex Modulation during Exercise and Fatigue, University of Jyvaskyla, 2003
18) Shumway-Cook A et al：Motor Control：Theory and Practical Applications, Williams & Wilkins, 1995
19) 山田茂ほか：骨格筋 運動による機能と形態の変化, ナップ, 2001

3 発育・発達に伴うスプリント能力

本章のねらい

　ヒトの持つ最も基本的な運動であり，基本的な移動手段である歩行（歩動作）は，他の動物に類をみない効率的な動作であることが知られている。一方，「スプリント」ではある距離をできる限り短時間に移動することが目的となるため，できる限り大きなエネルギーを生み出しながら効率よく動くことが求められる。つまり，「走」を移動手段とするスプリントでは，大きなエネルギーを生み出す能力とそれを効果的に推進力に変換する能力の獲得が目指される。両能力はスプリント能力に必要な体力と技術に言い換えることもでき，走り始めから成人，アスリートに至るまでのそれらの発達過程を理解することは，スプリント能力の構造やトレーニングの原理・原則の理解，そしてトレーニング手段の創造に欠かせないものである。そこで，本章では歩行およびスプリント能力の発達過程について概説していきたい。

身体の発育・発達の一般的経過

　スプリント能力の発達を考える際に，まず身体の発育・発達についてその概略を整理しておく。身体の発育・発達に関連する分野は多岐にわたるため，それぞれの学問分野においてその用語の定義は様々である。しかし，体育学（保健）の分野では高石ほか[1]が，「発育（growth）」は身体の形態的な変化を，「発達（development）」は機能的な変化を示すことが多いことを指摘しているため，本章ではこの指摘に倣い，「発育（growth）」は身体の形態的な変化（大きさ，長さ，量，幅など）を，「発達（development）」は機能的な変化を示すものとする。なお，身体の発育・発達には顕著な男女差がみられるが，本章ではそのことに言及せず，すべて男子のみについて示していく。

身長と体重の発育

　身長と体重は，発育研究で最もよく用いられる計測項目である[2]。身長については，乳児期と子ども期における急激な増量，子ども期中期の比較的安定した増量，思春期発育スパートにおける急激な増量，最終身長に至るまでのゆるやかな増量を示す。一方，体重については，通常，成人に至るまで増加を続ける[2]。また，身長の年間発育増加量の経過を示した発育速度曲線から得られる身長最大発育（成長）速度（peak height velocity：PHV）年齢は，身体成熟の評価法として広範に使用されている。身長発育速度の増大は，思春期発育スパートの開始を示し，PHVに達した後，次第に下降する[3]。Malina and Bouchard[2]によれば，北アメリカおよびヨーロッパの子ども（男子）たちにおけるPHV年齢は平均で13.4～14.4歳，発育スパート開始年齢は10.3～12.1歳，身長の年間増加量の最大値は8.2～10.3 cmであることが示され，近年の日本人においては，PHV年齢はおよそ12.5歳あたりである[3]。

　ここで重要なことは，PHV年齢には個人差が大きいこと，およびその個人差は直接的にある時点での身体能力と関係してしまうことである。つまり，同じ年齢でも成長段階が

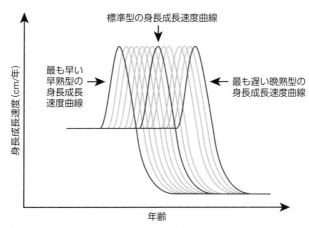

図1 身長成長速度曲線を指標にした多様な成長パターンの模式図[3]

異なれば，身体能力にも違いが生じることになる．したがって，図1に示す模式図[3]のように，身長成長速度曲線を描き，その問題を規格化することによって個々の子どもの多様な成長段階を把握することが必要不可欠になる．子どもの走能力の発達過程を理解するには，身長成長速度曲線のパターンをもとにして4つに区分された子どもの成長段階（思春期前，思春期発来年齢-身長成長速度最大年齢，身長成長速度最大年齢-最終身長年齢，最終身長年齢以降）[3]と各時点での身体能力および能力の発達との対応関係を理解することがきわめて重要である．

筋力の発達

筋力は，一般的に身体の発育・発達に伴って増加することが知られている．たとえば，握力は25歳で最大値に達する[1]．これまでの報告から，おおまかに12歳以下の男子では筋断面積の増加が筋力の増加を伴わないことから，思春期前の子どもは，筋量が少ないだけでなく，筋が質的に十分発達していないことが示されている[4]．

一方，思春期になると，筋量がPHVに一致して著しく増加する[5]．筋力は筋横断面積に依存するため，発育スパートによる筋量の急激な増大は思春期に筋力が増加する主たる要因となる．加えて，思春期には，筋の形態的特性（断面積，羽状角，筋束長など）の発達やそれに伴う腱組織の発達によって筋および腱の力学的特性（機能）が成人のものに近づいていくこともその重要な要因である．

なお，ヒトが発揮しうる筋力の大きさは，筋量，筋構造，筋線維組成，腱組織，筋-腱複合体などの力学的特性と大脳の興奮水準，運動単位の動員様相といった神経系の影響を受けるが，これらの要因は発達段階において必ずしも同様に成長するものではない[5]．したがって，これらの要因と発育・発達の個人差とを考慮すると，筋力や筋パワーの発達の個人差は大きくなってしかるべきことが理解できる．

「歩」および「走」運動の獲得

ヒトは「二次的留巣性」といわれる誕生時の未熟で無能力な状態からの出発を余儀なくされる．そのため，生涯にわたって必要なすべての運動を人間特有の学習の所産として獲得しなければならない[6],[7]．さらに，その獲得過程には一定の順次性がみられる．

たとえば，走運動の獲得にはそれに先立つ歩行の習熟が必要になる．また，走運動に特徴的な空中局面（滞空期もしくは非支持期）を

図2　生後17カ月の子どもの初めての走動作[6]

移動運動の中に獲得する過程では，跳能力の発達やその他の移動運動スキルのレパートリーが同時に身につけられていく[8]。

歩行の獲得

一般に，ヒトは最初の誕生日を迎える前に独り立ちができるようになり，1歳中頃までには独立歩行が習得される[7],[9]。

歩行の成熟は，単脚支持時間，歩行スピード，ケーデンス（回転数：歩数/分など），歩幅，および歩幅に対する骨盤径の比率の5つによって判断されることが知られ，基本的には3歳までに乳幼児型歩行，幼児型歩行，成人型歩行の段階を経て成熟したパターンとなる[9]。その後，多少の改善をしながら，7歳までには振り子様のエネルギー授受による効率的な歩行動作が獲得される[9]。

「走」運動の獲得

走運動の始まり

走運動の始まりは，生後18〜21カ月頃とされており，24カ月（2歳頃）にはほとんどの子どもが安定した走運動を獲得する[7],[10]。走運動の獲得は，歩行がかなり自由になった子どもが多様に変化する環境に適応し，既存の運動（歩行）を繰り返す中で，偶然（坂道を下るときなど）に新しい運動の仕方（支持のない局面〈リーピング〉への身体の投射）が発生するといった「自発的分化」によって説明される[6]。子どもはこの偶然を再現しようと反復する，つまり「自己学習」がなされていく中で新しい運動（走運動）が獲得されると考えられている。

このことを裏づけるように，走動作は，歩動作と同様の四肢間の調節パターンを使っている間の偶然の出力アップによって生じることや両者の移動スピードが同等であったときには，その筋活動様式が類似していることなどが指摘されている[8],[12]。

図2は，走運動の始まりに関する運動経過を記録した宮丸[7]のキネグラムである。宮丸[7]は，走運動の始まりは，支持時間の短縮とそれによる歩数の増大，接地中の鉛直地面反力の増大によるわずかな非支持時間の出現によることを示唆している。さらに，移動運動形態の発達は，歩からリーピングを経て走運動が出現する順序をたどること，走運動は左右それぞれの1歩についての歩幅が身長比48%，歩数が4.10 Hz以上となり，その移動スピードが1.60 m/秒を超えるようになると可能になることを報告している。

図3　2〜5歳の幼児の疾走動作
（文献11を改変）

基本的な走運動形態の獲得

　2歳頃に修得した走運動は，その後の幼児期に著しい発達を遂げ，6〜7歳頃までにはほぼ完成される．図3は，2〜5歳までの幼児の代表的な疾走動作の発達過程を事例的に示したもの[11]であるが，5歳時の動作は成人のものに類似している．このことは，筋放電のパターンからみても明らかであり，7歳以上では成人の筋放電パターンと類似することも報告されている[9]．加藤[11]は，この時期における疾走動作の発達的特徴について先行研究をもとに以下のように要約している．

　①腕の動作はその初期には前後の動きが小さく，肘を体側に引き上げることによって主にバランスをとるように使われている．さらに，発達とともにその動作範囲が増大し，肘を屈曲させながら前後に大きく振るようになる．②脚の動作は発達とともに足，膝，腰関節の屈曲・伸展が生じ，それらの運動範囲が増大する．③身体の上下動は，発達とともに小さくなる．

　これらの発達的特徴を図3と照らしあわせると，基本的な走運動がどのように習得されていくのかを理解することができる．ただし，これらは特別な学習やトレーニングを行うことなく，自然な成長過程における動作の変容について示したものである．

跳運動およびその他の移動運動の発達

　走運動は，その運動中に空中局面が存在することが特徴として挙げられるが，それを獲得するには地面を自身の体重以上の力で押すこと（走運動では少なくとも約2倍以上の鉛直力）で身体を空中に投射することが必要になる．運動中に空中局面を得ることは，走運動に類似した他の運動パターンの発達にも関与する．表1は，ガラヒュー[13]の示した移動運動パターンの開始年齢の一覧である．以下にそれらの運動の修得について簡潔に記述する．

　跳運動は自力で身体を空中に投射する運動の代表であるとともに，スプリント走中の下

表1　移動運動パターンの開始年齢とその動作の特徴

運動パターン	運動	おおよその開始年齢
歩く		
歩行は一方の足で地面を支えている間にもう一方の足を前に置く	初歩的な直立した独力での歩行	13カ月
	側方への歩行	16カ月
	後方への歩行	17カ月
	助けられて階段を上る	20カ月
	1人で階段を上る(送り足)	24カ月
	1人で階段を下りる(送り足)	25カ月
走る		
走りには両足が地面から離れる短い時間がある	急いで歩く(地面との接触がある)	18カ月
	最初の本当の走り(空中時間がある)	2～3歳
	効率的で洗練された走り	4～5歳
	疾走スピードが増した成熟した走り	5歳
跳ぶ		
跳躍には3つの形がある。①遠くへ跳ぶ, ②高く跳ぶ, ③跳び下りる。片足あるいは両足で踏切, 両足で着地する	低い台からまたぎ下りる	18カ月
	片足踏切で台から跳び下りる	2歳
	両足をそろえて床から跳び上がる	28カ月
	距離を跳ぶ(約91.4 cm)	5歳
	跳び上がる(約30.5 cm)	5歳
	成熟したジャンプパターン	5歳
ホップする		
ホップは片足で踏み切り同じ足で着地する	利き足で3回ホップする	3歳
	同じ足で4, 5回ホップする	4歳
	同じ足で8, 10回ホップする	5歳
	約4.6 mを11秒でホップする	5歳
	交互にリズミカルにホップする, 成熟したパターン	6歳
ギャロップする		
ギャロップはいつも同じ足を先に出した歩と跳の組み合わせ	初歩的で未熟なギャロップ	4歳
	巧みなギャロップ, 成熟したパターン	6歳
スキップする		
スキップはリズミカルな左右の足のステップとホップの組み合わせ	片足スキップ	4歳
	巧みなスキップ(約20%の子ども)	5歳
	ほぼ完成したスキップ	6歳

(文献13を改変)

肢は跳躍動作に類似した運動様式や筋の収縮パターンを示す。このことから, 走はまさに連続跳躍動作であると形容され, 実際に跳躍能力と疾走能力の関係, およびそれらの発達は相互に影響しあっていることが数多く報告されている[14]。

跳躍運動は, 人種や文化の違いに左右されることなく, 2歳頃から可能になる。代表的な跳躍運動である垂直跳や立幅跳は8歳前後で成人と同様な動作パターンを示し, 跳躍能力は身体の発育・発達に伴い向上していく[1),14]。また, より短時間に大きな力発揮が要求されるリバウンド型ジャンプの発達は, 概して垂直跳と同様の発達経過をたどる一方

で，発育スパート開始年齢あたりで発達の個人差が認められること，および優れたリバウンド型ジャンプの能力を示す子どもにおいては，10歳前後ですでにリバウンド型ジャンプのパフォーマンスを最大化するために必要な合理的な動作パターンを獲得していることが報告されている[14]。

ホップ，ギャロップおよびスキップは「移動運動スキルのレパートリー」[8]としてよく知られている。一般的に，これらの獲得順序は，走運動→ギャロップ→ホップ（片足）→スキップとなることが報告されており[8]，それぞれの運動形態は以下のように説明される。

ギャロップは，先行する下肢の歩行と後方の下肢による走運動の組み合わせ，ホッピングは片足で空中に跳び，同じ足で着地する片足の移動（片足の歩容），スキップは片足によるステップとホップ，その後の逆足によるステップとホップの組み合わせである[8],[13]。なお，疾走能力を改善させるためには，疾走以外の移動運動動作を習熟させることが重要であるという視点[12]が注目されており，上記の移動運動スキルのレパートリーはそれらの運動の習熟と走運動の習熟を結びつけやすい運動群であると考えられる。

「走能力」の発達

ここまで示してきた「走運動」や「走動作」の修得・獲得過程と同様に，走能力は身体の発育・発達に伴って向上していくことが知られている。以降では，その発達的特徴について考えていく。

疾走スピード，ストライド長，ピッチの経年的変化

走能力は「疾走スピード」であらわされ，疾走スピードはストライド長とピッチの積で示される。したがって，それぞれの経年的変化を知ることによって走能力のおおまかな発達的特徴を把握することができる。図4は，先行研究から，疾走スピード，ストライド長，ストライド長/身長（身長あたりのストライド長）およびピッチの経年変化を示したものである[7]。

疾走スピードは，男子では，走り始めてから12歳頃まで直線的に増大し，その後13〜16歳まではゆるやかに増大しながら，17歳頃をピークに停滞傾向を示す。ストライド長は，疾走スピードとほぼ同様の経年的変化を示し，14〜15歳頃をピークに停滞傾向を示す。しかし，ストライド長/身長でみると，それは6〜7歳頃まで急激に増大するものの，そこで身長比「1」に到達するとその後の変化はみられなくなる。ピッチは，14歳頃まで大きな変化はみられないが，15〜17歳で増大が認められている[7],[10]。

以上のことから，一般の子どもにおける疾走能力の自然な成長・発達過程は，形態の発育（身長および体重）に伴うストライド長の増大によるところが大きいと理解できる。その一方，斉藤と伊藤[15]は，ストライド長やピッチを体格で規格化（指数化）すると，疾走スピードの発達には，形態的な要因（下肢長の長育に伴うストライド長の増大）のみが影響しているのではないことを示している。つまり，下肢長が増大してもピッチが維持されていること，形態の発育・発達により質量と重量負荷が増大しているにもかかわらず，さらにストライド長が増大していることなどを根拠に，脚筋群の機能的な要因が影響していることを指摘しているのである。

ただし，これらの結果の解釈には，対象者の属性や特性を考慮しておく必要がある。つまり，一般の子どもに加えて専門的なトレーニングを行っているジュニア競技者などが対象者として加えられることによって，その解釈には相違が生じる。図4をみても，世界および日本一流競技者やジュニア競技者群は，一般の子どもから成人までの発達傾向からす

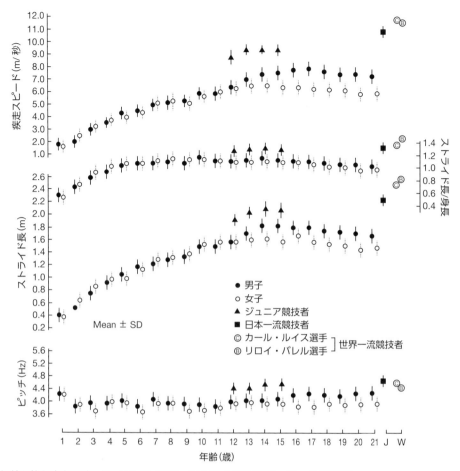

図4　年齢に伴う疾走スピード，ストライド長，ストライド長/身長，ピッチの変化[7]

ると大きな外れ値を示している。このことは見方を変えれば，疾走能力のトレーナビリティを明確化している。すなわち，脚筋群の機能の向上や疾走技術の改善によって，ストライド長（身長あたりのストライド長）とピッチはいずれも向上することを示していると考えられる。

100 m 走における疾走スピード曲線の年齢変化

図5は，世界一流，日本一流，高校生トップ，および小学生トップ競技者のレースパターンの例を示したものである[10]。いずれの年代のレースにおいても，スピードゼロの静止状態から加速して最大疾走スピードに達

し，それを維持，低下してゴールするレース構造を有している[16]。これまでに，レース中の最大疾走スピードと100 m走の記録との間にはきわめて高い相関関係が認められていることから，いずれの年代においても最大疾走スピードを高めることが100 m走の記録を高めるために必要不可欠であることは周知の事実である。

ここで，最大疾走スピードとその到達距離をみると，世界一流では11.70 m/秒，70～80 m区間，日本一流では11.07 m/秒，50～60 m区間，高校生トップでは，10.96 m/秒，50～60 m区間，小学生トップでは8.59 m/秒，30～40 m区間であった[10]。これらのデータは，シニアの一流競技者に対して，小学生から高校生年代の競技者の最大疾走スピードは

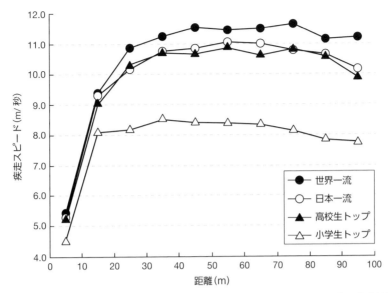

図5 世界一流，日本一流，高校生トップ，および小学生トップ競技者における100m走の疾走スピード曲線
（文献10を改変）

小さく，その到達距離も短いことを示している．

このような事実から，しばしば小学生年代における短距離走の適正距離についても議論が繰り返されているが，この点について，小木曽ほか[17]の指摘は示唆に富んでいる．そこでは，疾走スピードの時間に対する変化は年齢，性別，トレーニングの有無にかかわらず一定であり，スタート後およそ5〜7秒で最大疾走スピードに到達することを報告している．

つまり，この特性は一定であるが，時間的特性と疾走スピードとの関係が異なる（トレーニングによってより高い疾走スピードを獲得する能力を有する）ために，結果として100m走のレース中に最大疾走スピードに到達する距離が変化することを示している．したがって，100m走のレース構造を理解する際には，最大疾走スピードに依存する疾走能力（の構造）の理解と疾走スピードを生み出す身体動作の時間に対する変化パターンの理解とが必要になるといえる．

疾走能力の発達に影響を及ぼす体力的要因

前述したように，疾走能力の発達過程を概観すると，①走りはじめから成人の動作パターンに近づいて急速に疾走スピードが高まる時期，②思春期付近まで直線的に増加する時期，③思春期以降の成人に至るまでのゆるやかな増加の時期に大別できる．そこでここでは，特に体力的要因の影響が考えられる②と③の時期についてそれぞれ説明する．

児童期における疾走スピードの発達と体力的要因の発達との関係

7〜12歳までの男子を縦断的に調査した報告[7),10)]では，疾走スピード，ストライド長と身長との間に高い相関関係が認められている．一方，ピッチはその時期に減少傾向を示し，身長比ストライド長はやや増大傾向にあることから，この児童期における疾走スピードの発達に最も影響するのは形態的な発育であることは明らかである．また，身長比ストライド長の増大傾向は，脚筋群の機能的な発達を間接的に示唆することから，体力・筋力の発達も疾走能力の発達に関係していること

が推察される。

実際，優れた疾走能力を示す小学生スプリンターに関する報告[7),10)]では，立幅跳，垂直跳，最大無酸素性パワー，膝関節の等速性筋力などといった筋力・筋パワーに関連する体力的要因は，一般の子どもと比較して小学生スプリンターで顕著に高い値を示すことが示されている。このことは，この時期に脚の筋力が高まることが疾走能力の発達に影響していることを示唆するものである。

中学生年代における疾走スピードの発達と体力的要因の発達との関係

思春期の発育スパート期にある中学1年生から3年生を対象とした縦断的研究[7),10)]では，経年的な疾走スピードの増大に伴いピッチが経年的変化を示さなかった一方で，ストライド長および身長比ストライド長が著しく増大することが示されている。また，身長および体重が増加する一方で，ローレル指数が減少し，垂直跳が著しく増大することも示されている。

したがって，中学生年代では，発育スパートに示される形態の発育に伴って，脚の筋力（瞬発力）が増大することが疾走能力の発達に関係していると考えられる。なお，この時期には1年生で疾走能力が高い者は3年生でも高い（その逆の低いものは低い）という発達傾向が報告されている[7),10)]。

高校生年代における疾走スピードの発達と体力的要因の発達との関係

思春期以降にある高校1年生（15歳）から3年生（17歳）を対象とした横断的研究[7),10)]では，経年的な疾走スピードの増大に伴いピッチは経年的に増加した一方で，ストライド長および身長比ストライド長は変化しないことが示されている。また，各年齢ともに疾走スピードと体重あたりの最大無酸素パワー，垂直跳，立幅跳との間に有意な相関関係が認められている。

したがって，高校生年代では形態の発育による影響ではなく，脚の筋力（瞬発力）向上によってピッチが高められ，疾走能力が向上すると考えられる。

疾走能力の発達に影響を及ぼす技術的要因

幼児期および児童期における疾走スピードの発達と技術的要因との関係

幼児の動作パターンは図3のように発達していく。当然ながら，このとき動作パターンが1ランク上がるごとに疾走スピードも増大していく。4〜7歳の走能力の異なる子どもの動作をまとめた加藤[11)]は，およそ1m/秒，疾走スピードが優れた子どもたちの動作の特徴として，離地時に振上脚が高く上がり，両大腿のなす角度が大きいこと，身体重心の上下動が小さいことを報告している。また，斉藤と伊藤[15)]は，2〜6歳までの横断的研究から，ストライド指数（身長で規格化したストライド長）と腿上げ角度との正の相関関係および引きつけ角度との負の相関関係をもとに，子どもたちは脚を引きずるような動作から成人のように脚を引き上げて回転させる動作パターンを獲得することでストライド長が増大することを示唆している。

7〜12歳までの縦断的変化[7),10)]としては，身体重心の上下動が経年的に減少すること，年齢とともに下肢関節の屈曲・伸展が増大し，自由脚の前上方への引き上げが高くなることが示されている。また，低学年（1〜2年生），中学年（3〜4年生），高学年（5〜6年生）に区分して，各学年における接地時点の疾走動作と疾走能力指数（身長で規格化した走スピード）との因果関係を横断的に調査した末松ほか[18)]は，全学年に共通して，ストライド指数の大きさには回復脚膝関節角度が小さく，回復脚大腿部分角度が小さいことが，ピッチ指数（身長で規格化したピッチ）の大きさには回復脚大腿部分角度が大きく，支持脚下腿部分角度が小さいことが重要であることを示している。

さらに，低学年では体幹部分角度の前傾がストライド指数の高さに与える影響が，中学年では回復脚膝関節角度の屈曲がストライド指数の高さに与える影響が，高学年では回復脚大腿部分の前方への引き出しが支持脚下腿部分の前傾を介してピッチ指数の高さに与える影響がそれぞれ他学年と比較して大きいことを報告している。

中学生年代における疾走スピードの発達と技術的要因との関係

中学1～3年生を対象とした縦断的研究[7),10)]では，疾走中の膝関節および股関節の可動範囲の経年的増加が顕著であることが示されている。さらに，1サイクル中の大転子を基点とした足先点の軌跡をみると，その水平変位と鉛直変位がともに経年的に増大している。これらのことは，この時期には，股関節を中心として脚がより大きな弧を描いて回転するようになっていることを示唆するものである。

形態の長育とともに，幼児期から認められているこれらの動作変容がこの時期でも引き続き生じていることから，疾走動作はよりダイナミックな動作として発達していることが理解できる。

高校生年代における疾走スピードの発達と技術的要因との関係

高校生年代では，形態の発育によるストライド長の増大が頭打ちになり，疾走スピードの増大はピッチの増加に依存する割合が大きくなる。また，この時期には，身体重心の鉛直変位の身長比が減少する一方で，疾走動作には大きな変容は認められない[7)]。加えて，各年齢ともに，疾走スピードと支持時間，身体重心の上下動との間に有意な負の相関関係が認められ，身体重心の上下動が少なく，ピッチが高いことが重要であることが示されている。

形態の発育状況と成人の動作パターンの獲得年齢とを考慮すると，これらの動作を獲得するには体力（筋力）の発達が必要であり，前述した「高校生年代における疾走スピードの発達と体力的要因の発達との関係」の項はそのことを裏づけるものと考えられる。

優れた疾走能力を示すジュニアスプリンターの疾走能力の発達

全国小学生大会で入賞した児童（12歳）と一般の児童とを比較した報告[7),10)]では，この時期に優れた疾走能力を示す児童の特徴は，骨年齢からみた身体成熟が進み，身長や体重がきわめて大きく，筋量および筋力・筋パワーが顕著に高いこと，そしてそれによる疾走中の下肢が発揮するパワーが大きく，疾走スピードも大きいことが明らかにされている。

疾走動作については，それらの形態的要因および体力的要因に依存して，一般の子どもとは異なる動作を示す。ただし，成人のスプリンターを対象にした「より合理的な動作」を獲得できているわけではないことも示唆されている。さらに，上記の対象者をその後中学校3年生まで縦断的に追跡調査した研究[7),10)]では，対象者たちが思春期の発育スパートを早期に迎えた子どもたちであったことを追認するとともに，中学校期の疾走スピードの増大は，疾走動作の変化によるものではなく，筋力の発達によるところが大きいことが明らかにされている。特に，この3年間で疾走スピードが向上した事例と停滞した事例との比較は興味深く，両者は1年生から3年生にかけて疾走スピードが逆転し，その主な要因として形態的な発育に依存した脚筋力（脚の機能）の発達が挙げられている。

以上のことから，優れたジュニア競技者の疾走能力は，疾走技術の影響によるものではなく，思春期の発育スパートを早期に迎えたことによる形態の発育，およびそれに伴う体力的要因の発達によるところが大きいといえよう。このことは，ジュニア期の疾走能力は，個々の子どもたちの発育・発達のペースに影響を受けていることを示している。加えて，

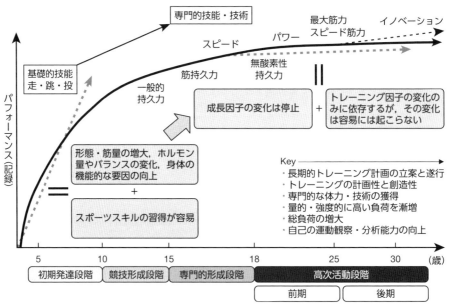

図6A　競技者のライフサイクルからみた競技的発達段階と各トレーニング段階におけるパフォーマンスの構成要素
（文献16，19～21を改変）

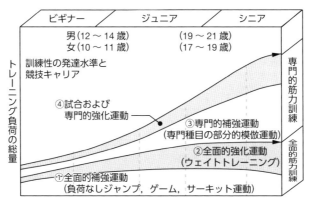

図6B　競技者の発達過程におけるトレーニング負荷の総量の変化とトレーニング運動の配分モデル
（文献19を改変）

身体の成熟による体力的要因の向上と疾走動作の習熟は必ずしも同時に生じていないことも示唆される。

トップフォームに至るまでのスプリント能力の発達

発育・発達段階の子どもから成人のトップフォーム（最もパフォーマンスが高くなる段階）に至るまでには，「どの時期に，どのような トレーニングを，どの程度」行うべきなのかが議論となる。このことについて，以下に示す観点をその前提条件として理解しておきたい。

競技的発達過程

競技者のライフサイクルとトレーニングは図6Aのように示される[16),19～21)]。スポーツとの出会い（初期発達段階），スポーツ・トレー

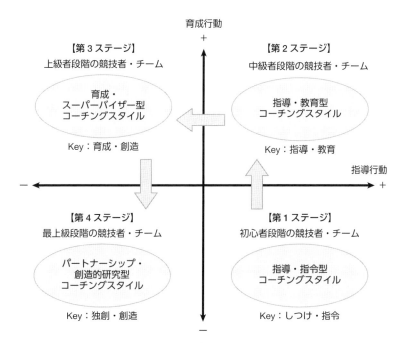

図7 競技者の発達段階とコーチングスタイルとの関係[21]

ニングの開始から競技種目への到達（競技形成段階），専門的トレーニング（専門的形成段階），最高成績の達成と維持（高次活動段階）の4段階に区分される競技的発達段階と各時期により大きな発達を見込むことのできる要素を理解するとともに，対象とする競技者の年齢，スポーツ歴，専門的競技歴，競技レベル，競技環境，生活環境，体型，成熟度，性格，意識・感覚・認知のレベルなどを調査・観察することが必要になる。また，実際のトレーニングにおいては，図6Bに示されるトレーニング負荷の総量と各種トレーニング運動の配分をおおまかに把握しておく必要がある。

競技者の発達段階に応じた
コーチング

育成年代にあるジュニア競技者のコーチングにおいては，①の発達段階に応じて競技者とコーチの関係が変容する。図7は，競技者の発達段階とコーチングスタイルとの関係をまとめたものである[21]。育成年代において

は，この発達段階ごとの連続性を意図してコーチングを遂行することが重要である。

合理的な疾走動作の理解と
それを獲得するための地図と道標

図8は世界の一流競技者，日本の大学生競技者，一般の小学1，3，5年生の平均疾走動作を示している[9]。例として，小学5年生の動作を世界一流競技者および日本の大学生競技者と比較すると，①踵から接地している（1，11），②接地時に回復脚が身体の後方に残っている（1，11），③離地時の大腿がより後方に伸展されている（5，6），④回復脚が後方に大きく残っている（7〜10），⑤体幹の前傾が大きい，などの相違があり，小学1年および3年生ではその傾向がより大きくなる[9]。

走り始めから成人，一流競技者に至るまで，疾走スピードに対する疾走動作の関与は「それぞれの段階で対象者の選定と比較方法が多岐にわたる」ためそれぞれで見方が大きく異なる。たとえば，ジュニア期に優れた疾走能力を示す子どもたちは，成熟が早く体力

第1部　スプリント能力を生み出すメカニズム

世界の一流男子短距離競技者（n=14）　100 m：10.01±0.19 秒，疾走スピード：10.99±0.47 m/秒，
　　　　　　　　　　　　　　　　　　　ストライド長：2.37±0.16 m，ピッチ：4.65±0.18 Hz

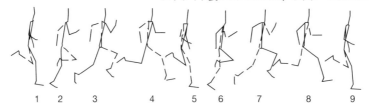

日本の大学生男子短距離競技者（n=21）　100 m：11.02±0.26 秒，疾走スピード：9.86±0.25 m/秒，
　　　　　　　　　　　　　　　　　　　ストライド長：2.13±0.07 m，ピッチ：4.64±0.18 Hz

小学5年男子児童（n=63）

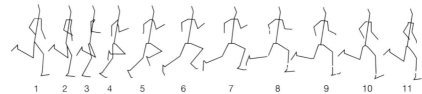

小学3年男子児童（n=60)

小学1年男子児童（n=73）

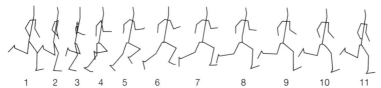

図8　小学1，3，5年生，大学生および世界の一流競技者の平均疾走動作
（文献9を改変）

レベルが高いことによって，一般の子どもと比較してよりパワフルな疾走動作を行うことができる。しかし，そのような子どもでも成人と比較すると身長に対する四肢の相対的な長さの違いや下肢の部分長が短いことなどから，同じ角度変位でも動作範囲には大小が生じてしまう。そのため，疾走スピードに影響を及ぼす動作は成人のそれと同じにならないことがある。さらに，発育過程では身長の増大に伴って下肢のセグメント長が増加することなどから，疾走中の力・パワー発揮にもアンバランスが生じることが推察される。

したがって，シニア期に個々にとっての合理的な疾走動作を獲得するためには，前述した「競技的発達過程」の項で示した特徴を理解しながらトレーニングが進められるべきで

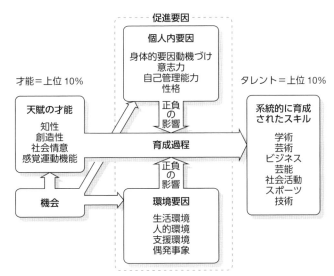

図9　ガニェの才能タレント分化モデル
(文献21を改変)

あろう。

　以上のことを考慮して，本章で示してきた発育・発達の知見に，他章の一流競技者の体力，技術に関する共通性や個性についての情報，トレーニング/コーチングにおける体力と技術や科学と実践の相互補完的関係を加味して理解していけば，子どもから一流競技者に至るまでのスプリント能力の発達の地図ができあがる。目の前にいる競技者が，その地図のどこに位置しているのか，現在のトレーニング・コーチングによって，どのようにその地図を進んでいけるのかを常に念頭において，多様なルートでゴール地点を目指していけるような取り組みと，そのために有用となる研究データの集積が今後さらに重要視されていくと考えられる。

スプリンターのタレント発掘と育成

　最後に，育成世代の重要な課題の1つであるタレント発掘と育成について考えてみたい。元来，スプリンターには天賦の才能が不可欠であると考えられてきた。では，その才能(生来の素質)とタレント(成果要素)はどのように捉えておけばよいのか。このことについて，カナダのガニェは「才能タレント分化モデル」を提示し(図9)，才能教育は複合的，多次元的に捉えるべきであることを提唱している[21]。また近年，競技者の育成指針として注目を集めるイギリスやカナダのLTAD (Long Term Athlete Development)，オーストラリアのFTEM (Foundation, Talent, Elite, Mastery)，アメリカのADM (American Development Model)なども，ジュニア競技者の育成過程を多面的・構造的に示している。

　日本においてもこのような競技者育成指針の策定は急務であると考えられ，日本陸上競技連盟の強化委員会内にも2013年に2020東京オリンピックプロジェクトチームが発足し，その礎となるタレントトランスファーマップの作成を試みている。タレントトランスファーマップとは，これまでの日本代表選手の経歴を調査することによって，一流競技者に至るまでの多様なルートを描き出し，育成から強化までの全体図を見渡すことのできる「地図と道標」である。これまでの過程で得られている重要な知見は以下の2点である。

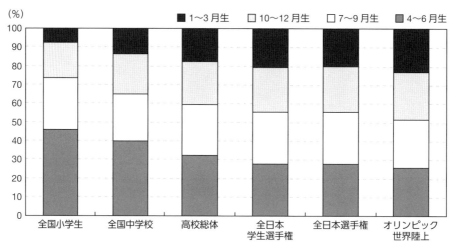

図10 2012年全国大会出場者および日本代表選手の生まれ月分布[22]

相対的年齢効果

図10は，2012年における各年代カテゴリー別の全国大会出場者および過去のオリンピック・世界陸上競技選手権大会の日本代表選手の生まれ月分布を3カ月単位の割合で示している[22]。結果として，小学校および中学校の全国大会出場者の約70%は4～9月生まれが占めていること，それは高校で約60%となり，学生および日本代表でようやくほぼ均等となり，実年齢の影響がなくなることが示された[22]。

したがって，ジュニアと定義されるU20あたりまでの期間は，生まれ月によって競技成績が影響されていること，特に中学校期までは発育・発達の速度の個人差によってパフォーマンスが決定している可能性が高いことが理解できる。このことは前述した優れた疾走能力を示す児童の結果と一致している。また，これらの結果は，U20以前の結果から将来の予測を行うことは難しいこと，言い換えるとそれ以前にはすべての人に才能と可能性があると認識すべきであることを示唆している。

日本および世界一流競技者のパフォーマンスの変遷

図11は，男子100m走の日本歴代20傑および世界歴代30傑の年齢別記録達成率の推移を示している。パーソナルベストの平均達成年齢についてみると，日本一流競技者は23.4±3.2歳であるのに対して，世界一流競技者は26.4±3.1歳であり，約3歳の差がみられる。また，日本人がジュニア期から23歳あたりまでに急激にパフォーマンスを向上させ，その後は徐々に低下傾向を辿るのに対して，世界は26歳あたりまでゆるやかにパフォーマンスが高まり，30代に至るまで高い達成率を維持するパターンを示している[22]。このような相違の原因については複合的な要因の存在が推察されるが，いずれにしても，1990年代に指摘されていたジュニア競技者の強化の問題点，つまり，専門化の早期開始，最高記録の早期発現，最大実現段階期間の短縮といった問題[19]がいまだ解決に至っていないことが推測され，これらを解決していく指導理念の構築やシステムの構築が喫緊の課題であることが考えられる。

また，日本代表選手は，発育・発達段階のどこかで適宜，競技を変更したり，種目を変更したりする，いわゆるトランスファーをし

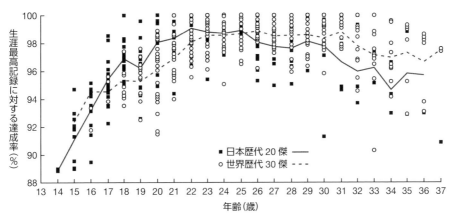

図11 男子100m走における日本歴代20傑および世界歴代30傑の年齢別記録達成率の推移
（文献22を改変）

ながら競技力を発達させていたことが明らかにされている．したがって，優れたスプリンターを数多く発掘し，育成していくためには，「タレントプール（実施者）の拡充」，「タレント育成（指導理念，指導システム，指導者，指導法）の充実」，「タレントトランスファー（競技・種目変更）への発展」を中核的な課題として位置づけ[21),22)]，できる限り多くの人に陸上競技を経験してもらい，できる限り多くの競技者が長く競技を続けることのできるプログラムとそれに対応したコーチングを推進していくことが必要不可欠であると考えられる．

【遠藤俊典】

● 参考文献

1) 高石昌弘ほか：からだの発達 身体発達学へのアプローチ，大修館書店，1981
2) Malina RM et al：Growth, Maturation and Physical Activity, Human Kinetics, 1991
3) 村田光範：体育の科学 61：171-178，2011
4) 平野裕一ほか：トレーニング科学 17：77-84，2005
5) 福永哲夫：筋の科学辞典，朝倉書店，2002
6) 宮丸凱史：Jpn J Sports Sci 14：427-434，1995
7) 宮丸凱史：疾走能力の発達，杏林書院，2001
8) マージョリー・H・ウーラコットほか編，矢部京之介監訳：姿勢と歩行の発達 生涯にわたる変化の過程，大修館書店，1993
9) 阿江通良ほか：進化する運動科学の研究最前線（アンチ・エイジングシリーズ），エヌティーエス，2014
10) 加藤謙一：平成16年度筑波大学博士論文，2004
11) 加藤謙一：体育の科学 49：108-114，1999
12) 谷川聡ほか：体育学研究 53：75-85，2008
13) デビッド・L・ガラヒュー，杉原隆監訳：幼少年期の体育 発達的視点からのアプローチ，大修館書店，1999
14) 遠藤俊典：陸上競技研究 76：2-13，2009
15) 斉藤昌久ほか：体育学研究 40：104-111，1995
16) 宮下憲：スプリント&ハードル，陸上競技社，2012
17) 小木曽一之ほか：体育学研究 41：449-462，1997
18) 末松大喜ほか：体育学研究 53：363-373，2008
19) 村木征人：スポーツ・トレーニング理論，ブックハウス・エイチディ，1994
20) 図子浩二：コーチング・クリニック 14：30-33，2000
21) 日本コーチング学会編：コーチング学への招待，大修館書店，2017
22) 山崎一彦：子どもと発育発達 14：273-277，2017

第2部 陸上競技におけるスプリント能力

4章　スプリント走にみられる疾走スピードの変化　…48
5章　スプリント走のバイオメカニクス　……………62
6章　ハードル走におけるスプリント能力　…………81
7章　中長距離走におけるスプリント能力　…………93
8章　4×100mリレーのバトンパス技術　…………100
9章　跳躍種目における助走スプリントのコーチング…108
10章　投てき競技におけるスプリント能力　…………117

4 スプリント走にみられる疾走スピードの変化

本章のねらい

　全力疾走，すなわちスプリント走は，陸上競技を含むすべての身体運動のベースである。したがって，ケガや障害などがなければ，誰もが全力で走ることはできよう。しかし誰よりも速く走る，あるいは様々な運動種目で求められる走りを素早く適切に実践することはとても困難である。
　スプリント能力は，陸上競技のすべての種目において，そのパフォーマンスを決める重要な要素となる。優れていなければどの種目においても不利になってしまう。スプリント走と対極にある能力として認識されている長距離走においてさえ，そのパフォーマンスにスプリント能力は大きく影響する。実際，レースのゴール付近でスプリント能力によって勝敗が決する場面は多くの人が目にするであろう。
　これはとりもなおさず，陸上競技の種目の中に「スプリント」という要素が内在していることを示している。各々の種目が持つ特性とスプリント能力を融合させることで，そのパフォーマンスはより向上するとともに，それを生み出す体力的・技術的理論を明確にできるだろう。
　そこで本章では，スプリント走の最終的な結果である疾走スピードの特性を明らかにし，陸上競技の様々な種目で重要な役割を果たすスプリント能力について考えていきたい。

疾走スピードの測定

　トレーニングなどの現場で疾走スピードの測定をする方法としては，ストップウォッチによる方法やビデオカメラによる方法（オーバーレイ方式などによるデジタル映像から読み取る方法）などがある。距離と時間の関係式から速度光波測定器を用いて移動スピードを疾走スピードとして算出する方法や光電管による測定方法もあるが，機器が高価なこともあり，まだまだ一般的な方法とはいえない。
　一般的な平均疾走スピードの求め方は，スタートからある地点までの通過時間あるいは2つの地点を通過した所要時間をストップウォッチや映像から読み取り，その区間の距離を測定時間で割ることである。ハードル種目についても各ハードルのタッチダウンタイム（ハードルをクリアし，振上げ脚〈リード脚〉が地面に接地した瞬間のタイム）を測定することで，その区間の平均疾走スピードを算出している。

最大疾走スピード

　人間が移動するスピードは，「歩く」動作から「走る」動作にかけて大きく変化する。全力疾走はこの「走る」作業のうち最も努力度が高いものであり，陸上競技におけるスプリント走はこの全力疾走の1つと捉えられる。
　「歩く」スピードは，普段歩くときで男子が時速4.8 km/時（分速80 m/分，秒速1.33 m/秒），女子が4.5 km/時（分速75 m/分，秒速1.25 m/秒）ほどであり，そのスピードは目的や個々の特性によって2.2〜7.5 km/時と大きく変化する[1]。一方，「走る」スピードは，男子マラソンの世界記録時で時速20.6 km/時（分速343 m/分，秒速5.72 m/秒），最も大きいスピードとなる男子100 m走の世界記録時で37.2 km/時（分速619 m/分，秒速10.32 m/

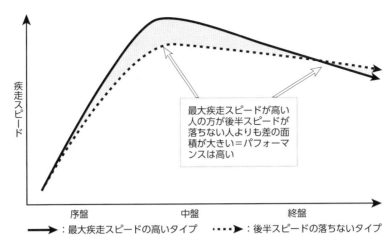

図1 疾走スピードのペースイメージ

秒)である。

　100m走の数値は，スタートからの加速局面を含むレース全体を通した平均値であるため，100m疾走中に得られる瞬間的な最大疾走スピードは，時速約44km/時(分速720m/分，秒速12.42m/秒)にも達する。これはバイクで公道を走っているスピードとほぼ同じであり，世界一流競技者がどれだけ大きなスピードで走り抜けているかがわかる。

　陸上競技における走種目は身体を静止させた状態，すなわちスピード「0(ゼロ)」から加速局面，最大スピード局面，スピード維持局面，疲労によるスピード低下局面を経てゴールに至る。このスプリント走にみられる疾走スピードの変化については，その最大スピード局面に焦点があたることが多い。これは，「最大疾走スピードが高い≒スプリント種目の優秀な競技者」と理解されてきたためである(図1)。

　実際，図1に示したように，最大疾走スピードが高い者の方が圧倒的にスプリント走のパフォーマンスは高くなる。もちろん，最大疾走スピード局面以外でも，その疾走スピードの向上を図ることでパフォーマンスの向上が生み出される可能性はある。レース後半のペースを大きく低下させないことでパフォーマンスを高くしようとするのもその1

つである。そのため，後半にスタミナが残るような練習を過度に強いている風景もよく見受けられる。レース分析の結果に基づけば，このようなレース後半における疾走スピードの著しい低下を防ぐ練習を行うことは間違いなく必要である。しかし，戦闘機や自動車の性能をあらわすバロメーターとしてその最大疾走スピードが捉えられているように，スプリント走でより高いパフォーマンスを発揮するためには，「最大疾走スピードをいかに高めることができるか」といった命題がその核心部分をなすといえるであろう。

パフォーマンスを高める必要条件としての最大疾走スピード

　一般的に，疾走距離の短い種目は長い種目に比べて最大疾走スピードが高く，距離が長くなるにつれてその最大疾走スピードは低くなる。ウサイン・ボルト選手が男子100m走の世界記録である9秒58を記録したときのスピードで400mを走ることができれば，驚くべき世界記録が誕生するに違いない。しかし，100m走でより大きな最大疾走スピードを有する者が必ずしも400m走などで優れたパフォーマンスを発揮できるとは限らない。

大きな最大疾走スピードを持ちあわせたうえで，それぞれの種目に対応したレースを構成することができる競技者が最終的には高いパフォーマンスを発揮することができる。これはハードル種目においても同様で，最大疾走スピードの大きなスプリンターがハードル種目に取り組めば，必ず高いパフォーマンスが発揮されるということはない。最大疾走スピードはあくまでも必要条件であって十分条件にはならないのである。

平均疾走スピード

基本的に人間の全力疾走では，スタート後，約15秒程度でスタートからの平均パワーや平均疾走スピードはピークに達し，その後それらは徐々に低下していく。これは疾走距離にして約150 mほどである[2]。古代オリンピックでは，短距離走の種目としてスタディオン走が行われていたが，その距離は約180 mとされていた。彼らは経験的に最も大きなスピードで走ることができる距離を競争種目として採用していたのかもしれない。

最大疾走スピードはスタート後，5～7秒程度で出現し，その後ゆるやかな低下をみせていくが，この15秒間は身体運動のために供給できるエネルギー量の時間に伴う変化とスタートから7秒程度のうちに身体に蓄えられた力学的エネルギー（勢い）との兼ねあいの結果として生じる現象である。

環境条件の影響

室内種目と比べ，屋外で行われる種目は，競技者を取り巻く外的な環境がそのパフォーマンスにより大きく影響する。これには，気温・風の向きといった気象条件や競技場が位置する高度などが含まれる。また，走路表面の硬度など人工的な環境も影響を及ぼす。

特に風はスプリント走のパフォーマンスに大きく影響し，追風が2.0 m/秒を超えると記録は公認記録として認められない。仮に無風状態で100 m走のタイムが11秒00であった場合，追風が2.0 m/秒で約0.12秒，追風1.0 m/秒だと0.06～0.07秒，タイムが速くなると考えられている。対して向風の場合，−2.0 m/秒で0.15秒，−1.0 m/秒で0.08秒遅くなるといわれる[3]。向風によるパフォーマンスの低下は，追風によるパフォーマンスの向上よりその影響が大きく出ることになる。さらにパフォーマンスレベルが下がれば，その影響度はさらに大きくなっていくと考えられている。

400 m走や400 mHのようにトラックを1周走る種目では，レース全体を通して追風になることは通常考えられない。したがって，これらの種目では，全体的に無風状態であることが現実的に最も好条件なのかもしれない。

疾走スピード，ストライド長，ピッチの関係

疾走スピードは，身体重心の進行方向への水平速度として考えられる。それは，歩幅1歩分の長さとしてのストライド長（ステップ長）と，1秒間に要する歩数としてのピッチ（ステップ頻度）の2つから構成され，

疾走スピード(m/秒) =
ストライド長(m/歩) × ピッチ(歩/秒)

の式で説明される（詳しくは6章参照）。

したがって，疾走スピードはストライド長，すなわち1歩の歩幅を大きくすること，もしくはピッチ，すなわち脚を速く動かすことで大きくすることができる。この2つの要因は，ストライド長が大きくなればなるほどピッチは落ちやすく，ストライド長が小さくなればなるほどピッチは上がりやすいといった相反する関係でもある。

一般的に，疾走スピードは平均で男子が17

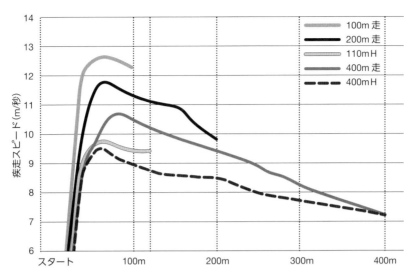

図2　各種目におけるスピード曲線の概念モデル

歳，女子が13歳程度まで向上し，その後停滞する[1]。そのスピードは，発育発達の段階を経ていくうえで，ピッチではなく主にストライド長が大きくなることで高くなる。しかし，この傾向は能力の高いジュニア世代やシニア世代の競技者には必ずしもあてはまらない。高いレベルでの競技に参加できる能力を持つ競技者にとっては，その一般的な傾向や根拠を基盤にしながらも，個々の能力や特性にあわせたストライド長とピッチの発達がみられるからである。

世界一流競技者は100m走を43～45歩で走り抜けていく。100m走の世界記録である9秒58のときのウサイン・ボルト選手のピッチは4.48歩/秒，ストライド長は約2.3mであった。身長が190cmを超える競技者の脚が1秒間に約4.5歩も回転する，しかもその1歩で2.3mも前方に進んでいることを考えてみてほしい。まさに驚異的な身体能力である。

疾走スピードの変化

5種類のスプリント種目の時系列的な疾走スピードを図2に示した。概観的に捉えると，スタート→加速→最大疾走スピード到達→疾走スピード維持→減速→フィニッシュといった流れは種目が変わってもほぼ同様である。

100m走のスピード変化

100m走は，スタート後，約30m地点まで急激に加速し，その後，30～60mあたりのゆるやかな加速局面を経て60m付近で最大疾走スピードに到達する。この最大疾走スピードは20～30mにわたり維持された後，徐々に減速していく（図3，図4）[4),5)]。

これらの局面のうち，スタートから30m程度までの急速な加速局面を1次加速局面，その後に続く最大疾走スピードまでのゆるやかな加速局面を2次加速局面（ピックアップ加速局面）という。スプリント走は，スタートから最大努力で力を発揮していくだけのように思われがちだが，このような加速局面にみられる変化は，疾走中，やみくもに力を出して走っているわけではなく，そこには技術や戦略が内在していることを示している（表1）。

100m走における疾走スピードの変化は単

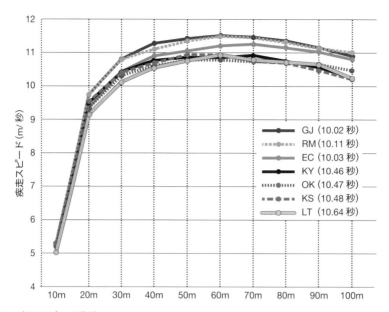

図3 男子100m走のスピード曲線
(文献4, 5を改変)

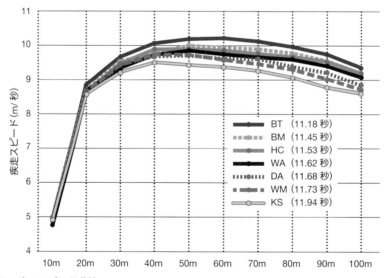

図4 女子100m走のスピード曲線
(文献4, 5を改変)

峰性,二峰性あるいは三峰性まであることが報告されている。しかし,データをおしなべていくと,疾走スピードの変化は基本的には単峰性と解釈していく方がよい。最大疾走スピードはスタート後,5〜7秒で出現するので,単峰性の疾走スピード曲線であれば,この間の加速が大きければ大きいほど最大疾走スピードも大きくなり,その出現する距離も大きくなる。それはより大きな疾走スピード曲線を描くことになり,より高いパフォーマンスの発揮を可能とする。

世界一流競技者の最大疾走スピード出現区

200 m 走のスピード変化

200 m 走では 100 m 走に比べて疾走距離が2倍になる。そのため、100 m 走以上に細やかなペース配分の戦略が必要とされる（図5, 図6）[4),5)]。

スタートからの平均疾走スピードはスタート後約 15 秒で最大になる。そのため、それ以上の時間を要する 200 m 走では、必然的に低下していくその平均疾走スピードをできるだけ低下させないようにすることがパフォーマンスを高めることにつながる。

200 m 走ではスタートしてから 60 m 地点よりも若干大きな距離で（より長い時間をかけて）最大疾走スピードが出現する。その後、そのスピードはゆるやかに低下していくが、それは 100 m 走ほど低下せず、いったんそのスピードが維持されるもしくは一時的な上昇を経てから、再びスピードのゆるやかな低下が生じる。

これには約 120 m の曲線走路の後、直線走路へと入っていくことによる物理的な影響も大きい。曲線走路での走りは、外力との釣り

表1　各種目における最大疾走スピードの様相

種目	最大疾走スピード出現地点	最大疾走スピード(m/秒)
100 m 走	約 60〜70 m 付近	約 12.2 m/秒
200 m 走	約 80 m 付近	約 11.6 m/秒
100 mH（女子）	約 30 m 付近（3〜4台目）	約 8.8 m/秒
110 mH	約 30 m 付近（3〜4台目）	約 9.0 m/秒
400 m 走	約 80 m 付近	約 10.5 m/秒
400 mH	約 80 m 付近	約 9.5 m/秒

間は、男子で 50〜60 m 区間になることが多い。一方、女子では 40〜50 m とやや早めに出現する。これは男子に比べ女子の加速が小さいからである。特に、2次加速が男子ほど大きくないため最大疾走スピードの頭打ちが生じ、スピードのさらなる向上がみられなくなってしまう。したがって、2次加速過程を長くとれる走りができるかどうかが最大疾走スピードの大きさやスピード逓減区間の短縮に影響し、後半における疾走スピードの低下を抑えることにもつながると考えられる。

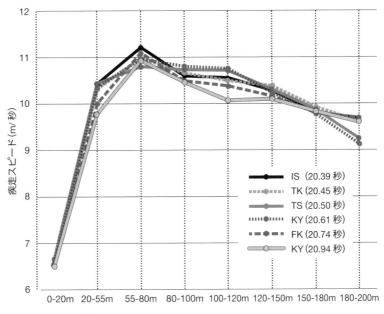

図5　男子 200 m 走のスピード曲線
（文献4, 5を改変）

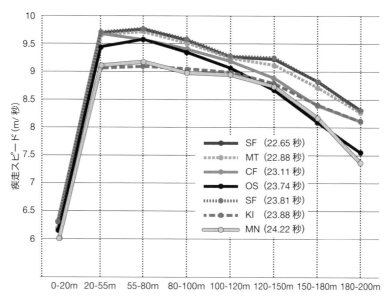

図6 女子200m走のスピード曲線
(文献4, 5を改変)

あいにより身体が内傾し，足が身体重心の鉛直線上に接地しないという不安定なバランスの下にある。それが直線走路に入ると，身体重心の鉛直線上に足が接地するようになり疾走効率が向上する。それは，スタートから約120m地点あたりで疾走スピードの低下がいったんおさまる，または一時的に上昇する現象を生み出す。当然その後は疾走スピードが低下しながらフィニッシュしていくので，200m走では曲線走路から直線走路へと移行する120～140m地点でのスピードの推移をより効率的に行っていくことがそのパフォーマンス向上のカギとなる。

400m走のスピード変化

400m走は100m走や200m走と比較して，疾走中のより適正なペース配分がパフォーマンスに大きく影響する(図7, 図8)[4),5)]。

男子では，スタート後80m地点あたりで最大疾走スピードに達し，その後300m地点あたりまでゆるやかなスピードの低下をみせる。女子は最大疾走スピードの出現する地点のばらつきが大きく，100～150m地点あた

りで最大スピードが出現する競技者も見受けられる。フィニッシュまでの100mは300m地点までのスピード低下率よりもさらに著しいスピードの低下を示す。これはATP-CP系および解糖系のエネルギー産出が困難となり，有酸素系によるエネルギー供給の貢献度が大きくなることにより生じる。また，このようなスピードの低下は，特に股関節の伸展・屈曲筋群の疲労によって引き起こされると考えられている。

400m走のレースパターンには，個々の体力特性に応じた個別性が存在する。それは前半と後半のタイム差があまりないイーブンペース型，後半が強い後半型，前半が強い前半型といったパターンである。

前半200mと後半200mのタイムを考えると，一般的な目安として前半型はそのタイム差が3秒程度(後半の方が3秒遅い)，イーブンペース型は2秒程度(後半の方が2秒遅い)，後半型は1秒程度(後半の方が1秒遅い)の違いとなる。しかし，とりわけハイレベルな競技会では，そのような大まかなレースパターンだけでなく，その中で個々に応じた至適なペース配分をどれだけ維持できたかで勝

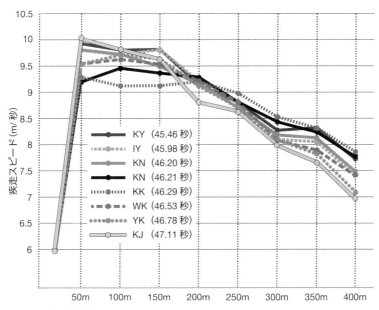

図7　男子400m走のスピード曲線
（文献4, 5を改変）

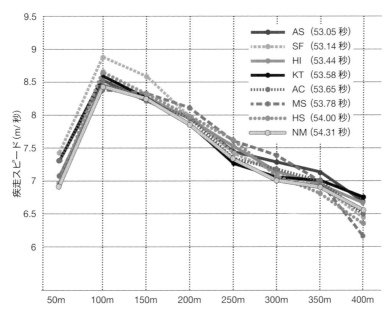

図8　女子400m走のスピード曲線
（文献4, 5を改変）

敗が決まることが多い。

　したがって，自分にあった至適なペース配分をまず知ることが肝要といえる。ただし，パフォーマンスレベルをより向上させるには，それまで用いていたペース配分をトレーニング段階で崩すことも必要になる。前半型の競技者が後半型のペース配分を試してみるなど，異なるペース配分を試行しながら，パフォーマンスをより高めていく努力を繰り返されなければならない。

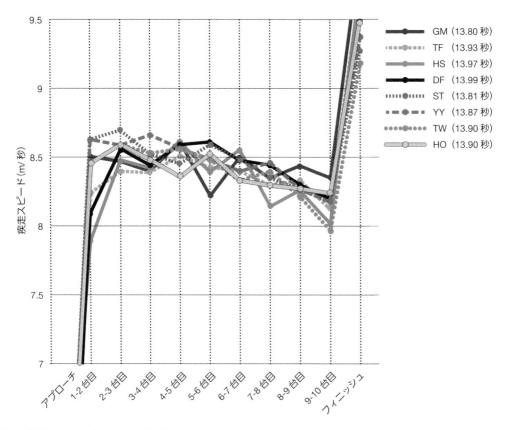

図9 男子110 mH走のスピード曲線
(文献4, 5を改変)

100 mH, 110 mHのスピード変化

ハードル種目では,スプリント走にハードルをクリアしていく作業が加えられる。そのためハードル走では,最も長い疾走距離を有するスタートから1台目のハードルまでのアプローチ局面で急激な加速をしなければならない(図9, 図10)[4),5]。

その後,3台目のハードルを越える第3インターバル付近で最大疾走スピードが出現し,第4〜第6インターバルまではそのスピードが維持される,もしくは少し変動しながら推移する。疾走スピードの低下が大きくなるのは,第7インターバルあたりからである。

ハードル種目では10台のハードルが設置されるため,そのハードル間のタイムを測定することで,比較的競技者やコーチに結果をフィードバックしやすい特徴を持つ。ハードルを越えて接地した瞬間(タッチダウンタイム)を時系列的に記録してモデル作成を試みた研究も多く存在し[6],疾走スピードの変化パターンの普遍性もある程度認められている。そのため,レースでのゴールタイムをそれぞれのタッチダウンタイム(インターバルタイム)から推定することができ,また目標タイムを達成するためにインターバルをどの程度で走ればよいのかについての指標にすることができる。

スプリント種目と同様に,スプリントハードル種目においても第3インターバル付近でみられる最大疾走スピードがそのパフォーマンスを大きく左右する。同時に,パフォーマ

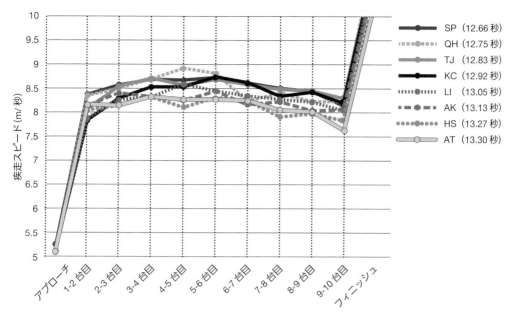

図10　女子100 mH走のスピード曲線
（文献4，5を改変）

ンスレベルの高い者は第1インターバルから終始その疾走スピードが大きい傾向で推移する．したがって，第3インターバルだけではなく，第1インターバルでの疾走スピードもレースのパフォーマンスを予測する重要な要素となるかもしれない．

400 mHのスピード変化

400 mHはスプリントおよびハードル種目の中で最もペース配分の影響が大きい戦術・戦略的な種目である．400 mHではスタートしてから1〜2台目，すなわち第2インターバルまでに最大疾走スピードに到達し，その後は中盤までゆるやかなスピードの低下がみられる（図11，図12）[4),5)]．後半はさらにそのスピードの低下が大きくなり，フィニッシュを迎える．

同じ距離である400 m走と比較すると，400 mHは80〜100 m地点にあたる第2インターバルにおける最大疾走スピードを上げていくことと同時に，中盤から終盤にかけてその疾走スピードの低下をいかに防いでいくか

がより高いパフォーマンスを得るうえで重要である．特に終盤は，疲労などによるインターバルの歩数の増加や，ストライド長の減少によってそのスピードは大きく低下してしまう．

400 mHが他のハードル種目と大きく相違するのは，インターバルを経るにつれ，その歩数が変化していくことである．それはスピードの低下率などにも大きく関係する．一般的には第5インターバルを経てからインターバルの歩数が増加していくが，この歩数の増加をできるだけ少なくしながら疾走スピードの低下を小さくしなければならない．実際，400 mHで47秒台の記録を有する競技者は，第7インターバルにおける疾走スピードとパフォーマンスとの間に強い相関関係が認められている[7)]．

400 mHのインターバル間のタッチダウンタイムによるレースタイムのモデル[9)]も110 mH，100 mHと同様に報告されている．したがって，それらを用いてどのようにレース後半の歩数増加と疾走スピードの低下防止を考えていくかが400 mHの大きな課題となる．

第 2 部　陸上競技におけるスプリント能力

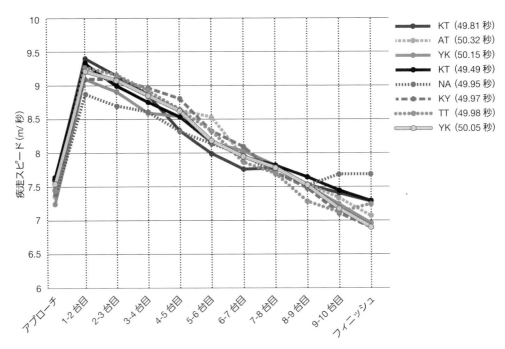

図 11　男子 400 mH のスピード曲線
（文献 4, 5 を改変）

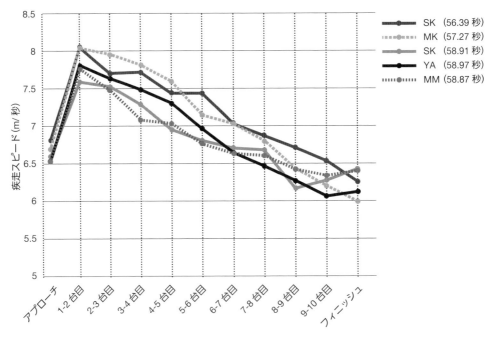

図 12　女子 400 mH 走のスピード曲線
（文献 4, 5 を改変）

トレーニングにおける疾走スピードの設定

これまで述べてきた疾走スピードの変化特性は，レース中にみられる特性に基づくものである．しかし，トレーニング時の疾走においても，そのような変化が同じように生じるものとして取り組む必要がある．しかし，何回も繰り返し練習を行っていくと，努力度が下がり，そこで行っている疾走ではレース時と同様なスピード曲線を描くことはできなくなる．したがって，できる限りターゲットとする競技会に近い状況のもと，少ない本数の中で集中して練習に取り組む必要がある．

そのためには，練習時の目安となるタイム設定が必要になる．表2に疾走距離と設定タイムのモデルを示した[10]．このようなモデルをもとにタイム設定をし，スピードの変化をより競技会で改善したい状況に模していくことが効果的なトレーニングを導くことになるだろう．

スプリント走を総括し，それを疾走スピー

表2　疾走トレーニング強度表

距離	ベスト記録	強度T 50〜70%	強度3 85%	強度2 92%	強度1 97%
80 m	8.8		9.6	9.1	8.6
	9.0		9.8	9.3	8.8
	9.2		10.0	9.5	9.0
	9.4		10.2	9.7	9.2
	9.6		10.4	9.9	9.4
	9.8		10.7	10.1	9.6
	10.0		11.0	10.4	9.9
	10.2		11.2	10.6	10.1
	10.4		11.5	10.8	10.3
100 m	10.8	15.6〜13.5	11.7	11.0	10.5
	11.0	15.9〜13.8	12.2	11.4	10.9
	11.2	16.2〜14.0	12.4	11.6	11.1
	11.4	16.5〜14.3	12.7	11.8	11.3
	11.6	16.8〜14.6	12.9	12.0	11.5
	11.8	17.1〜14.8	13.1	12.2	11.7
	12.0	17.4〜15.1	13.3	12.4	11.9
	12.2	17.7〜15.3	13.6	12.6	12.1
	12.4	18.0〜15.5	13.9	12.8	12.3
120 m	13.2	18.9〜16.4	14.5	13.6	13.0
	13.6	19.5〜16.9	14.9	14.0	13.4
	14.0	20.1〜17.4	15.4	14.5	13.8
	14.4	20.7〜17.9	15.9	14.9	14.2
	14.8	21.3〜18.6	16.3	15.2	14.6
	15.2	21.9〜19.0	16.8	15.7	15.0
	15.6	22.5〜19.5	17.3	16.2	15.4
	16.0	23.1〜20.0	17.8	16.7	15.9

表2　疾走トレーニング強度表（つづき）

距離	ベスト記録	強度T 50〜70%	強度3 85%	強度2 92%	強度1 97%
150 m	16.2	23.4〜20.3	17.9	16.9	16.1
	16.6	24.0〜20.8	18.4	17.3	16.5
	17.0	24.6〜21.3	18.9	17.7	16.9
	17.4	25.2〜21.8	19.3	18.1	17.3
	17.8	25.8〜22.4	19.8	18.6	17.7
	18.2	26.4〜22.8	20.2	19.0	18.1
	18.6	27.0〜23.3	20.7	19.4	18.5
	19.0	27.6〜23.9	21.2	19.9	18.9
	19.4	28.1〜24.4	21.6	20.3	19.3
	19.6	28.5〜24.7	21.9	20.5	19.6
180 m	19.4	28.1〜24.4	21.6	20.3	19.3
	19.8	28.8〜25.0	22.1	20.7	19.8
	20.2	29.4〜25.5	22.5	21.2	20.2
	20.6	30.0〜26.0	23.0	21.6	20.6
	21.0	30.6〜26.5	23.5	22.0	21.0
	21.4	31.1〜27.0	23.9	22.5	21.4
	21.8	31.7〜27.6	24.4	23.0	21.8
	22.2	32.3〜28.2	24.9	23.4	22.2
	22.6	32.9〜28.6	25.3	23.8	22.6
	23.0	33.5〜29.1	25.7	24.2	23.0
	23.4	34.1〜29.6	26.1	24.6	23.4
	23.8	34.7〜30.1	26.7	25.0	23.9
	24.2	35.3〜30.7	27.1	25.5	24.3
200 m	21.4	31.1〜27.0	23.9	22.5	21.4
	21.8	31.7〜27.6	24.4	23.0	21.8
	22.2	32.3〜28.2	24.9	23.4	22.2
	22.6	32.9〜28.6	25.3	23.8	22.6
	23.0	33.5〜29.1	25.7	24.2	23.0
	23.4	34.1〜29.6	26.2	24.6	23.4
	23.8	34.7〜30.1	26.7	25.0	23.9
	24.2	35.3〜30.7	27.1	25.5	24.3
	24.6	36.0〜31.2	27.6	26.0	24.7
	25.0	36.6〜31.9	28.1	26.4	25.1
	25.4	37.2〜32.6	28.5	26.8	25.5

ドの変化として論じるには多種多様なアプローチ方法が存在する。そのため，様々な切り口によって，スプリント走を吟味することはできる。しかし，人間が持っている能力の本質はいかなるアプローチをしても不変である。したがって，そのような本質のうえに様々な事象が生起していると捉えていくことが肝要である。

【安井年文】

● 参考文献

1) 深代千之ほか：スポーツ動作の科学 バイオメカニクスで読み解く，pp144-145, pp148-150, 東京大学出版会, 2010
2) 小木曽一之ほか：体育学研究 41：449-462, 1997
3) Wald-Smith AJ：J Biomech 18：351-357, 1985
4) 日本陸上競技連盟：アスリートのパフォーマンス及び技術に関する調査研究データブック 2015年度版, あんざい, 2016
5) 陸上競技の医科学サポート研究 REPORT2015, 日本陸上競技連盟, 2015
6) 宮下憲：陸上競技研究 14：10-20, 1993
7) 宮下憲ほか：400 mハードル競技者の世界戦略のためのプロジェクト研究．新たな身体運動科学の創生健康・スポーツ科学研究の推進 COE 最終報告書, 西平賀昭（拠点リーダー）, pp160-166, 筑波大学人間総合科学研究科・体育科学専攻 つくば, 2007
8) 宮下憲：スプリント&ハードル, pp17-22, pp32-36, 陸上競技社, 2012
9) 安井年文ほか：身体運動のバイオメカニクス 第13回日本バイオメカニクス学会大会論文集, 第13回日本バイオメカニクス学会大会編集委員会, 筑波大学体育科学系, pp206-210, 1997
10) 安井年文ほか：トレーニング Navi 前期シーズンの過ごし方．陸上競技クリニック Vol. 2, pp74-75, ベースボールマガジン社, 2009
11) 尾縣貢ほか：一流400 mランナーにおける体力的特性とレースパターンとの関係．体育学研究 45：422-432, 2000

5 スプリント走の バイオメカニクス

本章のねらい

スプリント走は「単に全力で走るだけ」の非常に単純な運動であると捉えている人は多い。確かに，スプリント走は多くの人が無意識に行うことができ，その多くの動きが矢状面上でなされる単純な運動である。しかし，それゆえ，「どのように力を伝えたか」，「どのように力を受けたか」などの結果がダイレクトにそのパフォーマンスに影響してくる運動でもある。そこで，本章では，スプリント走の基本的な特性をキネマティクス，キネティクス両方の観点から明らかにし，スプリント走のパフォーマンスを向上させるうえで必要な要素を明らかにしていきたい。

スプリントの バイオメカニクス的理解

歩行運動と走運動

ヒトは二本脚で立ち，移動する。移動運動はヒトの最も基本的な運動であり，二本の脚を交互に出し，そのうえに重心を移動させることにより前へ進むことができる。身体の前方に片方の足を出し，地面に接触する瞬間を着地といい，重心が足の真上を通過して身体の後方で地面から離れる瞬間を離地と呼ぶ。片脚ずつでみた場合，歩行も走行も接地と離地を繰り返しながら身体重心を前方へ送ることで移動するが，その動作の特徴から歩行と走行に分けることができる。

歩行運動（図1上）では，片方の足で身体を支えながら移動し，他方の足をさらに前方に着地させる。その際，支えていた足が離地する前に次の着地が起こり，両足が地面に接触している状態がみられる。このうち，片足のみ接地して身体を支えている局面を片脚支持期といい，両足ともに地面に接地している局面を両脚支持期という。また，いずれかの脚に着目した場合，着地してから離地まで足が地面に接触している局面を支持期もしくは立脚期，離地してから着地するまで（地面に足が接触せず前方へ送り出されるまで）の局面を回復期もしくは遊脚期という。なお，地面に接地して体重を支えている側の脚を支持脚もしくは立脚，離地して前方へと送り出される側の脚を回復脚もしくは遊脚という。

歩行では，片脚支持期のほぼ中間，支持脚が直立した状態で重心高（位置エネルギー）が最大，移動速度（運動エネルギー）が最小となり，その後，下前方へ加速しながら両脚支持期で重心高が最小，速度が最大となる。このように位置エネルギーと運動エネルギーが交換されながら運動する様は，振り子の運動と似ていることから，歩行運動は「倒立振り子」と表現される（図2）。

一方，走運動は（図1下），歩行運動と同様に左右の脚を交互に前方へと運ぶことで移動するが，歩行運動でみられた両脚支持期はみられない。つまり，どちらの足も地面に接触していない滞空期（または空中期）という局面が存在する。走運動では，どちらかの足が地面に接触しながら重心を移動させる支持期（または立脚期）と，どちらの足も地面に接触せずに空中で移動する滞空期を交互に繰り返すことによって重心を前へ進める。言い換え

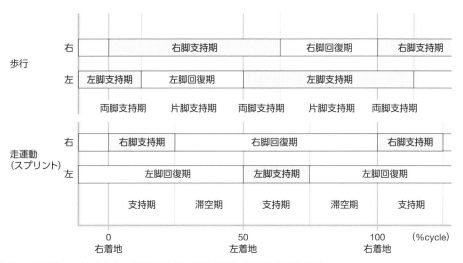

図1　歩行，走運動の1サイクルにおける足部の接地状態による期（局面）分け

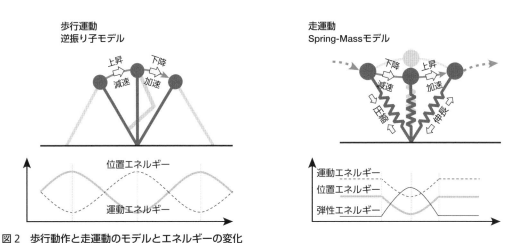

図2　歩行動作と走運動のモデルとエネルギーの変化

ると，両脚支持期の有無，滞空期の有無によって，歩行と走行は区別される。

走運動の支持期では，膝関節や足関節が力を発揮しながら屈伸し，それにより支持脚は全体として「バネ」のように振る舞う。これは下肢の関節にかかわる筋や腱組織の弾性特性によるもので，結果的に関節，脚全体はバネのように働く。このとき着地した瞬間が支持期において最も重心高が高く，その後支持期の中間で最も低くなり，その後，離地にかけて再び高くなる。支持期前半で脚の「バネ」に弾性エネルギーが蓄積され，後半にそのエネルギーが放出されることで身体は再び空中へと投げ出される。そのような振る舞いは，体重（重心）を1本のバネで支えるSpring-Massモデル（図2）[1]として表現されることがある。このモデルでは，重心の運動エネルギーおよび位置エネルギーは支持期前半に減少し，後半で増加する。減少するエネルギーは，脚のバネに弾性エネルギーとして蓄積され，後半で利用される。このときのバネの硬さは疾走スピードとともに高まるという報告もある[2,3]。このモデルは，スプリンターの最大疾走スピード付近では成立しないという報告[4]もあるが，脚全体の振る舞いとして，走運動を単純化し，歩行との違いをよくあら

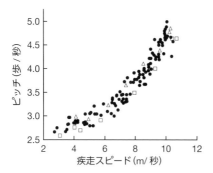
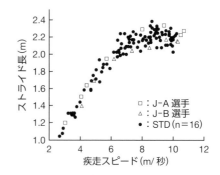

図3 ピッチ・ストライド長と疾走スピードの関係[6]

走スピード＝ピッチ×ストライド長

走運動は右脚支持期―滞空期（右～左）―左脚支持期―滞空期（左～右）が繰り返されて遂行される。仮に右足着地を起点と考えると，右足着地―右脚支持期―右足離地―滞空期（右～左）―左足着地―左脚支持期―左足離地―滞空期（左～右），そして右足着地が再び起こるまでを1サイクルという。また，右足着地から左足着地，もしくは左足着地から右足着地までを1歩といい，1サイクル＝2歩となる。

1歩において進む距離をストライド長といい，距離の単位を用いてメートル（m）やセンチメートル（cm）であらわす。また1歩にかかる時間を1歩時間といい，1秒あたりに起こる歩数をピッチ（歩/秒）という。走運動においてはこのストライド長とピッチの積によって疾走スピード（m/秒）が決まる。

疾走スピード（m/秒）
　＝ピッチ（歩/秒）×ストライド長（m）
　　　　　　　　　　　　　　　　（式1）

走運動において，ある個人がその疾走スピードを高めるには，その成分であるピッチもしくはストライド長を大きくする必要がある。しかしながら，ピッチとストライド長はシーソーのような関係[5]であり，一方を無理に高めるともう一方が減少してしまう傾向がある。ピッチもしくはストライド長が大きくなっても，もう一方がそれ以上に小さくなってしまった場合，疾走スピードは減少してしまう。

疾走スピードを高めるには，①ストライド長を犠牲にして，それ以上にピッチを高める，②ストライド長を維持してピッチを増加させる，③ピッチとストライド長の両方を大きくする，④ピッチを維持してストライド長を広げる，⑤ピッチを犠牲にして，それ以上にストライド長を増加させる，という5つの方法が考えられる。

図3は一定スピードでの走運動をジョギングから全力疾走まで高めたときのピッチとストライド長の変化をあらわしている。ジョギングから全力疾走まで疾走スピードを変化させたとき，ピッチは疾走スピードに応じて増加しているが，ストライド長は最大疾走スピードの70～80％前後で頭打ちになるか，むしろ減少する[6]。最大疾走スピードの70～80％のスピードまではピッチとストライド長の両方の増加によりスピードを高めているが，それ以上のスピードになると，接地時間が短縮し，ストライド長の増加に必要な力積が確保できないため，脚を素早く動かすことで（ピッチを増加させて）スピード増加を達成していると考えられる。

図4は男女別に記録と最大疾走スピード時のピッチ，ストライド長との関係を示してい

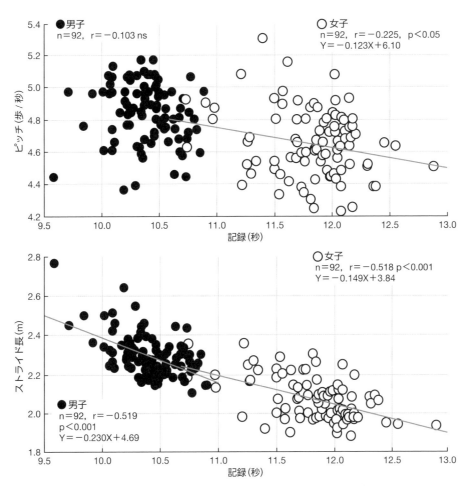

図4 100 m走の記録に対する最大疾走スピード時のピッチとストライド長との関係[7]

る[7]。男女とも，ストライド長と記録との間には有意な相関が認められる一方，ピッチは男子で有意な関係は認められない。女子では有意な相関が認められたものの，そのばらつきは大きく，相関係数もストライド長よりもかなり低い値である。これらのことから，ピッチとストライド長の組み合わせは競技者それぞれで異なるが，男女ともにストライド長の大きさがパフォーマンスにより強い影響を与えていることがわかる。

競技者それぞれのピッチ，ストライド長の組み合わせによって，ピッチに依存するタイプをピッチ型，ストライド長に依存するタイプをストライド型，両者が平均的な競技者を平均型とタイプ別に分けることがある。これらは，筋力やパワーなどの体力的要因より，身長や下肢長などの形態的な違いの影響を強く受ける。また，100 m走で最も重要な最大疾走スピードに至る加速局面において，ピッチ型の競技者はピッチが高い競技者が，ストライド型の競技者はストライド長が大きい競技者がそれぞれの型の中でパフォーマンスが高いことが報告され[8]，それぞれの型でパフォーマンスの実現方法が異なることが示された。日本や世界の一流競技者でもピッチ型，ストライド型いずれのタイプもみられ，自分の体型に適した走り方でピッチ・ストライド長の得意な方を伸ばしつつ，他方の犠牲を最小限に抑えることがパフォーマンスの向上につながると考えられよう。

松尾ほか[7]は，身体の大きさ，四肢の長さがピッチに大きく影響し，体型によって至適

表1 目標記録に対して必要な最大疾走スピード，最大疾走スピード時のピッチとストライド長の目標値[7]

男子					女子				
100mタイム	最大疾走スピード(m/秒)	最大疾走スピード達成のためのピッチ(歩/秒)に対するストライド長(m)			100mタイム	最大疾走スピード(m/秒)	最大疾走スピード達成のためのピッチ(歩/秒)に対するストライド長(m)		
		4.66	4.84	5.03			4.44	4.65	4.86
9.50	12.32	2.65	2.54	2.45	10.50	10.90	2.45	2.34	2.24
9.60	12.19	2.62	2.52	2.42	10.60	10.80	2.43	2.32	2.22
9.70	12.05	2.59	2.49	2.40	10.70	10.71	2.41	2.30	2.20
9.80	11.92	2.56	2.46	2.37	10.80	10.61	2.39	2.28	2.18
9.90	11.78	2.53	2.43	2.34	10.90	10.52	2.37	2.26	2.16
10.00	11.64	2.50	2.40	2.32	11.00	10.42	2.34	2.24	2.14
10.10	11.51	2.47	2.38	2.29	11.10	10.32	2.32	2.22	2.12
10.20	11.37	2.44	2.35	2.26	11.20	10.23	2.30	2.20	2.10
10.30	11.24	2.41	2.32	2.24	11.30	10.13	2.28	2.18	2.08
10.40	11.10	2.38	2.29	2.21	11.40	10.04	2.26	2.16	2.06
10.50	10.97	2.35	2.26	2.18	11.50	9.94	2.24	2.14	2.05
10.60	10.83	2.33	2.24	2.15	11.60	9.85	2.22	2.12	2.03
10.70	10.69	2.30	2.21	2.13	11.70	9.75	2.19	2.10	2.01
10.80	10.56	2.27	2.18	2.10	11.80	9.66	2.17	2.08	1.99
10.90	10.42	2.24	2.15	2.07	11.90	9.56	2.15	2.05	1.97
11.00	10.29	2.21	2.12	2.05	12.00	9.47	2.13	2.03	1.95
11.20	10.02	2.15	2.07	1.99	12.10	9.37	2.11	2.01	1.93
11.40	9.74	2.09	2.01	1.94	12.20	9.27	2.09	1.99	1.91
11.60	9.47	2.03	1.96	1.88	12.30	9.18	2.07	1.97	1.89
11.80	9.20	1.98	1.90	1.83	12.40	9.08	2.04	1.95	1.87
12.00	8.93	1.92	1.84	1.78	12.50	8.99	2.02	1.93	1.85
					12.60	8.89	2.00	1.91	1.83
					12.70	8.80	1.98	1.89	1.81
					12.80	8.70	1.96	1.87	1.79
					12.90	8.61	1.94	1.85	1.77
					13.00	8.51	1.92	1.83	1.75

表作成のために用いた統計値
- 男子：最大疾走スピード＝(記録－18.58)/－0.737
  ピッチの平均値±標準偏差 4.84±.18(歩/秒)
- 女子：最大疾走スピード＝(記録－21.92)/－1.048
  ピッチの平均値±標準偏差 4.65±.21(歩/秒)

ピッチが選択され，そのときのストライド長によってパフォーマンスが決まる，という前提を立てた．そのうえで，男子競技者でピッチ4.66歩/秒(ストライド型)，4.84歩/秒(平均型)，5.03歩/秒(ピッチ型)，女子競技者でピッチ4.44歩/秒(ストライド型)，4.65歩/秒(平均型)，5.86歩/秒(ピッチ型)という3つのピッチ型に対する目標ストライド長を目標記録ごとにあらわしている(**表1**)．競技者は，この表によって自分の目指す記録を達成するにはどれだけのストライド長が必要なのかを知ることができる．

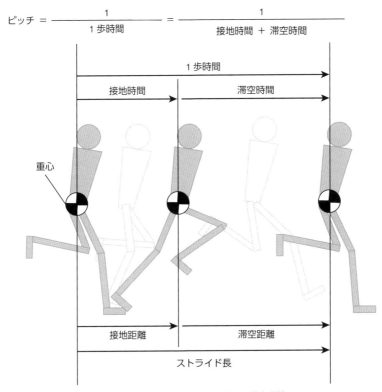

図5 ピッチと接地時間・滞空時間，ストライド長と接地距離・滞空距離の関係

接地時間と滞空時間，接地距離と滞空距離

走運動は支持期と滞空期を交互に繰り返すが，それぞれにかかる時間とそれぞれの重心が進む距離は以下のようにあらわされる（図5）。

1歩時間（秒）
＝接地時間（秒）＋滞空時間（秒）　（式2）

ストライド長（m）
＝接地距離（m）＋滞空距離（m）　（式3）

$$\text{ピッチ（歩/秒）} = \frac{1}{\text{一歩時間（秒）}}$$
$$= \frac{1}{\text{接地時間（秒）}+\text{滞空時間（秒）}} \quad （式4）$$

前述した式1で説明したように，疾走スピードを高めるにはピッチもしくはストライド長を大きくする必要がある。さらに，ストライド長を大きくするには接地距離もしくは滞空距離を大きくする（式3），ピッチを高めるには接地時間もしくは滞空時間を短くする（式4）という下位要素の変化が必要である。

図6は疾走スピードとピッチ，ストライド長，さらにその下位要素である滞空時間，接地時間，滞空距離，接地距離の相互関係を示したものである。このピッチと接地時間・滞空時間，ストライド長と接地距離・滞空距離の関係から考えると，ピッチには滞空時間が，ストライド長には滞空距離が影響している[5]。疾走スピードを高めるには前述した①〜⑤までのピッチとストライド長の変化パターンが考えられるが，図6から，疾走スピードと高い相関関係にあるストライド長を増加させ，同時にピッチの低下を抑えることが重要であることがわかる。ストライド長を大きくするには，疾走スピードの増加ととも

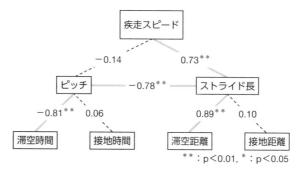

図6　疾走スピードを決める項目間の相関係数[5]

に短縮していく接地時間の中で十分な力を地面に伝え，滞空距離を伸ばすことが必要である．さらにピッチの減少を抑えるには，ピッチと相関が強い滞空時間を延長させないことが重要となる．

スプリント走のキネマティクス

スプリント走における「正しいフォーム」

スプリント走のみならず，すべてのスポーツにおいて，動作，フォームが重要であることはいうまでもない．直線でのスプリント動作であれば，パフォーマンス方向が一定であるので，矢状面(身体を横からみた面)での二次元動作分析でも多くの知見が得られる．しかし，走運動は3次元的な運動であり，3次元分析を行うことにより，より多くの知見が得られる．近年では赤外線カメラを用いて様々な方向から対象を撮影し，身体に貼付されたマーカーを自動で追尾するシステムなどが開発され，3次元動作分析が以前に比べて容易にできるようになってきた．

スプリント競技がスタートからゴールまでいかに短時間で到達するか，という競技である以上，いわゆる「正しいフォーム」は，より速いスピードで移動することのできるフォームである必要がある．1990年代以前は，その「正しいフォーム」が競技者や指導者の経験に基づき理解され，指導がされていた感がある．しかし，1991年に東京で行われた世界陸上競技選手権大会で，日本陸上競技連盟バイオメカニクス班が世界一流競技者の動作分析を行った結果，実際の指導現場で「脚を高く上げる」，「膝や足首で地面をキックする」などと指示されていたことが，世界一流競技者では行われていないことが指摘された．その後も実際に速く走っている競技者の動作や疾走スピードの増加に伴って変化する動作などが科学的に分析され，速く走るための「正しいフォーム」がトレーニング現場に浸透するにつれ，日本のスプリントレベルが大きく飛躍することとなった．

スプリントパフォーマンスとキネマティクス

図7および図8は，一般学生から世界一流競技者までの100mレース中のトップスピード付近(55m地点)における回復期，支持期の下肢関節動作をあらわしている[9]．図7の回復脚の下肢関節の動態をみると，腿上げ角度や振り出し角度と疾走スピードとの間に関係はなく，引きつけ角度はむしろ速い競技者ほど引きつけていないことがわかる．これは指導現場でよくみられた，「太腿は高く上げて，膝はたたんでコンパクトに引き出す」という指導とは異なる結果である．一方，腿上げ角速度や振り戻し速度と疾走スピードには有意な相関関係がみられる．これは疾走スピード

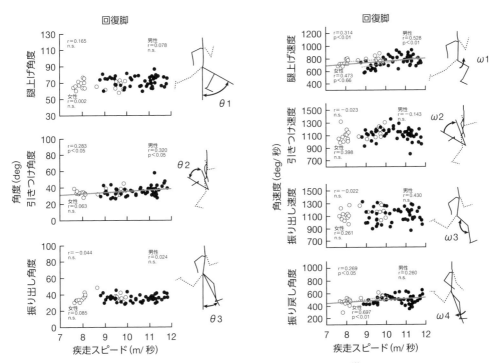

図7　回復脚における疾走スピードと各局面の下肢関節角度および角速度の関係[9]

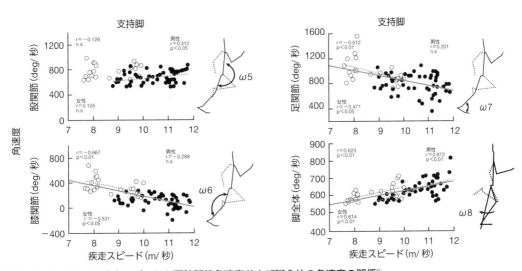

図8　支持脚における疾走スピードと下肢関節角速度および脚全体の角速度の関係[9]

の増加とともに速くなるスイング速度(支持期の伸展速度)に対応して,脚の回復を速くする必要があることや,接地直前にスイング速度をあらかじめ高めておく必要があるためである.

図8の支持脚の動態をみると,膝関節や足関節の伸展角速度は,疾走スピードが増加す

るにしたがって遅くなり,レベルの高い競技者ほどほとんど膝関節が動いていないことがわかる.これもまた指導現場でよくみられた「膝や足首をしっかり伸ばして地面を蹴る」という指導とは異なる結果である.一方,股関節中心と足関節中心を結んだ線の角度(脚全体の角度)の角速度と疾走スピードの関係に

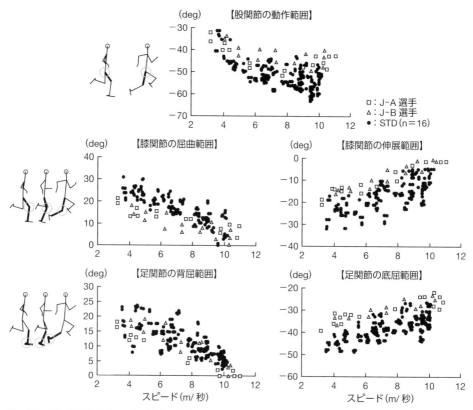

図9 ジョギングから最大疾走スピードまで疾走スピードを変化させた際の各関節の動作範囲[6]

は有意な相関関係がみられる。支持脚の重要な役割は，大きなパワーを生み出す股関節の伸展動作を地面に効率よく伝えることである。膝関節の固定は，たとえ股関節伸展の角度変位（動く角度の範囲）が同じでも，膝の伸展による膝の抜けの影響を抑え，効率のよいキックを生み出すことができる。足関節についても，競技者によっては0.1秒を切るような短い接地時間に対応するため，足関節による「あそび」を減らしていると考えられる。

疾走スピードとスプリント走動作

図9は日本一流競技者2名を含むスプリンターが，ジョギング程度のゆっくりしたスピードから全力疾走に至るまで，様々なスピードで走った際の支持期における下肢各関節の動作範囲を示したものである[6]。支持期において，股関節は地面を後方へ送るような伸展動作をしているが，この動作範囲は特に7m/秒以下の低速において疾走スピードの増加に伴って拡大する。それ以上のスピードになると，増加する競技者，一定の競技者，減少する競技者など一様の傾向はみられない。一流競技者2名はその中で他の一般競技者と比べて股関節の動作範囲が狭いところを推移する。疾走スピードが7m/秒を超える速い疾走スピードにおいても，一流競技者の股関節はむしろ狭い範囲で動かされ，その中で一般競技者と変わりない2.2〜2.4mの十分なストライド長を獲得している。これは，一流競技者たちがストライド長とピッチを両立させるため，コンパクトで素早いキックをしていること，さらにストライド長の大きさが下肢の動作範囲を大きくしたことによる結果ではないことをあらわしている。

図9の膝関節と足関節は，支持期前半の屈曲・背屈の動作範囲と後半の伸展・底屈の動

作に分けて示されているが，いずれも疾走スピードが高まるにつれて，その範囲は狭まる傾向にある．前述したように，競技力の高い競技者ほど膝と足首をロックして走る傾向があるが，それと同様に，個人内でも疾走スピードが高まると膝関節と足関節の動作範囲は小さくなっていく．さらに一流競技者2名は屈曲・背屈，伸展・底屈，いずれもその動作範囲が一般競技者よりも狭く，速く走ることのできる競技者は，最大疾走スピードだけでなく，遅いスピードから高いスピードになるまで膝や足首の動作範囲をロックする，もしくは狭く使っていると考えられる．

3次元的なスプリント動作

これまで多くのスプリント動作のキネマティクス分析がなされているが，その多くが矢状面での2次元の分析である．スプリント走のパフォーマンスは，全身の3次元的な動作によって構成されているが，今まで2次元の分析が中心になってきたことは，その動作が（カーブ走を除いては）前方への一方向の移動運動であり，パフォーマンス方向と重力方向を含んだ矢状面でその多くを説明できたためであろう．

骨盤と両方の下肢をつなぐ股関節は球関節であり，3次元的な動きを行うことができる．そのため，スプリント走の3次元的な動作の中心は骨盤周辺の動作であるといえる．さらに骨盤は，下肢と体幹部の運動をつなぐ役割もあり，スプリント動作の中ではまさに要の部分といえる．

大島ほか[10]は，骨盤の3次元的動作の中で，水平面（上からみた平面）での骨盤の前方への回転（支持脚側の腰を前に出すような回転）が，股関節の屈曲により脚を前に引き戻す動作に貢献しているとしている．また，佐渡ら[11]は骨盤の回復脚側の挙上・下制について，股関節の外転と腰仙関節の側屈トルクがお互いに補完しあっていることなどを報告している．他にも，歩隔（足の左右の開き）の大きさに着目し，スタート直後には歩隔が大きく，速度が増すにしたがい歩隔が減少していくことや[12]，歩隔の違いにより骨盤周辺や下肢の動きが変化し，歩隔が狭いとピッチを大きくなり，広いとストライド長が大きくなることなどの報告がある．

3次元空間内での角度の定義や関節の3つの軸の中での複合的な動作は非常に複雑であるため，矢状面上の2次元分析のようにシンプルでわかりやすい結果は得がたい．しかし，3次元的なスプリント動作分析がさらに進めば，さらなるパフォーマンス向上のための知見が得られるだろう．

スプリント走のキネティクス

スプリント走のキネティクス的捉え方

スプリント走をキネティクス（動力学）的に考えるには，ニュートン力学から考えると理解しやすい．ニュートン力学における3つの法則は以下の3つである．

1) 慣性の法則
   すべての物体は，外部から力を加えられない限り，静止している物体は静止状態を続け，運動している物体は同じ方向に同じ速度での運動を続ける．

2) 運動方程式
   $F=ma$（F：力(N)，m：質量(kg)，a：加速度(m/秒^2)）
   物体に力が働くとき，物体には力と同じ向きの加速度が生じ，その加速度の大きさは力の大きさに比例し，物体の質量に反比例する．

3) 作用・反作用
   物体Aが物体Bに力を作用させたとき（作用），物体Aも物体Bから同じ大きさで逆向きの力（反作用）を受ける．

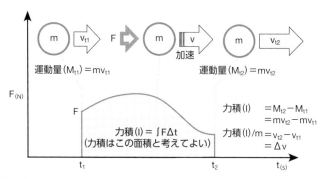

図10　力積と運動量の関係

　以上をスプリント，たとえば100mにあてはめて考える。スタート時点では競技者は静止している。静止しているということは，慣性の法則より，どこからも力を受けていない状況である（ただし重力に抗する分だけ地面を押している）。ピストルと同時に競技者はスターティングブロックを蹴って鋭く加速する。運動方程式から，大きな加速が生まれるには，大きな力を外部から受ける必要が生じる。競技者はブロックを後方に蹴っているが，その蹴っている力は作用・反作用の法則により，ブロックからそれと同じ大きさの逆向き，すなわち前方への反力を受け，鋭く加速することになる。運動方程式は，

$$F = m \cdot a$$
$$\frac{F}{m} = a$$

（F：力(N)，m：質量＝体重(kg)，a：加速度(m/秒²)）

となり，ヒトの場合mは体重を意味するので，加速度は体重あたりに作用した力の大きさで決まることになる。さらに，その力がどれだけの時間作用したかにより，物体が運動する「勢い」が決定される。

　ある物体が運動するときに持つ「勢い」は運動量（M）といわれ，物体の持つ速度と質量の積で求められる。

$$M = m \cdot v$$

（M：運動量(kgm/秒)，m：質量(kg)，v：速度(m/秒)）

　図10に示すように，ある運動量を持っている物体に，t1からt2までの時間，力が作用すると考えると，以下のようにあらわすことができる。

$$I = \int_{t1}^{t2} F \cdot \Delta t = mv_{t2} - mv_{t1}$$

（I：力積(Ns)，F：力(N)，t1：作用開始，t2：作用終了，Δt：作用時間(秒)）

　力（F）の積分値を力積（I）といい，力がどれくらいの大きさでどれくらいの時間作用したかをあらわす。そしてそれは力が作用する前と後の運動量の変量に等しい。このとき，質量（m）が一定とすると，両辺をmで除すことにより，

$$\frac{I}{m} = \frac{mv_{t2} - mv_{t1}}{m} = v_{t2} - v_{t1}$$

となる。左辺は質量あたりの力積をあらわし，それは力が作用する前と後の速度差と等しい。

　ヒトの運動を考える場合，質量，すなわち体重は運動中変化しないので，ヒトの運動時にある力がある時間作用した体重あたりの力積はその力が作用した前後の速度の違いに相当する。たとえば，図11のように，体重60kgの走者が，着地時に6m/秒の速度であったものが，0.1秒の接地時間の後，離地時に7m/秒に加速していたとすれば，運動量の変化は力積に等しいので，水平方向へのキックの力積は60Nsであったことになる。接地時

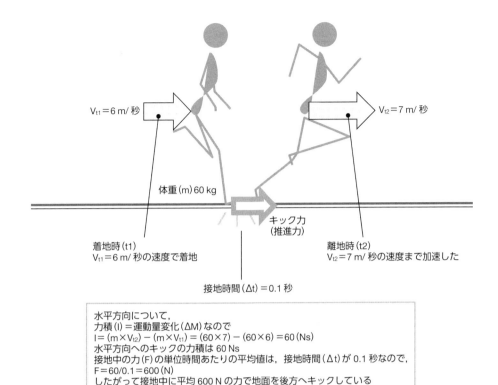

図11　走運動中の水平方向へのキック力(推進力), 力積と疾走スピードの変化

間が0.1秒であるので, この時間内に行ったキックの平均の力は600Nであったという計算になる。

また, 地球上ではすべての物体に重力が働き, すべての物体が地球の中心に向かって(真下に向かって)加速している。それを重力加速度(g)といい, 1秒あたり9.81 m/秒ずつ真下に加速させている。地面に立っている人が重力に引っ張られて落下しないのは, 地面に立つ足が地面に対して力を作用させ, 重力加速度と逆方向に同じ大きさの加速度を得ているためである(図17左参照)。体重などの「重量」は, この地面に対して作用する力を測定していることになる。

図12は垂直跳をしたときの鉛直方向の体重あたりの地面反力(F_z)と, そのときの身体の姿勢を描いたものである。F_zは体重あたりの大きさで示しているため, 図中①の立位の姿勢では体重の1倍の力(mg:体重×重力加速度)で地面を押している。そのとき身体重心の変位は起こらない。ジャンプをするために腰を下げると, F_zは②のように1を下回る。地面を押す力が体重の1倍を下回ると, 地面を押す力による上向きの加速度より, 重力加速度が上回り, 地面に向かって加速することになる。その後地面を強く蹴る際に地面反力は1を上回る(③)。そのとき, 重心は上方向へ加速する。そして離地し空中に身体が投げ上げられると, 地面に触れていないため体重を支えることができず, 空中で身体は自由落下, すなわち放物線を描いて上昇, 下降する(④)。その後着地し, 地面を体重以上の力で押し返し(⑤), 落下するスピードを減速させる。そして立ち上がるときの最後静止する直前(⑥)で再び1を下回り, 立ち上がる速度が減速して静止状態(⑦)に戻る。

このように重力下においては, 身体を一定の高さに保つには, その体重の1倍の力

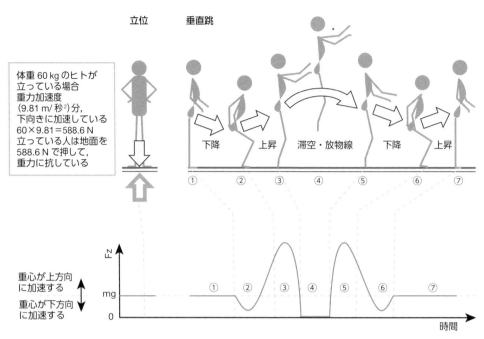

図12 鉛直方向の力と運動の関係。立位(左)と垂直跳(右)時の地面反力

(mg：体重×重力加速度)で地面に力を加えて支えていなければならない。それを下回れば下に向かって加速し，上回れば上へ加速する。支えていない場合は放物線を描きながら地面へ落下する。

走運動で考えてみる。走運動は本章の冒頭で述べたとおり，支持期と滞空期を交互に繰り返す。すなわち走運動とは進行方向へ移動しながら，連続ジャンプをしているといえる。走運動中，滞空期では地面を支えていないため，身体は自由落下するが，離地時に上向きの速度を持って地面から離れるので，重心は放物線を描いて上昇して下降する。仮に離地時と着地時が同じ重心の高さになるとすると，離地時と同じ大きさで下向きの速度を持って着地することになる。支持期には再び滞空期に一定の高さにジャンプするため，その下向きの速度を離地時の上向きの速度まで加速させる必要がある。言い換えると，走運動の際に起こる滞空時間を生み出すため，支持期にその分の作業(力積)を賄っている，と考えることができる。スプリント走など高い疾走スピードで走ると，接地時間は非常に短くなるが，その中で十分な力積を賄うには短時間に大きな力を発揮する能力が求められるということになる。

図13のように，体重60 kgの走者が走運動をしているとき，着地時の鉛直速度が－0.5 m/秒，離地時が0.5 m/秒，接地時間が0.1秒であった場合を考える。支持期に地面をキックしたときの力積は，着地時と離地時の鉛直方向の運動量の差によるものに加え，体重を支えるための力積(mgΔt)の合計である。図13の枠内に示すように式を解いていくと，力積(I)は118.86 Nsとなる。力積を0.1秒の作用時間(接地時間)で割り，支持期中におけるキック力の平均値を求めると，1188.6 Nとなる。平均1188.6 Nで地面を0.1秒の接地時間で押し返すことにより，1歩前の滞空時間と同じだけの滞空時間を次の一歩でも獲得できる，という計算になる。接地時間が短くなればより大きな力でキックしなければ，その滞空時間をかせぐことはできない。逆に，ピッチを上げて，滞空時間を短縮すれば，もっと小さなキック力でも走ることができる，ということになる。

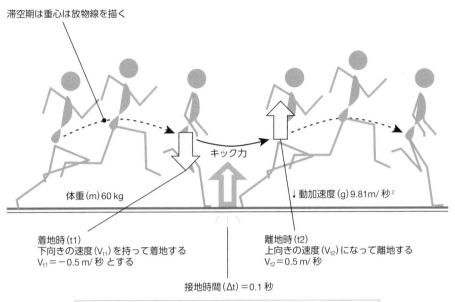

図13 走運動中の鉛直方向へのキック力，力積と鉛直速度の変化

スプリント中に働く力—地面反力

走運動を行うときに働く外力は，地面を押すことによって受ける反力（地面反力）や重力，空気抵抗が挙げられる．ヒトが走るとき，地面を蹴ることによって得られる地面反力が走るスピードを生み出す主な動力源である．したがって，地面反力はスプリントパフォーマンスそのものを測定しているといってよい．

図14は，走運動中の地面反力のデータである．地面反力は，3次元空間において1本のベクトルであらわせるが，図14右に示すようなX軸（進行方向に直角に交わる左右方向），Y軸（進行方向に沿った前後方向），Z軸（鉛直方向）の3つの軸に沿った分力，Fx，Fy，Fzとして記録される．Fxは走行方向に対して左右方向への力である．カーブ走などでは重要になるが，直走路を走る場合にはパフォーマンスへの影響は小さく，また記録される力の大きさもFy，Fzと比べて小さいため，ここでは進行方向へ作用するFyと体重を支える鉛直方向へ作用するFzの2つについて説明する．

水平方向，すなわちパフォーマンス方向へ作用する地面反力（Fy）

図15は図14のFy，Fzのデータを，被験者の体重で除した値で示している．図15下のFyをみると，Fyは大きく2つの局面に分けられる．着地の直後から進行方向と逆方向へ作用する力（図15下B）と，その後反転して進行方向へ作用する力（図15下A）である．前半の進行方向と逆方向の力は，足部が身体重心の直下よりも前方に着地し，前下方向に地面を押すために生じる．重心の速度を減速させるため，ブレーキ成分として説明される．また，後半の進行方向への力は，足部が重心の直下を通過し，後方へ地面を押すことによるもので，その反力は重心を後ろから前

第 2 部　陸上競技におけるスプリント能力

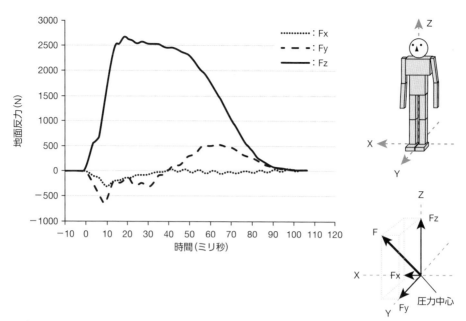

図 14　スプリント走中の地面反力波形

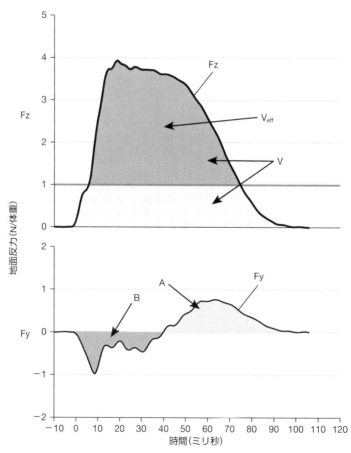

図 15　スプリント走中の体重あたりの地面反力

へ押す加速力となり，重心は前方へと加速する。そのため加速成分と説明される。

前述したとおり，体重あたりの力積は，その力が作用した前と後の速度差に等しい。つまり，力積が大きければ大きな速度変化をもたらし，小さければ速度変化も小さくなる。図15下のBの部分の面積が減速時の速度変化の大きさ，Aの部分が加速時の速度変化の大きさを意味する。したがって，B＜Aであれば，その1歩で減速より加速が大きく，着地時よりも離地時でその差分だけ疾走スピードが増しているということになる。

図16は，スターティングブロックからの加速中，1，3，5，9，19歩目の地面反力および進行方向の速度変化を示す[13]。1歩目での図15下Bにあたる部分は非常に小さく，着地後すぐに反転してAが大半を占める。そのため速度変化も着地後に少し減速するものの，その後大きく加速する。そして歩数を重ねるごとにBの部分はピークが鋭く大きくなり，Aは接地時間が短くなることで力積も減少する。それにより1歩中の速度変化は減速量が増大し，加速量は小さくなる。そしてほぼ最大疾走スピードである19歩目では，AとBの力積が同等になり（厳密には空気抵抗分だけ減速させられるのでAの方がBより少し大きくなる），減速量と加速量がほぼ等しくなるため，速度の上昇は止まる。言い換えるとA≒Bとなり，1歩中の減速と加速がほぼ等しくなるところが，その競技者の最大疾走スピードであるといえる。

疾走スピードを高める際，あるスピードに達するとそれ以上加速できなくなるのは，走者が速いスピードで後方へ移動する地面に力を発揮しようとしても，筋収縮の力−速度関係の影響で力を出しづらくなること[14]や，疾走スピードが上がるにつれ短縮する接地時間に対応するため，キック力のほとんどを鉛直方向への大きな出力に費やさなければならないことが原因と考えられる。さらにその後に現れる疾走スピードの低下は，Fyの力積がA＜Bとなりピッチの低下も生じるためと報告されている[15]。その原因としては，疲労による影響や脚の後方への流れ，接地直前の回復脚の振り戻しの遅れ[15]などが考えられている。

鉛直方向へ作用する地面反力（Fz）

前述したFyは進行方向への減速・加速に作用する力であったが，Fzはパフォーマンス中に重力に抗して身体重心を一定の高さに保つのに作用する力である。

図15上は体重あたりのFzをあらわしている。図中のVの部分の力積分が身体重心を鉛直上方向へ加速させているが，それと同時に下方向へは毎秒9.81 m/秒^{2}で常に加速していることになる。

支持期において，Fzが体重の1倍を超える上向きの力（V_{eff}）を得られる間は，身体重心は上方向へと加速する。しかしFzが体重の1倍を下回ると身体重心は下方向へと加速し，滞空期には身体が放物線を描きながら落下することになる。したがって支持期では，着地時に滞空期から落下してきた体重を受け止め，離地時にはおおよそ同じ高さに戻すだけの上向きの速度まで身体を加速させなければならない。図16のFzの変化をみると，疾走スピードが低いときにはなだらかな立ち上がりで体重の2〜3倍程度の力で地面を押しているが，そのスピードが高まるにつれて力は急激に立ち上がり，高くて鋭いピークをもつ波形に変化している。また，同時に波形の横幅は狭まる。横軸は時間なので，波形の横幅が狭まるということは，接地時間が短縮していることを意味する。2本の脚でヒトが走る際，支持脚によって支持期中に重心を移動させることのできる距離（接地距離）には限界がある。接地距離は脚の長さや脚の振り幅（角度）によって，幾何学的に決まるが，接地距離が一定であるとするなら，疾走スピードが増加すれば，そこを通過するための時間は短くなる。そのため，接地時間は疾走スピードの増加とともに短くなってしまう。

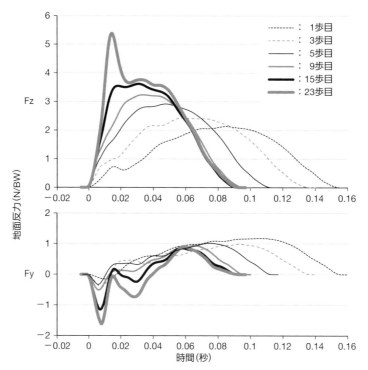

図16 スタート後1歩目から最大疾走スピード(23歩目)までにみられる地面反力(抜粋)
横軸の0(ゼロ)は着地時をあらわす

スタートから疾走スピードが徐々に増加していくと、Fzも徐々に縦長の波形に変化していく。これは、スピードの増加によって接地時間が短くなり、その短い時間の中に十分な力積を確保するにはFzを大きくする必要があるためである。体重あたりのFzの大きさは、最大疾走スピード時には体重の3〜4倍に達し、日本や世界の一流競技者は5倍を超えることも珍しくない。言い換えると、速く走れる競技者は、疾走スピードが大きくなるとともにどんどん短くなる接地時間に対応し、短時間でも大きな力を発揮できる、特にFzを発揮する能力に優れた者といえる。そして短くなる接地時間の中で、それ以上Fzを大きくできなくなってしまうスピードがその人の最大疾走スピードになると考えられる。

スプリンターは、Fzの波形がお椀を伏せたような形状ではなく、そのピークが着地に近い方に偏った形状になる。支持期を時間で前半と後半に分けたとき、前半の力積が後半に比べて大きく、さらに前半の力積と疾走スピードの相関が高いことも報告されている[4]。スプリンターは着地や着地直後の「乗り込み」を重要視するが、それはこの支持期前半の地面反力の大きさがパフォーマンスに影響することを経験的に知っているためであろう。

スプリント走中の関節トルク

ここまで説明した地面反力は、走者が外部に対してなした力であり、それは筋によって発揮された力が身体の関節を介して地面に伝えた結果である。筋や関節の発揮した力を直接計測することは難しいが、地面反力(キネティクスデータ)とビデオカメラや赤外線カメラなどによって、身体の各部位の動作(キネマティックデータ)をあわせて分析することにより、関節の発揮する力を推定することができる。関節は骨と骨が筋や腱組織などで連結され、その多くが関節を中心に回転運動を行う。そのため力も回転力(トルク)として

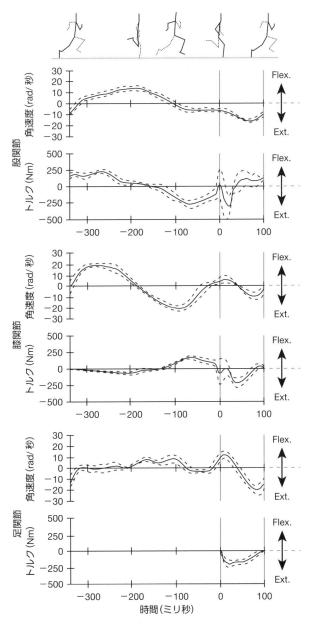

図17　疾走中の下肢の関節角速度および関節トルク[17]

あらわす．トルクは，モーメントアーム（回転中心から力の作用するポイントまでの距離）に作用する力（モーメントアームに直交する向きの力）の大きさを乗じることで求められる．ここでは単純に，関節を曲げる，もしくは伸ばす力の大きさと考えてよいだろう．

図17は疾走中の下肢各関節トルクとその角速度（関節が回転するスピードと向き）をあらわしている[17]．関節トルクを考える際に注意しなければならないのは，必ずしも関節が動いている方向とトルクを発揮している方向が同じではないことである．たとえば，図17の股関節トルクと角速度をみると，支持期後半（図では一番右の区間）では，股関節は伸展し，後方へ地面を蹴っているが，股関節トルクは屈曲トルク，つまり腿を上げる方向へ力を発揮している．この局面では脚は後方へと伸展し，地面反力も加速方向への力となって

いるが，股関節ではすでに屈曲トルクを発揮して，脚が後ろへ行き過ぎないようにしながら，力強く前へ引き戻す作業を開始していることになる．

　関節が発揮するトルクは関節の運動を引き起こし，その結果として地面に対して力を発揮することで運動を引き起こす．スプリントのパフォーマンス向上を考えると，関節で発揮されるトルクが，結果としてピッチとストライド長の向上に寄与することが必要であろう．大きなストライド長を得るためには，支持期に大きな力を地面に伝える必要がある．そのためには支持期における股関節の伸展，膝関節の伸展，足関節の底屈トルクが重要である．中でも股関節の伸展や膝関節の伸展で発揮された大きな力を最終的に地面に伝える足関節底屈トルクは重要である[16]．また，ピッチを高めるためには，1歩にかかる時間を短縮する必要があるが，そのためには脚の後方へのキックと前方への回復を素早く行う必要がある．このとき股関節の屈曲トルクと伸展トルクの高い発揮能力が必要となり，それにかかわる筋（屈曲は大腰筋，内転筋など，伸展は大殿筋，大腿二頭筋，内転筋など）の筋力が非常に重要である．一流競技者は股関節の動作範囲が小さい傾向がある（図9）[6]が，それは大きな股関節の伸展屈曲トルクによって，素早い屈曲伸展の切り替えが行われている結果であると考えられる．

まとめ

　本章では，スプリント走のバイオメカニクスとして，ピッチ・ストライド長といったパラメータ，そして走りのキネマティクス，キネティクス的側面など，主に身体の外部に現れる基本的な部分について述べてきた．一言にバイオメカニクスといっても，その領域は筋や腱組織の動態など，身体内部で生じる部分も含む多様なものである．それゆえ，それらすべてを網羅的に紹介できていないことはご承知おきいただきたい．

　また，スプリント走のパフォーマンス向上を考える際，バイオメカニクス的な観点はそのすべてを捉えているものではなく，それはほんの一部分についての事実であり，ジグソーパズルのワンピースをみているということを念頭におく必要がある．さらには実際に観測されるバイオメカニクス的データと競技者が内部で感じる感覚との間に違いが生じることもしばしばである．したがって，競技者や指導者がこれらのデータをパフォーマンスの向上のために用いる際には，それがジグソーパズルのワンピースであり，全体の絵画がどのようになっているかを俯瞰する目を常に持つこと，また，実際の現象と内部感覚とのギャップが起こる可能性があることを常に意識する必要があるだろう．

【土江寛裕】

●参考文献

1) McMahon et al：J Biomech 23（Suppl 1）：65-78, 1990
2) Luhtanen P et al：Eur J Appl Physiol 44：279-289, 1980
3) Arampatzis A et al：J Biomech 32：1349-1353, 1999
4) Clark KP et al：J Appl Physiol 117：604-615, 2014
5) Hunter JP et al：Med Sci Sports Exerc 36：261-271, 2004
6) 松尾彰文：体育の科学 58：756-764, 2008
7) 松尾彰文ほか：陸上競技研究紀要 12：74-83, 2016
8) 内藤景ほか：体育学研究 58：523-538, 2013
9) 伊藤章ほか：体育学研究 43：260-273, 1998
10) 大島雄治ほか：体育学研究 61：115-131, 2016
11) 佐渡夏紀ほか：東京体育学研究 8（オンラインジャーナル），2016
12) 伊藤章ほか：陸上競技研究紀要 2：1-4, 2006
13) 福田厚治ほか：体育学研究 49：29-39, 2004
14) Tsuchie H et al：Int J Sport Health Sci 6：85-90, 2008
15) 遠藤俊典ほか：体育学研究 53：477-490, 2008
16) 阿江通良ほか：筑波大学体育科学系紀要 9：229-239, 1986
17) 馬場崇豪ほか：体育学研究 45：186-200, 2000

6 ハードル走における スプリント能力

本章のねらい

　スプリント能力の向上がハードル走のパフォーマンス向上に寄与することは疑いの余地がない。しかし，ハードル走では一定の距離の中に一定の距離で置かれた一定の高さの障害物を10台跳び越えながらその速さを競わなければならず，100 m走や400 m走とは異なる特有の技術や体力要素が必要となる。したがって，スプリント能力の向上はハードル走のパフォーマンスを向上させる必要条件ではあれ，十分条件にはならない。高いスプリント能力を持っていても，そのスピードを低下させないハードリングとインターバル走の技術を習得しなければパフォーマンスの向上は図れない。

　ハードル走は大きくスプリントハードル（男子110 mHや女子100 mH）とロングスプリントハードル（400 mH）に分けられ，その特性は大きく異なる。また，男女の間でも設定されるハードル間の距離やハードルの高さが大きく異なる。スプリントハードルでは，男子110 mHのスタートから1台目までの距離が13.72 m，インターバルが9.14 m，高さが1.067 mであるのに対し，女子100 mHはスタートから1台目までが13.00 m，インターバルが8.50 m，高さが0.840 mである。男女の形態や能力差を考慮したとしても，男子は女子よりも約23 cmも高いハードルを越えなくてはならず，男女でかなり違いがみられる。ロングスプリントハードル（400 mH）でもこのような男女差はみられ，スタートから最初のハードルまでのアプローチ（45.0 m）やインターバル（35.0 m）の距離は同じでも，ハードルの高さは男子で0.914 m，女子で0.762 mと約15 cmの違いがある。

　そこで本章では，ハードル走の中でスプリント能力をどのように活かすのかについて，スプリントハードルとロングスプリントハードル，男子と女子，そして各々の競技者に対して有効となるコーチングやトレーニングの手法を見出す一助となるよう稿を進めていきたい。

疾走スピードからみたスプリントハードルとロングスプリントハードル

　スプリントハードルといわれる男子110 mHや女子100 mHは，ダイナミックかつスピード感に溢れる種目である。一方，400 mHはスプリントハードルよりも動作がゆっくりしているように見受けられ，持久的能力や戦術的部分が勝敗や記録を左右しているようにみえる。しかしながら，両種目のレース平均疾走スピードを世界記録，日本記録，高校記録を用いて単純に比較してみると（**表1**），男子では110 mHと400 mHでほぼ同等となり，そのレース中に出現する最大疾走スピードは，日本一流競技者において男子110 mHで8.7 m/秒程度，400 mHで9.4 m/秒程度と400 mHの方が大きくなる。したがって，男子の場合，見た目の印象とは異なり，400 mHの方が110 mHより最大疾走スピードも平均疾走スピードも大きい。

　このような違いは，スプリントハードルとロングスプリントハードルのアプローチ，インターバル，ハードルの高さによる影響が大きい。400 mHは海外では「Man killer event」と称され，疲労困憊の中でハードルをクリアしていくイメージがあるが，その疾走スピードの結果からは高いスプリント能力とその疾走スピードの減速を抑えるハードリング技術の取得が400 mHのパフォーマンスを向上させる必修条件であることが推察できる。

表1 ハードル種目における世界記録，日本記録，高校記録の平均疾走スピード

男子	110 mH		400 mH	
	記録(秒)	平均疾走スピード (m/秒)	記録(秒)	平均疾走スピード (m/秒)
世界記録	12.80	8.59	46.78	8.55
日本記録	13.39	8.22	47.89	8.35
高校記録	13.83	7.95	49.09	8.15

女子	100 mH		400 mH	
	記録(秒)	平均疾走スピード (m/秒)	記録(秒)	平均疾走スピード (m/秒)
世界記録	12.21	8.14	52.34	7.64
日本記録	13.00	7.69	55.34	7.23
高校記録	13.39	7.47	57.09	7.01

一方，女子では，100 mHの平均スピードが400 mHを大きく上回り，100 mHはスプリント能力とより密接な関係を持っていることがうかがえる。実際，過去には100 m走のオリンピック金メダリストなど，非常にスプリント能力の高い競技者が100 mHに挑戦している。しかし，これは100 mHに限ったことではなく，女子400 mHにおいても同様なことがいえる。10年近く世界の一流競技者として君臨したロシアのイリーナ・プリワロワ選手(自己記録：100 m 10.77，200 m 21.87)は，わずか数レースを経験しただけで2000年シドニーオリンピック出場し，400 mHの金メダルを獲得している。

女子のハードル種目は，身長に対するハードル高が低いため，男子と比較してハードルクリアランス時に大きく重心高を上げる必要がない。したがって，スプリント能力が高い競技者がハードル走の専門的な技術を獲得し，その大きな疾走スピードを生かすことで，男子より容易にトップレベルまでそのパフォーマンスを向上させることができると考えられる。

スプリントハードル

男子 110 mH

定められた距離の中でのスプリント

スプリントハードルと呼ばれる男子110 mHでは，スタートから1台目のハードルまでの歩数が7歩もしくは8歩であること，10台目からゴールまでの歩数が数歩異なることなど，わずかな違いはみられるものの，ハードル間インターバルの歩数の合計は国内の高校全国大会レベルから世界レベルまでほぼ同数である。ハードル間ステップ長(ストライド長と同じであるが，ハードル走の場合，各ステップでその動作も含めて異なるため，ここではステップ長とする)においても，踏切距離および接地距離に多少の個人差はあるものの，ほぼ同等な大きさとなる。これは走種目の中でも特徴的な要素である。そのため，定められた距離のアプローチやインターバルの中でいかにスピードを上げられるかがパフォーマンスを決定する重要事項となる。

また，ハードル走では10台のハードルを

越える跳躍動作が入ることから，ハードルをクリアするための踏切局面，空中局面，そして疾走スピードが減速する接地瞬時を含む接地局面を経て，接地後には次のハードルに向けて再加速する必要がある．すなわちハードル走は「スプリント」→「跳躍（空中期）」→「スプリント」の連続運動となり，疾走スピードの面からみると，「加速」→「減速」→「加速」の連続動作となる．ハードル走のレース中における疾走スピードが競技者自身の持つ最大疾走スピード以下となるのはこのためである．

110 mHは，インターバル間が4歩のステップで成り立つ．1歩目はリード脚の接地，2歩目は抜き脚からの接地，3歩目は抜き脚接地からスプリント動作に移行しようとする動作，4歩目は踏切動作といった連続した動作である．そのため，110 mHのステップ長，ピッチ，そしてその動作は1歩ごとに大きく異なる．それは通常の疾走動作とは異なる特徴である．したがって，スプリント走能力に加え，専門的な動作を向上させていくことが素早いインターバル走を確立させるうえで必要である．

レースパターンにおけるピッチとステップ長

スプリント走では，スタートからピッチが急激に上昇し，その後最大疾走スピードの実現に向けてストライド長が徐々に大きくなる．世界トップレベルの110 mHでは，1台目のハードルまでに急激に疾走スピードが上昇し，40〜50 m地点である4，5台目に最大疾走スピードに到達する．そのため，競技者は1台目までのアプローチ区間でピッチを上げ，疾走スピードを高めることを重視している．

近年では，ステップ長を抑制してもピッチが上がらない長身選手などが1台目までの歩数を7歩に変更し，そのスピードを高めようとする戦術に切り替えている傾向もみられる．近年，同様な戦術は日本の競技者でもしばしば見受けられるが，比較的低身長である日本人競技者に適応させるためには，ステップ長とピッチの割合，アプローチ技術が適正か否かを検討して導入する必要があるだろう．

レベル別レースパターンの特徴

男子では13秒前半から12秒台にかけて，女子では12秒台半ばの記録を持つ世界一流競技者は，パフォーマンスの低い競技者よりも，レース後半の疾走スピードが低下せず，インターバル間での動きが窮屈になっていくことが多い．したがって，男子では最大疾走スピードの出現する4，5台目のスピードを最大限向上させると同時に，それ以降のハードル区間でいかにスピードを維持するかが好記録を出す要因となる．そのためには，ピッチを高めたまま走り抜くこと，ハードル動作にかかる時間を最小限にすることが重要となる．

一方，13秒中盤で走る日本の一流競技者に関しては，後半のインターバルでのスピードを維持できないことがより高いレベルにいくことのできない原因となる．スピードを維持できない要因としては，絶対的な疾走スピードの不足，ハードル技術の欠如，ステップ長の減少，身体的特性の影響（肢体長）などが挙げられる．

女子100 mH

男子110 mHと比較した女子100 mHの特徴
●身体重心の位置およびハードリング距離

McDonald et al[8]は，1988年のアメリカオリンピック選考会の男子110 mHと女子100 mHのレースにおけるハードリング時の身体重心高やハードリング距離について報告し，その身体重心高の最大値が男子で1.347 m，女子で1.193 mと，女子の方が身体重心の引き上げが少なかったことを明らかにした．

これは，身体重心高に対するハードルの高さが異なり，男子の方が女子よりも身体重心を引き上げる必要があったためである．ハードリング中に身体重心高を高く引き上げない

ことはその水平スピードを保つために有利に働く。しかし，その反面，ハードリング時における身体重心の描く放物線の軌跡が低くなるため，クリアランス時に四肢を大きく動かすことができず，着地動作が不十分となってしまう可能性がある。それゆえ，女子のハードルでは無理にこの頂点を低くする必要はなく，男子のクリアランス動作を模倣する必要もない。

　ハードルをまたぎ越していくためのハードリング距離についても，男子が3.62 m（踏切側2.12 m，着地側1.50 m），女子が3.19 m（踏切側2.09 m，着地側1.10 m），ハードリング時の身体重心の最高点の位置も，男子がハードルの手前0.03 m（ほぼ真上），女子はハードルの手前0.30 mと男女で大きく異なる。

　男子の身体重心の最高点の位置については，1991年に東京で行われた世界陸上競技選手権大会でのグレッグ・フォスター選手がハードルの手前0.22 m[9]，2007年に大阪で行われた世界陸上競技選手権大会での劉翔選手が0.05 m，デビッド・ペイン選手が0.02 m，内藤真人選手が0.11 mであったことが報告されている[10]。男子の場合，ハードルが高いため，余裕を持ってリードを引き上げる空間が必要となる。しかし，スピードを低下させずハードルをクリアできる技術さえあれば，ハードリングの踏切と着地の比率はそれほど問題ではなく，身体重心の最高点がハードルの真上にきても問題は生じないと考えられる。

　一方，女子については，2007年の大阪世界陸上でミッシェル・ペリー選手が0.40 m，ペルディダ・フェリシエン選手が0.12 m，石野真美選手が0.16 mと，McDonald et al[8]の報告と同様に，身体重心の最高点はハードルの手前にあった[10]。女子の場合，身体重心高の最高点の位置は大きな問題ではないという報告[8]がある一方で，疾走スピードを維持するためにはハードルを越えてからすぐに着地する準備が行える「遠くから踏み切る」ハードリング動作を身につける必要があるとするデータもある。2007年の大阪世界陸上で優勝したペリー選手は高いスピードを維持するために遠くから踏み切っていたが，2位となったフェリシエン選手はそのスピードに対応できず，踏切が近くなってしまっていたことも示されている[10]。

● インターバルラン

　ハードルのインターバル距離（男子9.14 m，女子8.50 m）からそれぞれのハードリングに要した距離を引くと，その距離は男女とも5.30～5.40 mである[10]。つまり，走らなければならない距離は男女とも同じということになる。しかし，インターバルの走りをスプリント走と比較すると，男子はかなりピッチを高めた走りを強いられるのに対し，女子はスプリント走に近い走りになる。そのため，「女子のパフォーマンスにはスプリント能力が大きく影響する」という指摘には，ハードルの低さだけではなく，インターバルの距離も大きく関係していると考えられる。

　これらのことから，女子の場合，ハードリング技術が高ければ身体重心の最高点がハードルの真上に来ても問題はない男子とは異なり，より遠くから踏み切ることが理想的であること，インターバルランは男子ではスプリント走よりピッチを高めた走り方が必要となる可能性が高いが，女子はスプリント動作がそのままハードル走のパフォーマンスに反映されやすいことが考えられた。

100 mHにおける疾走スピードの変化パターン

　図1は，川上ら[11]によるモデルタッチダウンタイムをもとに，12.50～15.50秒までの競技者について，9つのインターバルを前半，中盤，後半の3つの区間に分け，その平均疾走スピードの変化を示したものである。100 mHにおいては，14.00秒より速い競技者は前半よりも中盤において疾走スピードが高まり，14.50秒以降の競技者については前半区間が最もその疾走スピードが高くなっていることがわかる。

　前半区間で最も大きな疾走スピードが出現

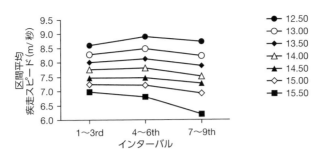

図1 女子100 mHにおける3区間ごとの平均疾走スピード

する14.50秒以降の競技者については，前半で出現するスピードをその後維持する能力が低いことが考えられる．そのため，最大疾走スピードを向上させることに加え，そのスピードの低下を抑えられるようなハードリング技術の習得が必要である．

前半よりも中盤でスピードが高くなる14.00秒よりも速い競技者については，上記と同様スプリント能力の向上に加え，中盤区間でのインターバルのリズムアップを意識して最大疾走スピードを高めることや加速区間で急激にスピードを高められるようなハードリング技術が必要である．

さらに上のレベルである12秒台の競技者では，疾走スピードが高まっている中でインターバルをきざみ，スピードの低下をいかに抑えるかというハードル走特有のインターバルランニングの習得が必要である[12]．

なお，スプリントハードルではスタートから1台目のハードルまでのアプローチ局面で最大疾走スピードの80%程度が獲得される[13]．ゆえに，アプローチ区間でいかにスピードを高められるかが非常に重要な課題になる．

アプローチタイムの重要性

アプローチ区間は100 mHの各区間の中で最も長い13 mの距離を持つ．それゆえ，アプローチ区間では，その距離を使って大きく加速することが可能であり，実際，アプローチタイムとフィニッシュタイムとの間には有意な正の相関関係が認められる[14]．それゆえ，100 mHのパフォーマンス向上にはアプローチ区間で効果的に加速することが必要である．

●スプリント能力およびアプローチ区間の重要性

ハードル走におけるスプリント能力の重要性を示した研究[9],[15]〜[17]では，両者の疾走動作が類似していることがその理由として挙げられてきたが，個々のスプリント走タイムとハードル走タイムとの間にも有意な相関関係が認められている（図2A）[18]．また，アプローチタイムとハードル走タイムとの間にも有意な正の相関関係が認められ（図2B），アプローチ区間における加速がハードル走タイムに大きく影響することは間違いない．

●ハードル走とスプリント走の比較からみたアプローチ区間の課題

アプローチ区間の疾走スピードおよびストライド長は，その区間のすべてのステップにおいて，スプリント走よりハードル走で有意に大きくなることが報告されている（図3A，B）[18]．これは，スプリント走と同程度のストライド長で疾走した場合，ハードル走では8歩目の足部接地位置から第1ハードルまでの距離が遠くなってしまうため，ストライド長をスプリント走より伸ばして疾走していたためと考えられる．疾走スピードの大きさはその結果と考えられるが，この大きな疾走スピードを維持するには，ピッチをスプリント走と同程度に維持できることが必要条件となる．そこでピッチに着目すると，ハードル走では3〜6歩目までのピッチがスプリント走より有意に低い値を示したものの（図3C），

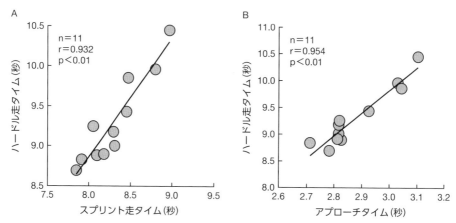

図2　ハードル走タイムとスプリント走およびアプローチタイムとの関係

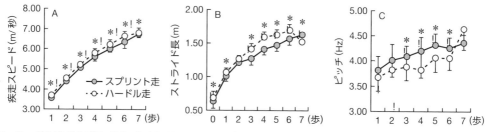

図3　ハードル走およびスプリント走におけるステップパラメータの比較

その影響はストライド長が大きくなった影響よりも小さかったため，大きな疾走スピードを獲得できたと考えられる。

したがって，ハードル走のアプローチ区間では，ストライド長を増加させながら，そのスピードを維持，向上させるだけのピッチを確保することがそのパフォーマンスを向上させるうえで重要になる。このことは，100 mの距離をいかに短時間で疾走するかが課題となるスプリント走と13 mのアプローチ区間においていかにスピードを高めるかが課題となるハードル走とでは，スタート時におけるストライド長とピッチのパターンが異なることを示している。

ロングスプリントハードル

男子400 mH

400 m室内世界記録保持者のカーロン・クレメント選手（44.57秒，2005年）は，スプリント走のパフォーマンスが全盛期の頃，400 mHの世界記録更新が期待されていたが，オリンピックで初の金メダルを獲得したのは，400 mのスプリント能力が落ちてきた2016年リオデジャネイロオリンピックであった。また，2004年アテネオリンピック400 mHで金メダルを獲得したフェリックス・サンチェス選手も長い低迷の後，2012年ロンドンオリンピックで再び金メダリストとなった。これらのことは，400 mHはスプリント能力だけでなく，レースの戦術，経験などによって

表2 高校から世界までのパフォーマンス決定の要因とレースパターンの特徴

高校
1) 後半型選手の記録がよい
2) 歩数は少ない方がよいが絶対条件ではない
3) ハードリング技術が高い
4) 持久系能力に優れている選手は記録がよい

日本
1) 2台目のスピードが高い
2) 5台目のスピードが高い
3) 持久系能力に優れている選手は記録がよい
4) 後半型選手の記録がよい
5) 高校時代から前半のインターバル間歩数を減らしている

世界
1) 2台目のスピードが高い
2) 中盤(5〜8台目)のスピード低下が少ない
3) 必ずしもレース総歩数が少ないわけではない
4) スプリント能力が高い

勝敗や記録が大きく左右される種目であることを示している。

では、高校生の400 mHから世界一流競技者までのレースパターンの特徴を考えてみたい(**表2**)。高校生では、400 mHの記録が上位にあるほど400 mの走力が高く、総歩数が少なく、レース後半での疾走スピードの低下が少ない[7]。日本一流競技者では、1台目および2台目の疾走スピードが高く、5台目までのタッチダウンタイムが速い競技者が上位となる傾向が強い[2]。さらに48秒台の記録を持つハードラーでは、高校から大学にかけて前半の歩数を減らして記録を伸ばす、あるいは高校時代からすでに世界一流競技者の標準的なレースパターンである前半のインターバル間を13歩で走っているケースが目立つ。一方、47秒台で走る世界一流競技者は、日本一流競技者と同様に2台目までの通過時間が速いだけでなく、レース中盤の5〜8台目のスピード低下率が48秒台以上の競技者よりも小さい特徴を持つ[4]。また、このレベルになると、レース中の総歩数が少ないほどよいわけではなく、個別性が強く現れてくる。

したがって、世界への挑戦を将来的視野で考えるならば、歩数の減少、前半でのスピードの向上、中盤での疾走スピードの低下の抑制などがその基本的な改善プロセスとして挙げられる。ただし、世界陸上で2度銅メダルを獲得した為末大選手のように、高校時代から成年期まで同じストライドパターンで走っている競技者がいることも事実である。変化させるプロセスが多ければ多いほど、トレーニングプロセスは多くなり、競技者の伸び悩みも考えられる。将来を見据えた円滑な育成プロセスを実行するためには、指導者が最大疾走スピードやスピード持久などの進度をみながら、育成期である高校および大学でいつ400 mHを導入するか、そしてハードリング技術、最大疾走スピードおよび400 mスプリント能力なども考慮して戦術や技術を立案していくことが重要である。

女子 400 mH

女子400 mHは、およそ55〜60秒程度でレースが終了する運動である。したがって、100 mHと比べ解糖系への依存度が高い種目といえる。そのため、400 m走と同様にレース後半で疾走スピードは大きく低下し、その疾走動作もレース前半と比較して大きく変容する。

400 mのレースでは、このレース後半における疾走スピードの低下について様々な観点から検討が行われてきたが、400 mHにおいてはあまり詳細な検討が行われていない。しかし、女子400 mHは400 m走と同様、解糖系への依存度の高い競技であることや、男子と比較してハードルの高さも低いことなどから、基本的には400 m走のスプリント能力が400 mHのパフォーマンスに直結すると考えられる。図4は、高校3年生から大学4年生までにおけるある女子400 mH競技者の400 m走と400 mHの記録の推移を示したものである。400 mHの記録は400 m走の記録の伸

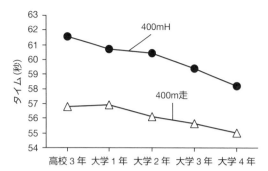

図4 女子400mH競技者における400m走および400mHの記録の推移

女子400mH競技者における形態的特徴

図5は競技レベルの異なる女子400mH競技者における股関節内転筋群の横断面積を示している。競技レベルの高い被験者Aは競技レベルが劣る被験者Bと比較して股関節内転筋群が発達していることがわかる。

400m走タイムと大腿四頭筋，ハムストリングおよび内転筋群の筋横断面積との関係では，400m走タイムと大腿四頭筋の横断面積との間に有意な相関関係は認められない一方で，ハムストリングおよび内転筋群との間には有意な負の相関関係が認められ，特に内転筋群との間にきわめて高い関係性が認められている（図6）。この結果は，女子スプリンターにおける股関節内転筋群の横断面積の大小が400m走パフォーマンスに大きく影響を及ぼすことを示唆している。また，男子スプリンターにおける100m走タイムと内転筋群およびハムストリングの筋横断面積との間に有意な負の相関関係があること[19]や，女子においても最大疾走スピードと内転筋群およびハムストリングの筋横断面積との間に有意な正の相関関係があること[20]など，疾走距離の違いに関係なく，ハムストリングおよび内転筋群の筋横断面積はスプリントのパフォーマンスに大きな影響を及ぼしていると考えられる。

また，400m走における後半の区間タイムと内転筋群の横断面積との間にも有意な負の相関関係が認められ，その相関係数は後半になるほど高い値を示すことにも注目すべきである（表3）。

この結果は，400mおよび400mHの競技者にとって内転筋群のトレーニングの必要性を示す重要な知見である。400m走の後半局面は，前半と比べ，腿上げ動作が小さくなり，脚の振り出し動作が小さくなること[21]やキック中の脚全体のスイング速度が低下すること[22]などが報告されている。これらはエネルギー源の枯渇や代謝産物の蓄積による影響と考えられるが，このような疲労の蓄積を伴うロングスプリントにおいては，離地後の脚の引き戻しなど内転筋群に対して高い機能的な要求がなされる。その結果，筋群の発達が

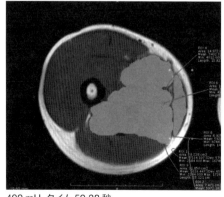

被験者A
400mH タイム 59.38秒

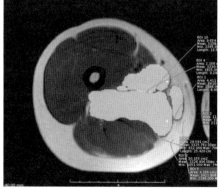

被験者B
400mH タイム 62.80秒

図5 競技レベルの異なる女子400mH競技者における股関節内転筋群横断面積

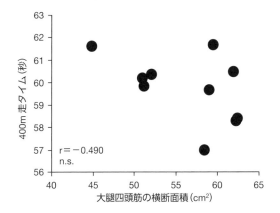
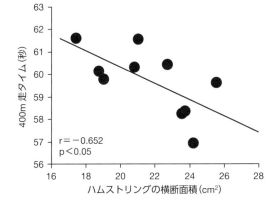
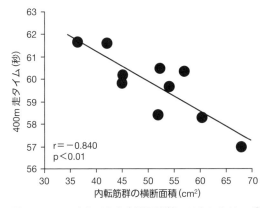

図6 400m走タイムと大腿四頭筋，ハムストリングおよび内転筋群の横断面積との関係

表3 ハムストリングおよび内転筋群における筋横断面積と各区間タイムとの関係

	ハムストリング	内転筋群
0〜50 m	−0.321	−0.402
50〜100 m	−0.605	−0.506
100〜150 m	−0.639*	−0.579
150〜200 m	−0.623	−0.650*
200〜250 m	−0.681*	−0.704*
250〜300 m	−0.722*	−0.803**
300〜350 m	−0.711*	−0.862**
350〜400 m	−0.650*	−0.891**

*：$p<0.05$，**：$p<0.01$

表4 内転筋群の横断面積と各区間におけるピッチおよびストライド長との関係

	ピッチ	ストライド長
0〜50 m	0.335	0.323
50〜100 m	0.500	0.701*
100〜150 m	0.385	0.728*
150〜200 m	0.187	0.641*
200〜250 m	0.281	0.639*
250〜300 m	0.303	0.724*
300〜350 m	0.345	0.756**
350〜400 m	0.267	0.750*

*：$p<0.05$，**：$p<0.01$

量的な特徴として現れたと考えられる．

実際，400m疾走時における疾走スピードの低下には股関節屈曲筋力の持久性が影響していることが報告されている[23]．内転筋群は単に股関節の内転動作ばかりでなく，その肢位によっては股関節の伸展から屈曲，あるいは屈曲から伸展に作用する役割を持つ．したがって，特に400mおよび400mHの後半局面では，股関節の動作に影響する内転筋群の発達が大きく影響していると考えられる．

400m疾走時におけるピッチと内転筋群の横断面積の間に有意な相関関係が認められない一方で，ストライド長との間には有意な正の相関関係が認められることも興味深い（表4）．

筋疲労による400m走後半の動作変容としては，①膝の上がりが低くなる，②下腿の振り出しが小さくなる，③接地期の支持脚のスウィング速度が低下する，などが挙げられる[22]．このような動作変化により，400m走の後半ではストライド長およびピッチが低下し，スピードが低下する．特にストライド長

の減少が後半の疾走スピードの低下に強く影響していることが指摘されているが[24]、後半の膝の上がりの低下がこのストライド長の減少を招いていると考えられる。したがって、内転筋群の量的発達は股関節屈曲・伸展筋群の機能性を高め、疲労時のストライド長の獲得に影響している可能性が高い。

女子 400 mH における疾走スピードの変化パターン

安井[25]は、日本国内での女子 400 mH の 68 レース、340 人を対象に、各区間のインターバルタイムを測定し、区間平均疾走スピード、区間平均ピッチおよび区間歩数を求め、パフォーマンスに影響する要因について検討している。

その結果、区間平均疾走スピードとパフォーマンスとの間には有意な高い正の相関関係が認められ、パフォーマンスレベルの最上位群(58.52 秒〜59.98 秒、n = 54)はどの区間においても下位群より疾走スピードが大きくなった。一方、最も大きな疾走スピードを示した区間はそのパフォーマンスレベルにかかわらず、第 1 ハードルから第 2 ハードルの区間であり、その後の疾走スピードはパフォーマンスレベルに限らず同様な低下傾向を示した。したがって、前半のコーナー部分から直線に入るポイントでできるだけ大きな疾走スピードを獲得することがパフォーマンスを向上させるうえで重要な課題となると考えられる。

区間ピッチのパフォーマンスレベルによる差は、全区間にわたり、疾走スピードのように認められていない。一方、区間歩数については、パフォーマンスの下位群(64.03 秒〜65.97 秒、n = 73)において、後半における歩数を少なくすることがそのパフォーマンスを向上させるうえで重要であることが示された。パフォーマンスの上位群では、特定の区間だけではなく、全区間にわたり歩数を少なくすることがそのパフォーマンス向上につながると考えられた。

表5 スプリント走動作と比較したハードル走における動作の特徴

身体重心の変化	
共通：踏切準備局面で低	
：空中動作で高	
：着地および加速時に上下変化	
ステップ長の変化	
100 mH：インターバル間ですべて異なる	
110 mH：インターバル間ですべて異なる	
400 mH：インターバル間内の局面で異なる	
：レース戦術によって異なる	
疾走動作	
100 mH：インターバル間ですべて異なる	
：上級者はピッチ重視、初級者はステップ長重視	
110 mH：インターバル間内はすべて異なる	
：上級者はピッチ重視、初級者はステップ長重視	
共通：加速時は足関節から下腿を大きく動員	
：膝の屈曲伸展が大きい	

400 mH 疾走中、歩数を切り換えた回数を比較すると、60.02〜61.99 秒(n = 104)の群と 62.06〜63.98 秒(n = 109)の群の間では有意な差が認められなかったものの、それ以外ではパフォーマンス上位群で有意にその切り換え回数が少なくなった。また、歩数切り換え時に増加する歩数もまたパフォーマンス上位群で有意にその歩数が少なくなった。

これらのことは、パフォーマンスを向上させるうえで、歩数の切り替え回数を少なくすること、そして利き足だけでなく、両脚どちらでもハードルに対して踏み切ることができること、そして歩数の切り換え時に増加する歩数を最低増加歩数である 1 歩にすることが重要であることを示している。

ハードル走のコーチング

表5はハードル走における動作の特徴をスプリント走動作と比較してまとめたものである。この違いをもとに、コーチングを行う視点から今後のトレーニングの指標を提案していきたい。

スプリントハードルにおけるコーチングの視点

　日本の競技者は世界一流競技者よりもレース後半のスピード低下が大きい特徴を持つ。特に，初心者と中級者では，レース後半のインターバルリズムが大きく低下し，支持期前半の股関節角度変化が大きく，接地時間も長くなることで，通常のスプリント動作よりも動作が大きくなってしまう。これは，初心者および中級者ではインターバルを4歩（あるいは5歩）で走り切ることが最も重要な初期課題となるためである。

　そのため，ハードルのインターバルを短縮して練習する方法が一般的に普及している。しかし，インターバルの短縮は，ハードルを跳ぶリズムの習得には適しているものの，インターバルを速く走るという目的を達成することはできない可能性が高い。したがって，スプリント能力を向上させることやストライド長を伸ばすこと，また一定のリズムで走破するためのトレーニングが別に必要となる。このことから，ステップ長の維持やピッチを増加させるためのトレーニングは，目的に応じて明確に分類することが必要である。

　また，スプリントハードルのインターバルにみられる4歩ステップは，その動作がステップごとに異なり，その働きも減速から急加速などと大きく異なる。踏切から接地までのハードリング時に身体重心の上下動が大きくなることや踏切動作までの距離の調整をする必要があることも，各ステップの動作を異なったものにしてしまう。そのため，ハードルをクリアする際の踏切から接地動作，その後の急加速時にみられる膝関節の屈曲と伸展は通常のスプリント動作よりも大きくなる。

　したがって，水平方向に移動するための技術や体力トレーニングだけではなく，縦方向への動きなども取り入れた多面的なトレーニングもスプリントハードルに対しては有効な1つの手段となりうるだろう。

ロングスプリントハードルにおけるコーチングの視点

　400 mHのインターバル距離は，スタートから1台目までのアプローチ（45 m）と最終ハードルである10台目ランイン（40 m）を除き，35 mで9区間ある。このインターバル間の走りは競技者自身の持つ自然なステップ長とピッチで走ることが理想ではあるが，400 mすべてを理想的なステップ長とピッチで走り切ることはできない。そのため，インターバル間でそれらを調整することが必要となる。このインターバル間で行う微妙なステップ長の短縮・伸長の繰り返しは，通常のスプリント走との大きな違いである。

　スプリントハードルおよび跳躍種目から400 mHにトランスファーする場合には，助走からの踏切動作と400 mHのインターバル間でのステップ長の調整や踏切動作が類似していることから，通常のスプリント走からのトランスファーに比べ，足をあわせる技術習得プロセスなどだけで400 mHを走破できる可能性が高い。そのため，必ずしも400 mの走力が低いことが400 mHのパフォーマンスを上げるうえでの障害とはならない。逆に，ステップ長の伸縮を自在に行えることは，ハードル間インターバルのエネルギーロスを極力抑制し，400 mHのパフォーマンスを高める可能性を向上させる。

　実際，たとえば400 m走のパフォーマンスが同等でも，400 mHのパフォーマンスが51秒台，53秒台と大きく異なることも多い。53秒台ハードラーはハードル間インターバルの前半局面でステップ長が増加し，後半局面では逆にステップ長が減少し，ピッチが増加する傾向にある。一方，51秒台ハードラーはその後半局面においてなだらかにステップ長が減少していく。さらに48秒台ハードラーになれば，後半局面のステップ長はほぼ一定で，ピッチが増加する傾向にある。したがって，ステップ長とピッチの割合のコントロー

ルが400 mHのパフォーマンスの優劣をつける大きな要素となる可能性があり，この調節ができるようなトレーニングを今後考えていく必要がある．

【山崎一彦／前村公彦】

● 参考文献

1) 松尾彰文ほか：陸上競技研究紀要 4：48-55, 2008
2) 森田正利ほか：世界一流競技者の技術, ベースボール・マガジン社, 1994
3) 森丘保典ほか：日本バイオメカニクス研究 9：196-202, 2002
4) 森丘保典ほか：体育学研究 45：414-421, 2005
5) 山崎一彦：21世紀スポーツ大辞典, pp1291-1292, 大修館書店, 2013
6) 山崎一彦：勝つための陸上競技, pp41-61, 2009
7) 安井年文ほか：世界一流競技者の技術, ベースボール・マガジン社, 1994
8) Macdonald C et al：Med Sci Sports Exerc 23：1382-1391, 1991
9) 佐々木秀幸ほか：世界一流競技者の分析, pp66-92, ベースボールマガジン社, 1994
10) 谷川聡ほか：第11回世界陸上競技選手権大会大阪大会日本陸上競技連盟バイオメカニクス研究班報告書, pp86-95, 2010
11) 川上小百合ほか：陸上競技紀要 17：3-11, 2004
12) 谷川聡ほか：スプリント研究 12：43-53, 2002
13) 磯繁雄：スプリント研究 16：41-43, 2006
14) 金子公宏ほか：スプリント研究 16：51-54, 2006
15) Huchlekemkes J：NSA 12：3759-3766, 1990
16) 宮下憲：スプリント研究 16：44-50, 2006
17) 狩野豊ほか：体育学研究 41：352-359, 1997
18) 上田美鈴：筑波大学体育系修士研究論文集 37：309-312, 2015
19) 渡邊信晃ほか：陸上競技研究 39：12-19, 1999
20) 伊藤章ほか：アジア一流競技者の技術, pp65-80, ベースボールマガジン社, 1995
21) 市川博啓ほか：日本体育学会第46回大会号, p378, 1995
22) 尾縣貢ほか：体力科学 47：535-542, 1998
23) Nummela A et al：J Sports Sci 10：217-228, 1992
24) 安井年文：陸上競技研究 79：2-16, 2009

7 中長距離走における スプリント能力

本章のねらい

中長距離走は，最大疾走スピードで競技が行われる短距離走，いわゆるスプリント種目とは異なり，最大下のスピードで競走が行われる。したがって，「スプリント＝最大スピードでの疾走」と定義するならば，中長距離走においてスプリントは存在しないことになる。しかし，本章では中長距離走の中でみられる相対的に高いスピードでの疾走をスプリントと定義し，話を進めたい。そのうえで，中長距離走におけるスプリントについて，①中長距離走のどの局面においてスプリントがみられるのか，そして②その局面でみられるスプリント動作の特徴とはどのようなものかについて，主にバイオメカニクス的な視点から考えていくこととする。

中長距離走でスプリントがみられる局面

まず「中長距離走のレースのどの局面においてスプリントがみられるのか」について，レースパターンの特徴を踏まえながら考えてみる。

図1は，2016年のリオデジャネイロオリンピック男子800m，1500m，5000m，10000m走決勝における先頭走者の区間走スピード(左)およびレース全体の平均走スピードに対する相対走スピード(右)をあらわしている。対象とした区間は，800m走で前半1周400mと後半1周400mの2区間，1500mで最初の3周(1周ごと)およびその後の3/4周の4区間，5000m走と10000m走で1kmごとの区間である。また，レース全体の平均走スピードは，それぞれの優勝者の平均走スピードとした。

800m走では1周目が速く，後半の2周目が遅くなるパターンとなっている。一方，1500m走では1周目と2周目が遅く，後半で走スピードが大きく増大している。5000m走，10000m走でも，レース中盤で走スピードの維持がみられた後，最後の区間において走スピードが増大している。このように，800m走では1周目から2周目にかけて走スピードが減少しているのに対して，1500m走以上の種目では終盤に走スピードの増大，つまりラストスパートがみられたことになる。相対走スピードをみると(右)，800m走では平均走スピードに対して96～104%，1500m走では87～122%，5000m走では96～109%，10000m走では92～110%の範囲で走スピードが変化しており，特に1500m走の範囲が非常に大きい。したがって，中長距離走では大きく見積もって平均走スピードの約90～120%の範囲でスピードが変化し，ゆっくりとしたレースペースからスプリントまで走スピードの振り幅が大きいことが特徴として挙げられる。

次に，800m走とラストスパートがみられた1500m以上の種目に分けて，レースのどの局面でスプリントがみられるのかを考えてみる。図2は，800m走の平均的なレースパターンの特徴を示したものである[1]。その特徴をみると，

1) スタートで加速して120～200m区間で最大走スピードに達する(平均走スピードの約105%相当)。
2) 200～400mでは徐々に減速する。

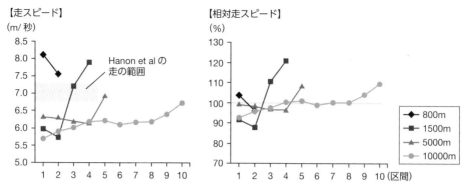

図1 2016年オリンピック男子800 m，1500 m，5000 m，10000 m走決勝における先頭走者の走スピードと相対走スピードの変化

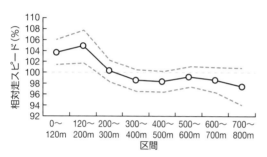

図2 800 m走の平均的なレースパターンの特徴[1]

3）後半400 mでは平均走スピードをわずかに下回る走スピードが維持される。

となっている。

800 m走は，中長距離種目の中で最も距離が短く，走スピードも大きいので，いわゆるスプリント種目に最も近い。その中でも特に走スピードが大きいレース序盤（0～200 m）においてスプリントがみられると考えられる。このようなレース序盤のスプリントによる加速は，800 m走においてよい記録をねらううえで有効である[2]。またブレイクライン通過後にオープンレーンとなった際，集団の中で自分が意図した位置にポジションをとるためにもスプリントは重要であるといえよう。

表1は，2015年に北京で行われた世界陸上競技選手権大会男子5000 mおよび10000 m走決勝におけるモハメド・ファラー選手の通過タイム，区間タイム，平均走スピードおよびレース全体の平均走スピードに対する各区間の平均走スピードの相対値をあらわしたものである。図3はその走スピードの変化をあらわしたものである。

ファラー選手は，オリンピック男子5000 m，10000 m走において，2012年のロンドン大会と2016年のリオデジャネイロ大会の2大会連続で2種目金メダルを獲得しており，ラストスパートの強さには定評がある。5000 m走決勝では，その走スピードが1 kmごとに徐々に増大し，ラスト1 kmで急激に増大している（平均走スピードの119％相当）。10000 m走では最初の1 kmを除いて9 kmまでは大きな変化はみられず，ラスト1 kmで急激に増大している（平均走スピードの109％相当）。このように5000 m，10000 m走では，ともにラスト1 kmにおいてラストスパートがみられ，ファラー選手を例にすると最大でレース平均走スピードの約120％に相当するスプリントが発揮されている。

図1や図3に示したように，ラストスパートのスプリントはオリンピックや世界陸上などの選手権大会においてみられることが多い。なぜなら，選手権大会では選手はどちらかといえば記録よりも順位をねらって走ることが多いためである。では記録をねらって走った場合には，どのような特徴を示すのだろうか。

Hanon et al[3]は3分28秒～45秒の一流男子1500 m選手が好記録を出したときのレー

表1　2015年世界陸上男子5000mおよび10000m走決勝におけるファラー選手の通過タイム，区間タイム，平均走スピードおよび相対値

	1 km	2 km	3 km	4 km	5 km
通過タイム(分：秒.00)	3：04.40	6：00.90	8：47.36	11：31.18	13：50.38

	0〜1 km	1〜2 km	2〜3 km	3〜4 km	4〜5 km
区間タイム(分：秒.00)	3：04.40	2：56.50	2：46.46	2：43.82	2：19.20
平均走スピード(m/秒)	5.42	5.67	6.01	6.10	7.18
相対値(%)	90.1	94.1	99.8	101.4	119.3

	1 km	2 km	3 km	4 km	5 km	6 km	7 km	8 km	9 km	10 km
通過タイム(分：秒.00)	2：54.26	5：34.59	8：17.92	10：59.22	13：42.01	16：23.75	19：06.59	21：50.25	24：32.32	27：01.13

	0〜1 km	1〜2 km	2〜3 km	3〜4 km	4〜5 km	5〜6 km	6〜7 km	7〜8 km	8〜9 km	9〜10 km
区間タイム(分：秒.00)	2：54.26	2：40.33	2：43.33	2：41.30	2：42.79	2：41.74	2：42.84	2：43.66	2：42.07	2：28.81
平均走スピード(m/秒)	5.74	6.24	6.12	6.20	6.14	6.18	6.14	6.11	6.17	6.72
相対値(%)	93.0	101.1	99.2	100.5	99.6	100.2	99.5	99.0	100.0	108.9

大会公式リザルトのデータをもとに作成

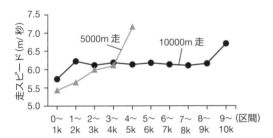

図3　2015年世界陸上男子5000m，10000m走決勝における ファラー選手の走スピードの変化

スパターンについて調査している．それによると最も速い100m区間で約13秒6（7.35 m/秒），最も遅い区間で約14秒7（6.80 m/秒）であったことを報告している．この走スピードの範囲を図1左にプロットし（斜線部分），2016年のリオデジャネイロオリンピック決勝レースの走スピードと比較すると，Hanon et al[3]の範囲に対してオリンピック決勝ではレース前半がかなり遅く，ラスト300mがかなり速くなっていることがわかる．

このように，中長距離走では，ラストスパートのスプリントが選手権大会などで顕著にみられる一方，記録をねらって走るレースでは走スピードの変化の小さいイーブンペースに近づく傾向がみられる．したがって，記録をねらったレースでは選手権大会ほどのスプリントはみられにくくなると考えられる．

中長距離走におけるスプリント動作の特徴

中長距離走におけるスプリントの動作の特徴を，中長距離種目の中で最も走スピードが大きい800m走とレース終盤のラストスパート時について考えてみる．

門野[4]は平均的な800m走のレースパターンで走った競技者の走動作をバイオメカニクス的に分析し，その特徴について検討してい

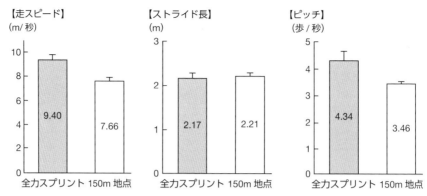

図4 全力スプリントと800m走の150m地点における走スピード，ストライド長，ピッチ[4]

る（図2）。走スピードが最も大きいレース序盤（150m地点）では，支持脚下腿の前傾角速度が大きく，回復脚の股関節や膝関節のトルクやトルクパワーが大きいなど，一般的に大きなスピードで疾走するうえで重要とされている動作の特徴がみられる。

図4は，1分46秒～50秒の自己記録を持つ男子800m選手の150m地点（n=9）と，80mの全力スプリント（n=6）を行わせたときの走スピード，ストライド長（ステップ長），ピッチ（ステップ頻度）を比較したものである[4]。150m地点の走スピードは7.66m/秒で，これは全力（9.40m/秒）の78.5％に相当する。150m地点のストライド長は2.21mで全力の2.17mとほとんど変わらないが，ピッチは3.46歩/秒となり，全力（4.34歩/秒）の79.0％まで低下した。

これらのことから，800m走の150m地点の走スピードが全力スプリントの約80％まで低下するのは，ストライド長の変化ではなく，ピッチが全力スプリントの約80％まで低下することによることがわかる。つまり，800m走のレース序盤では全力の約80％の走スピードとピッチでスプリントを行っているといえるだろう。

レース後半では疲労の影響によりストライド長が減少するが，その走スピードを維持するために滞空期時間を短縮させてピッチの増大が図られる。このときの脚の動きをみる

と，離地後の回復脚股関節屈曲トルクが増大し，大腿の前方への引き出しのタイミングとその速度が速くなっている。また，接地に向けて回復脚大腿が素早く振り下ろされる。800m走では，レース後半，回復脚を素早く動かして滞空期時間を短縮させ，動きをピッチ型にシフトさせて走スピードを維持していることになる。したがって，800m走では，レースの局面によって走動作が変化しながらスプリントを行っているといえよう。

次に，ラストスパートにみられるスプリント動作の特徴について考えてみる。図5は，2007年に大阪で行われた世界陸上競技選手権大会男子1500m走決勝における上位3選手の走スピード，ストライド長，ピッチの変化をあらわしたものである[5]。このレースはスタートからスローペースとなり，400mを58秒63，800mを1分58秒08（ラップ59秒45）で通過した後，一度ペースが上がったものの再び減速し，1000m通過後に再びペースが上がったそのラストスパート勝負をバーナード・ラガト選手（3分34秒77）が制するといった展開となった。このレースでは，800m通過後のレース中盤と1000m以降のレース終盤において2度の走スピードの増大，スプリントがみられる。

表2は，優勝したラガト選手の決勝における450m地点，850m地点，1250m地点の走スピード，ストライド長，ピッチ，重心の上

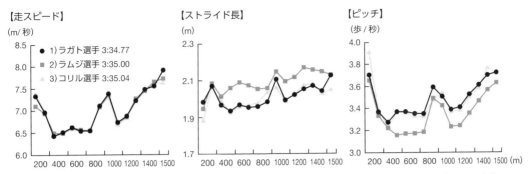

図5 2007年世界陸上男子1500m走決勝における上位3選手の走スピード，ストライド長，ピッチの変化
（文献5を改変）

表2 2007年世界陸上男子1500m走決勝におけるラガト選手の走スピード，ストライド長，ピッチ，重心の上下動

	450 m	850 m	1250 m
走スピード(m/秒)	6.54	7.42	7.53
ストライド長(m)	1.96	2.10	2.13
ピッチ(歩/秒)	3.33	3.53	3.53
重心の上下動(cm)	8.38	7.39	7.21
重心の上下動/ストライド長(%)	4.27	3.52	3.38

（文献5を改変）

下動を，図6はストライド長とステップ時間（接地から次の逆足接地までの1歩に要した時間）の支持期と非支持期の内訳をそれぞれあらわしたものである[5]。

まず，ペースが上がったレース中盤850m地点の走動作を450m地点と比較すると，走スピードの増大に伴って（6.54 m/秒→7.42 m/秒），ストライド長（1.96 m→2.10 m），ピッチ（3.33歩/秒→3.53歩/秒）ともに増大していた（表2）。ストライド長の増大は非支持期距離の増大（1.17 m→1.31 m）に，ピッチの増大は支持期時間の短縮（0.125秒→0.108秒）によるものであった（図6）。

さらに，重心の上下動が，絶対値（8.83 cm→7.39 cm），ストライド長に対する比率（4.27%→3.52%）ともに小さくなっていた（表2）。すなわち，レース中盤のペースアップの際には，短い時間で地面をキックし，重心の上下動を小さく抑えながらもより大きな非支持期を得るよう

な動作に変化していた。

次に，レース終盤の1250m地点におけるラストスパートの走動作を850m地点と比較すると，走スピード（7.42 m/秒→7.53 m/秒），ストライド長（2.10 m→2.13 m），ピッチ（3.53歩/秒→3.53歩/秒），重心の上下動（7.39 cm→7.21 cm）に大きな変化はみられなかった（表2）。しかし，ストライド長とステップ時間の内訳をみると，支持期が増大し，一方で非支持期が減少していた（図5）。

図7は，ラガト選手の回復脚の股関節，膝関節のトルク，角速度，トルクパワーをあらわしたものである。離地から逆足接地にかけてのトルクとパワーのピーク値をみると，850～1250m地点にかけて股関節屈曲トルクおよび正パワー，膝関節の負パワーがそれぞれ増大していた。また，逆足離地から接地にかけての股関節伸展トルクおよび正パワー，膝関節の負パワーもそれぞれ増大していた。さらに，接地直前の股関節伸展トルク，膝関節屈曲トルクも増大していた。

これらのことは，1250m地点では離地した脚を前方へ引き出す動作と，前方へ引き出された脚を接地に向けて振り戻す動作がより積極的に行われていたことをあらわしている。すなわち，両脚を前後に力強く挟むようないわゆるシザースがより強調された動作に変化しており，これによって非支持期の距離と時間が短縮したと考えられる。中長距離走のラストスパートではピッチを増大させるこ

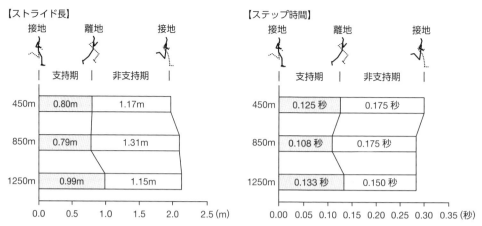

図6 2007年世界陸上男子1500m走決勝における ラガト選手のストライド長，ステップ時間の支持期と非支持期の内訳[5]

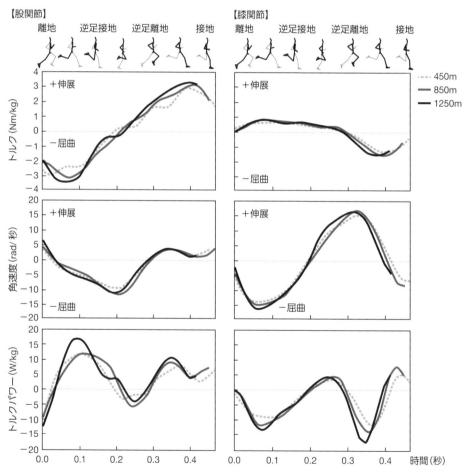

図7 2007年世界陸上男子1500m走決勝における ラガト選手の回復脚の股関節，膝関節のトルク，角速度，トルクパワー
（文献5を改変）

とが重要とされているが，そのときにはこのような回復脚の素早い動作によって非支持期時間を短縮させることが有効になるだろう[4]。

まとめ

中長距離走は最大下走スピードで競走を行うため，レース中，走スピードが変化する範囲が非常に大きい。このことは，同時に走動作の自由度が大きいことを意味している。たとえば，ラガト選手の走動作の変化にみられるように，ペース変化に対するストライド長やピッチ，走動作の変化の様相は，レースの局面によって大きく異なる。したがって，中長距離走においては，レースの平均走スピードに対して約90〜120％の範囲の走スピードをレースペースの範囲として考え，さらにその走スピードの範囲でストライド長やピッチを様々にコントロールしながら走れるようになることが求められる。

【門野洋介】

● 参考文献
1) 門野洋介ほか：体育学研究 53：247-263, 2008
2) 門野洋介：バイオメカニズム学会誌 39：11-16, 2015
3) Hanon C et al：New Studies in Athletics 22：15-22, 2007
4) 門野洋介：陸上競技研究 106：2-9, 2016
5) 門野洋介ほか：世界一流陸上競技者のパフォーマンスと技術, pp105-121, 日本陸上競技連盟, 2010

8 4×100 m リレーの バトンパス技術

本章のねらい

リレー種目は陸上競技における数少ない団体種目である。リレー種目で最も距離が短い4×100 mリレーは，他のリレー種目と比較して，前走者と次走者がともに大きな疾走スピードの中でバトンの受け渡しを行うため，個々の走力だけでなく，バトンの受け渡し区間（テークオーバーゾーン）での円滑なバトンパスの技術が重要となる。そこで本章では，4×100 mリレーにおけるバトンパス方法やその評価方法，練習方法について概説していく。

4×100 m リレーについて

　リレー種目は，4人の走者がバトンを受け渡しながら一定の距離を走る陸上競技では唯一のチーム競技である。2014年から始まったIAAF World Relays（リレー種目のみの世界選手権）では，4×100 mリレーや4×200 mリレー，4×400 mリレー，4×800 mリレー，4×1500 mリレー，そしてディスタンスメドレーリレー（1200 m＋400 m＋800 m＋1600 m）が行われている。その他にも，スウェーデンリレー（100 m＋200 m＋300 m＋400 m）やオリンピックリレー（200 m＋200 m＋400 m＋800 m）など様々な種目があり，そのうち4×100 mリレーと4×400 mリレーがオリンピック種目に採用されている。リレー種目では4人の走者が3回（第1～第2走，第2～第3走，第3～第4走），バトンパス区間内でバトンを受け渡すことになるが，種目によって走者の疾走スピードが異なるため，バトンパスにも様々な方法が存在する。

　リレー種目で最も距離が短い4×100 mリレーでは，次走者が十分に加速し，前走者と次走者がともに大きな疾走スピードの中で円滑にバトンパスを行う必要があり，他のリレー種目よりもバトンパス技術が記録や順位に大きく影響を及ぼす種目といえる。

　男子100 mの世界記録はウサイン・ボルト選手の9.58秒であるが，4×100 mリレーの世界記録は36.84秒であり（2017年現在），4×100 mリレーの記録は100 mの世界記録×4の合計タイム（38.32秒）よりも1秒以上も短い計算になる。このことからも，4×100 mリレーでは次走者が加速した状態でバトンをもらうため，記録の大幅な短縮が可能であり，そのためには円滑にバトンを渡すバトンパス技術が重要であることがわかる。

　4×100 mリレーにおける3回のバトンパスは，コース内の決められた20 mのテークオーバーゾーン内で受け渡しが完了されなくてはならない（図1）。その際，次走者の足がゾーン出口のラインを越えていても，バトン全体がゾーン内にあるうちに前走者からバトンが離れていれば失格にはならない。バトンを落とした場合は，落とした走者がバトンを拾って次走者に渡すことはできるが，一度バトンを落とすと大幅なタイムロスにつながり，そのレースでの好記録は期待できなくなる。そのため，確実なバトンパスを行えるように練習を重ねる必要がある。

　テークオーバーゾーンの10 m手前には加速線（ブルーライン）があり，次走者はその加

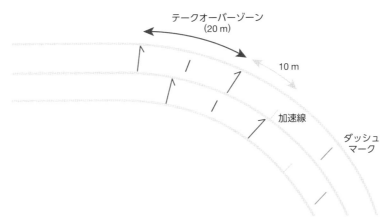

図1　テークオーバーゾーン
テークオーバーゾーンは20m，加速線はテークオーバーゾーン入口から10m手前に引かれている

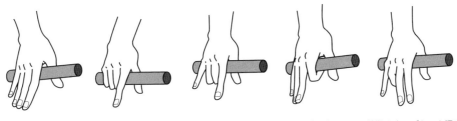

図2　第1走のクラウチングスタート時のバトンの持ち方
スタート時のバトンの持ち方にルール上の制約はなく，走者に応じて握りやすく，バトンを落とさない方法を選択すればよい

速線からスタートすることができる。スタート時に次走者が加速線を踏むことはできるが，その線よりも手前で待つことはできない。次走者はスタート地点から自分の加速の大きさと前走者の疾走スピードを考慮してダッシュマーク（あるいはコントロールマーク）を定め，マーキングすることが許されている。

4×100mリレーの走順

4×100mリレーの走順は，コーナー走が得意な走者を第1走か第3走に据えるのが一般的である。また，走力を重視して走順を決める場合，最も走力の高い走者を第4走に，次に走力が高い走者を第2走に据える方法や，走力の高い順に第1走から配置する方法がある。

走者の特徴から走順を考えるのであれば，スタートを得意とするだけでなく，曲線走路であっても前半から高いスピードで走ることができる走者を第1走に配置することが望ましい。また，第1走はバトンを持った状態でクラウチングスタートを行うため，バトンを持つ指と身体を支える指とを使い分けて（図2），バトンをしっかり握った状態で安定したスタートを行える方法を決めておかなくてはならない。

第2走は直線走路で高いスピードを維持しながら走れる走者を，第3走は曲線走路であっても高いスピードを持続できる走者を，第4走は競りあいに強く，他チームの走者と並走する場面で力を発揮できる走者を配置することが望ましい。

リレーの走順は，個々の選手の特性やシー

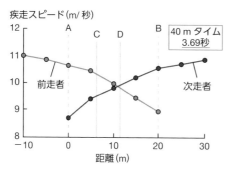
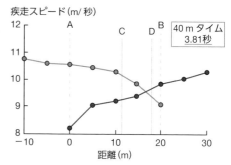

図3 テークオーバーゾーン（TO）を含む40m区間の前走者と次走者それぞれの疾走スピード変化[8]
A：TO入口，B：TO出口，C：次走者が後方に挙手した地点，D：バトンパス完了地点。右図と比較して，左図は次走者の挙手時間が短く，スムーズに加速できていることがわかる

ズン中の各選手のコンディションを考慮して決めることが重要である。それによって，チームとしての力を最大限に発揮することができ，個人の記録で上回るチームに競り勝つことも可能になる。

バトンパスの方法

4×100mリレーのタイムを短縮させるためには，次走者はできるだけ疾走スピードを高めてバトンを受け取る必要がある。そのためには，テークオーバーゾーンの終盤（15m以降）でバトンパスを行うことが望ましいと考えられてきた。

しかし，100m走であっても最大疾走スピードは50m前後で発現し，それ以降そのスピードは低下し続ける。テークオーバーゾーンの終盤でバトンパスを行う場合，前走者は100m以上走ることになり，疾走スピードの低下率はより大きくなる。逆に，次走者の疾走スピードは増加するため，テークオーバーゾーンの終盤では両者のスピード差が増大し，バトンパスが失敗するリスクが高まる（図3）。

加えて，テークオーバーゾーンの終盤では，失格しないかつ確実にバトンを受け取るため，次走者は視覚情報としてテークオーバーゾーンの出口を意識してしまい，疾走スピードを減速させてしまうことがある。これらのことを考慮すると，必ずしもテークオーバーゾーンの終盤でバトンパスを行う必要はなく，テークオーバーゾーンの中盤から後半（10～15m）にかけてバトンパスを行えるように練習することが望ましいといえる。

バトンパスの方法はオーバーハンドパス（図4）とアンダーハンドパス（図5）に大別され，どちらのパスも長所と短所を併せ持つ。両パスに共通する点は，バトンゾーンでのバトンの受け渡し位置，次走者が腕を後方に伸ばす時間，そして利得距離（前走者と次走者との距離）といったバトンパス技術によってバトン区間のタイムが決まることである。特に，利得距離の延伸は実際に走る距離の短縮を意味するため，バトン区間のタイムの大幅な短縮につながる。よって，バトンパスを行う際は利得距離をはじめとするいくつかのチェック項目を設けて練習に取り組むとよい。

オーバーハンドパス

オーバーハンドパスはバトンパスを前走者が前方に，次走者が後方にそれぞれ腕を伸ばして行うため，大きな利得距離を得ることができる。その際，前走者は走動作を保ちながら腕を伸ばし，次走者は加速しながら腕を後方に伸ばしてバトンを受け取る。利得距離の大きさを考えると，そのバトンパスに要する

図4 オーバーハンドパスのパス方法

図5 アンダーハンドパスのパス方法

時間を短縮さえできれば,最も有利なバトンパス方法といえる。

オーバーハンドパスには,次走者が伸ばした腕の手のひらを前走者に向け,前走者は手首の動きを小さくしてバトンの一端を次走者に押し込むように渡す「プッシュプレス」と,次走者が後方に伸ばした手のひらを上に向け,前走者がバトンを手の中にたたき込むように渡す「ダウンスイープ」とがある(図4)。

両パスとも,次走者は腕を大きく後方に伸ばすため,窮屈な走動作を強いられる。よって,次走者が腕を伸ばす時間が長ければ,本来の走動作を維持できず,十分に加速できない可能性や,伸ばした腕の手のひらの位置が定まらず,バトンパスを失敗しやすいというデメリットがある。

オーバーハンドパスによるバトンパスによって生じる時間を短縮させるには,両者の腕を上げるタイミングが合致するようにパスを行うことが重要である。同時に,次走者が最大かそれに近い疾走スピードに達したところでバトンを渡す必要がある。また,安定したバトンパスを行うためには,次走者が腕を後方に伸ばす時間をできるだけ短縮させるとともに,練習時やレース当日の各走者のコンディションに応じてダッシュマークの位置を調整する必要がある。

アンダーハンドパス

アンダーハンドパスは前走者と次走者が近い距離でバトンパスを行う方法である。アンダーハンドパスでは,次走者は腕を後ろに伸ばすのではなく,手のひらを下方に向けてバトンを受け取る。前走者はバトンを持った手を上方に向けて,下からバトンを渡す方法(アップスイープ)が一般的である(図5左)。その際,前走者はオーバーハンドパスのように持っているバトンの一端を渡すのではなく,上方に向けた手の親指を開き,次走者は

表1 リオデジャネイロオリンピックとロンドンオリンピックにおける4×100 mリレー日本代表のタイムおよび40 mバトン区間の平均(合計)タイムおよび各バトン区間タイムの比較

オリンピック	4×100 mリレータイム(秒)	40 mバトン区間平均(合計)タイム(秒)	40 mバトン区間タイム(秒)
リオデジャネイロ（2016年）	37.60	3.76（11.27）	1〜2走　3.73 2〜3走　3.72 3〜4走　3.82
ロンドン（2012年）	38.35	3.81（11.43）	1〜2走　3.79 2〜3走　3.81 3〜4走　3.83

リオデジャネイロオリンピックの方が40 mのバトン区間タイムは合計で0.16秒短く，1区間あたり約0.05秒短かった

前走者がバトンを握っている部分を前走者と握手するようにしてバトンを受け取る。

アンダーハンドパスはバトンパス時の走者間の距離が近いため，オーバーハンドパスと比較して大きな利得距離を得ることができない。一方，次走者は一連の走動作の中で腕を下方に伸ばすため，通常の走動作と大きな差異がなく，またバトンを受け取る手の位置も安定するため，バトンパスを失敗するリスクも軽減される。その結果，次走者は加速しながらもバトンを受け取りやすいという利点が得られる。

リオデジャネイロオリンピックで銀メダルを獲得した男子4×100 mリレーの日本代表チームも，アンダーハンドパスを改良して用いている。日本代表チームでは，次走者が腕を真下ではなく，腕振りの範囲内で後方に腕を伸ばし，前走者も斜め前方に腕を伸ばしてバトンを渡すことで利得距離の獲得を図り（図5右），バトンパスに要する時間を短縮している（表1）。

オーバーハンドパスとも共通するが，次走者がバトンを受け取るのは加速しはじめて10〜30 mの間である。この局面の次走者は前傾姿勢を維持しながらの加速局面にあり，通常の腕振りの範囲で肘を伸ばすだけで利得距離を得ることができる。その結果，バトン区間のタイムを短縮することができたと考えられる。

一方，次走者が腕を後方に大きく伸ばすと，「オーバーハンドパス」と同様なデメリットが生じるため，練習を繰り返す中で最適な手の出し方を検討しなくてはならない。

バトンパスの評価方法

バトンパスのタイムを測定する際，よく用いられている手法として，テークオーバーゾーンの20 m区間タイムを計測する方法がある。20 m区間タイムの計測はテークオーバーゾーンを目視しやすく，比較的簡易にタイム計測が可能な手法である。しかしながら，バトンパスがテークオーバーゾーンの入口付近で行われた場合，20 m区間タイムはほぼ次走者のスプリントタイムとなり，逆にバトンパスがテークオーバーゾーンの出口付近で行われた場合，20 m区間タイムはほぼ前走者のスプリントタイムとなる。

20 m区間タイム以外のバトンパスの評価方法として，テークオーバーゾーンの前後10 mをあわせた40 m区間タイムを計測する手法もある。テークオーバーゾーンの前後10 mを加えることで，前走者の疾走スピードの低下率や次走者のバトンパス前後の加速度を加味したバトンパスの成否を評価することができる。2007年以降，男子短距離のナショナルチームもこの手法をバトンパスの評価基準に採用している。

この方法ではまず，40 mの加速走のタイム

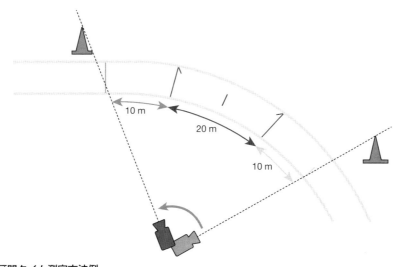

図6　40 m区間タイム測定方法例
正確な40 m区間タイムを測定するためには，光電管やカメラを用いた測定が望ましい。カメラやストップウォッチで測定する場合，測定者の延長線上にマーキングすることで，より正確なタイム測定が可能になる

を計測し，前走者と次走者の合計タイムの平均値をバトンパスによる40 m区間タイムが下回るように練習するとよい。40 m区間タイムを計測する際，全天候型陸上競技場にはテークオーバーゾーン手前の10 mには加速線が引かれているが，テークオーバーゾーン後の10 mには線がないため，あらかじめマーキングするなどの準備が必要となる（図6）。

バトンパスの練習方法

仮にバトンパスがテークオーバーゾーンの中央で行われた場合，第1走は100 m，第2走から第4走は120 mを全力疾走する必要がある。よって，普段の走トレーニングでは，少なくとも120 mくらいの距離を全力疾走できることを念頭にスピード練習を行わなくてはならない。

オーバーハンドパス，アンダーハンドパスに共通して，初めてバトンパスを行う走者間では，前走者と次走者との間隔や次走者の手の出し方の微妙な違いを把握し，全力疾走時のバトンパスを想定した練習を行う。4×100 mリレーでは，第1走と第3走が主に曲線走路を，第2走と第4走が主に直線走路を走るため，第1走と第3走はバトンを右手で，第2走と第4走が左手で持ちながら走るのが一般的である。タイムロスを軽減するためには，曲線走路を走る第1走と第3走はコースの内側を，第2走と第4走はバトンパス時の衝突を避けるためにコースの外側を走ることになる。

バトン練習を始めるにあたり，まずは4人が立った状態でバトンパスを行い，前走者と次走者の腕の上げ方や次走者が手を挙げるタイミングを覚える練習が有効である。その際，右手でバトンを持つ走者（第1走と第3走）は左側に，左手でバトンを持つ走者（第2走と第4走）は右側に並ぶことで，前走者と次走者の交錯を避け，スムーズなバトンパスが可能になる。お互いがバトンの受け渡しの感覚を把握できた段階で，歩行あるいはジョギングペースでのバトンパス練習を行う。その後，徐々にスピードを上げて（全力疾走の70～80％），走動作中であっても確実にバトンの受け渡しができているかを確認する練習を取り入れる。

70～80％でのスピード練習に慣れてきた

受け走者

図7 次走者のスタート時のクラウチング姿勢
クラウチング姿勢を小さくすると前走者との距離感をつかみやすくなるが，クラウチングを大きくすることで，素早い加速が可能になる

ら，各パート（直線走路→曲線走路，曲線走路→直線走路）ごとに全力疾走下でのバトン練習を行い，本番のレースを想定したバトンパス練習を行う。パート練習では，前走者が減速することを考慮して，ダッシュマークから50m以上後方からスタートし，次走者は前走者がダッシュマークを通過したと同時にスタートしてバトンの受け渡しを行う。最終的には，レース本番を想定し，練習中に4×100mリレーを行うことが望ましい。

いずれの練習時においても，次走者のスタートのタイミングは一定でなくてはならない。次走者はスタート時にクラウチング姿勢からスタートすることで，大きな加速力を得ることができる。クラウチング姿勢を大きくするとより素早く加速することができるが（図7左），前走者とダッシュマークとの距離を把握しづらくなる。一方，立位に近い状態からスタートすると，次走者とダッシュマークとの距離を把握することは容易になるが（図7右），素早く加速することが困難になる。これらのことを考慮して，最も適したスタート時の姿勢や加速方法を模索し，一定のタイミングでスタートできるように練習することが重要である。

ダッシュマークは，各走者の疾走スピードやその低下率を求め，何度もバトン練習をする中で決める必要がある。しかし，全力疾走での練習を繰り返すと，前走者の疾走スピードの低下率が大きくなり，実際のレースとは異なるタイミングでのバトンパスになってしまう。練習の中で簡易的にダッシュマークの位置を決定するのであれば，はじめに加速線からダッシュマークまでを「25足長」と定め，バトンパス時の2走者間の距離が詰まりすぎている場合は足長を増やし，バトンが渡らなければ足長を減らすことで，効率よくバトン練習が行える。また，T.エッカーは走者の全力疾走時の所要時間から，以下の公式により簡易的にダッシュマークの位置を算出できるとしている。

$$G = \frac{25.25 \times (T2 - T1)}{T1}$$

ここで，Gはダッシュマーク，25.25は定数，T1は前走者がバトンを渡すまでのラスト25mに要する時間，T2は次走者が最初の25mに要する時間をそれぞれ示す。また，定数を20.12に設定すれば，より安全にバトンの受け渡しが可能になる。ただし，上記の公

式を用いるためには，正確な所要時間をあらかじめ測定する必要がある．

走者の疲労を考慮するのであれば，実際の直線や曲線走路とは異なるが，25 m間隔（4×25 mリレー）や50 m間隔（4×50 mリレー）でバトンを受け渡す練習方法もある．実際のレースでは，そのほとんどが曲線走路でバトンパスが行われるため，4×50 mリレーでは，400 mトラックのバックストレート中央から第1走がスタートし，ホームストレート中央でゴールすることが望ましい．この練習では，次走者はレース時の減速を考慮して，バトンを受けた後，全力ではなく90％程度の疾走スピードで次のバトンパスを行うとよいだろう．また，レース時の歓声や他レーンとの掛け声の混同を避けるために，前走者は掛け声を掛けずにバトンパスを行う方法もある．これは，前走者と次走者とがあらかじめバトンパスを行う位置を定め，次走者はその直前で後方に腕を伸ばす方法である．

いずれにせよ，全力疾走時でのバトンパスのタイミングや利得距離，バトンパスが完了した位置，次走者の疾走スピードといったバトンパスで注視すべき項目を定め，それらが達成できたかを念頭に練習を繰り返し行うことが大切である．目的を明確にしたバトン練習により，精度の高いバトンパスの実現と好記録が期待できる．

【小林　海】

参考文献

1) 朝原宣治：日本一わかりやすい陸上の教科書, pp32-35, 成美堂出版, 2007
2) Bae Young-Sang（Chief Director）：Biomechanics Analysis of the Men's 100 Meters Sprint during the IAAF World Championships, Daegu 2011, pp13-23, Korian Society of Sport Biomech, 2012
3) Guthrie M：Coaching Track & Field Successfully, Human Kinetics, pp79-86, 2003
4) 苅部俊二：記録が伸びる！陸上スプリント 上達のポイント50, メイツ出版, pp96-119, 2009
5) 広川龍太郎ほか：陸上競技研究紀要 11：150-154, 2015
6) Hommel H ed：Biomechanical Analyses of the selected events at the 12th IAAF world championships in athletics, p3-6, Scientific Research Project Biomechanical Analysis at the berlin 2009 Final Report, 2009
7) 日本陸上競技連盟編：スポーツQ&Aシリーズ 実戦陸上競技, pp88-100, 大修館書店, 1990
8) 小林海：スプリント研究 26：7-10, 2017
9) 小林海：陸上競技学会誌 15：128-129, 2017
10) 松尾彰文ほか：陸上競技研究紀要 12：74-83, 2016
11) 宮川千秋：最新陸上競技入門シリーズ① 短距離, pp111-122, ベースボールマガジン社, 1998
12) 佐々木秀幸：ジュニア入門シリーズ⑩ 陸上競技, pp45-50, ベースボールマガジン社, 1988
13) 佐々木秀幸：図解コーチ 陸上競技, pp50-59, 成美堂出版, 2000
14) 佐々木秀幸ほか：陸上競技のコーチング マニュアル 基本編, pp75-79, ベースボールマガジン社, 1987
15) 関岡康雄：陸上競技入門 基本を学ぶために⑤, pp85-92, ベースボールマガジン社, 1991
16) トム・エッカー, 佐々木秀幸ほか訳：運動力学からみた陸上競技の種目別最新技術, pp42-46, ベースボールマガジン社, 1979
17) 土江寛裕：陸上競技入門ブック 短距離・リレー, pp56-66, pp104-107, ベースボールマガジン社, 2011

9 跳躍種目における助走スプリントのコーチング

本章のねらい

本章では，跳躍種目の助走スプリントについてコーチング学的な観点から解説する。運動把握は内的観点と外的観点から行われるが，ここでは内的観点として動感運動学を，外的観点としてバイオメカニクスを取り上げ，それぞれの観点から把握される助走スプリントの構造を統合的に理解することを目指す。さらに，助走スプリント技術のトレーニングについても具体例を挙げながら説明する。

跳躍種目のスプリントとは

跳躍種目のスプリントを考える前に，ここでは走形態の体系化を動感運動学の立場から確認し，跳躍種目のスプリントの特徴を明らかにしておきたい。

金子[1]によれば，走形態は**図1**に示すように体系化できるという。競技スポーツにおける走形態はきわめて多彩であり，その類化形態を確認しておくことは助走スプリントを考えるうえできわめて重要である。

走形態は「直進走形態」と「調整走形態」に大別できる。「直進走形態」とは〈ここ〉を起点として，地球上の天地空間の枠内で上と前を不変として目標の〈そこ〉に目がけてまっすぐに走る走形態を意味する。これに対して「調整走形態」とは，〈ここ〉から〈そこ〉に至るまで常に行為目的に向かって走り方を調節できる走形態を意味している。たとえば，バッターが打ったボールを野手が捕るという行為では，その目的に合致するように動きを調節する走形態が求められる。

ここでは，そのうちの跳躍種目のスプリントが関連する「直進走形態」について詳しくみていきたい。

「直進走」ではできるだけ早く〈ここ〉（ス

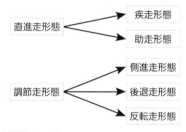

図1　走形態の体系
（文献1を改変）

タート）から目当ての〈そこ〉（ゴール）に到達する行為が志向されるので，〈そこ〉への「スピード志向性」がそれに適した「走り方」を要求することになる。したがって，短距離走ではスプリント走が選択され，マラソンなどの長距離走では長い距離をできるだけ速く走破できる走法が選択される。いずれにしてもこれらの「疾走形態」は，「できるだけ速く走る」という意味の疾走形態と位置づけられる。

直進走形態のもう1つの形態は「助走形態」である。この「助走形態」は目的に応じた相対的な疾走形態として構造化された走形態と位置づけられる。前述した「その距離に応じた最大疾走スピード」が求められる疾走形態と比較すると，助走形態は次に行われる他の動きにとって「最適スピード」が求められ，その運動の組み合わせ局面では走形態そのものの変容が現れる。さらに，同じ助走形態でも走幅跳と走高跳では助走そのものの走り方

や助走から踏切への入り方は異なるし，そもそも短距離走の疾走形態を導入することはできない。

このような助走形態は，跳馬の助走なども含め，構造化形態の類縁性を踏まえて構造分析が行われ，その概念が確定される。したがって，助走形態に関する実践的な知見は，「できるだけ速く走る」疾走形態と「目的に応じた最適スピード獲得のために走る」助走形態を分けたうえで，その類縁性を考慮しながら検討される必要がある。

また，この構造特性の検討に際しては，運動を外側からみる視点（量的構造把握）と内側からみる視点（質的構造把握）を設定し検討することが有意義であろう。なぜならば，コーチングの実践は基本的に競技者やコーチの内省分析に基づいて進められるが，運動の外的分析ではトレーニング結果の評価や内省分析に基づく枠組みとは異なる新たな思考枠組みの形成を促し，競技者やコーチの反省的実践を実現させるからである。

では走幅跳を例にして，コーチング学的視点から跳躍種目の「助走」に求められるコーチングのポイントを示したい。

跳躍種目のコーチングポイント

跳躍種目のコーチングやトレーニングでは「助走」にかかわることが重要となる。

村木[2]は長年にわたってかかわってきたコーチング事例から，跳躍種目における運動問題の発生兆候と発生経緯について，特に助走とのかかわりから以下の点を挙げている。

1）踏切準備および踏切動作への意識過剰と気負いによる助走後半における過剰なテンポアップ・スピードアップ，踏切準備時の過剰後傾・沈み込み。
2）助走における最大努力が最大疾走スピード獲得につながるという思い込みによる緊張の汎化，動きの流動性，弾性，リズムの欠如，軸のぶれ。
3）助走前半での過剰加速による身体の過度の後傾，ハイピッチ，助走後半での加速不足によるオーバーストライド，テンポ不足やそれを解消するための急激なテンポアップ。
4）助走前半における過度の前傾や上体の泳ぎ，軸のぶれ。
5）助走設定の不備による助走構成の混乱。

青山ほか[3]は，走幅跳において競技者やコーチがコーチングやトレーニング実践でどのようなことを観察しているかについて運動感覚的な観点から検討している。その結果，競技者やコーチの当該試技に関する正否判断のポイントは，踏切と助走に関することに集約されることが示された。とりわけ，その正否判断は助走に関する項目で多く認められ，それは「助走の流れ（リズム）」，「助走のスピード感」，「助走前半のグリップ感」などであった。

このような競技者やコーチの運動感覚に関する結果を受けて，青山ほか[4,5]は分析対象となった試技についてバイオメカニクス的な観点からも検討している。図2は2名の被験者（日本一流競技者）に関する助走スピード，ピッチ・ストライド長の変化を示したものである。これをみると，各測定項目における明確な差異の有無について判断することは困難ではあるが，いくつかの興味深い結果が得られている。

両競技者とも成功した試技においては，失敗した試技に比べて助走10歩目前後の助走スピードが高く，被験者Aについては13～14歩目あたり，被験者Bについては15～16歩目の助走中盤あたりでスピード差が認められる。このような助走中盤の走りは助走前半の走り方の影響を受けると考えられる。したがって，前述した競技者やコーチの正否判断にある運動感覚的な「助走前半のグリップ感」という観察ポイントや村木[2]の報告も考慮すると，助走に関する量的パラメータも試技の

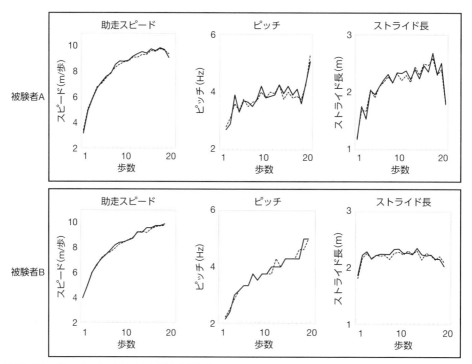

図2　助走スピード・ピッチ・ストライド長の変化[4]
―― 成功試技，・・・・・・ 失敗試技

正否判断のポイントとなる可能性がある。

さらに，村木[2]がコーチングポイントとして示している助走中の上体角の変化をみると，助走前半と踏切準備局面で差異が認められる。体幹は質量や慣性モーメントが大きく，体幹の動きは動作全体に大きな影響を与えてしまう。青山ほか[4,5]の示した「助走前半のグリップ感」も考えあわせると，上体の動きは試技の正否判断のポイントとなる可能性がある。

助走後半の踏切準備局面についても同様な観点が指摘できる。踏切準備および踏切時の上体の起こし動作は，適切な踏切準備動作および踏切動作を誘導し，跳躍を成功させるために不可欠な動作である[4]。青山ほか[4]の報告では，成功試技の方が失敗試技に比べて，小さな前傾姿勢から徐々に上体を起こし，踏切を迎えていた。このような上体角の増大によって示される上体の起こし動作や踏切1歩前にみられるより垂直に近い姿勢は，効果的な踏切動作を誘導し，鉛直速度を獲得しやすくするだけでなく，踏切の接地も有利に導く。前述した村木[2]によって指摘されている踏切準備時の過剰後傾の問題点と考えあわせると，この点もコーチングポイントとして重要である。

以上のことから，跳躍種目のコーチングポイントは主に助走にあり，それらは，①助走の流れや調和といった助走全体の運動経過の運動感覚的内容に関すること，②助走前半および後半の動き方に関する運動感覚的・バイオメカニクス的内容に関することと整理できる。

助走形態は疾走形態とは異なり，「目的に応じた最適スピード獲得のために走る」走形態である。したがって，助走形態の中には疾走形態と比べ様々なコーチングポイントが存在する。これまでのコーチング観察のポイントではあまり指摘されていないが，助走の構造化のためには，助走における「走り方そのもの」が重要になる。

したがって，実際のコーチングでは，助走

を構造化するための,「目的に応じた最適スピード獲得のための走り方」について確認しておく必要があろう。では次に,そのような「助走の走り方」について走幅跳を例にみていきたい。

コーチングポイントとしての助走スプリントの動き

実際のコーチングでは,コーチングポイントとなる局面での有効な動きを引き出すため,「目的に応じた最適スピード獲得のための走り方」の存在が指摘されている。たとえば,村木[2]は,助走6歩目から踏切2歩前まで,PAWING(馬の前脚にみられるような漕ぎ動作)に留意した「前捌きの走り方」の必要性を強調している。これは続く踏切への最適誘導を保証するためである。吉田[6]も同様に疾走中に脚が後方へ流れると上体が前傾し,踏切の後傾姿勢がつくりにくくなるため,脚を身体の前方で捌いて,やや膝が上がっているような疾走動作をすることが重要であると指摘している。これらのことは,助走動作とスプリント動作の間に相違があることをうかがわせるものである。

伊藤ら[7,8]は助走動作とスプリント動作の相違に関して,一流の走幅跳選手を対象としてバイオメカニクス的な観点から検討し,次のことを明らかにしている。

1) 助走はスプリント走に比べてストライド長が有意に大きく,ピッチは小さい。これには滞空距離・時間の増大が影響している。
2) 大転子を中心とした下肢の相対位置を比較すると(図3),助走ではスプリント走に比べて膝,足首,つま先のいずれも身体の前方かつ上方に位置している。
3) 助走では,スプリント走に比べ股関節の屈曲トルクが小さいにもかかわらず,離地後の脚のリカバリーが遅れず,屈曲角速度も相違がない(図3)。これは支持期後半のキック動作が抑制されていることを示している。

以上の結果は,前述した村木[2]や吉田[6]のコーチング実践から経験的に得られた知見と同様なものと考えられる。つまり,助走動作では「目的に応じた最適スピード獲得のために走る」ことが求められるため,スプリント動作とは異なるいわゆる「前捌き」の疾走動作が用いられているといえる。このことは,「走り方」が前述した運動感覚的・バイオメカニクス的な観点からみた跳躍試技の正否判断のポイントとして重要であることを示している。

コーチング学的視点からみた助走スプリントの分析方法

助走スプリントで求められているものをどのように把握するのか?

これまでみてきたように,助走は「目的に応じた最適スピード獲得のために走る」疾走形態として存在し,コーチング学的観点からは,助走全体の運動経過が重要な観点となるとともに,助走の前半,中盤,後半といった局面ごとに求められる動感質とそれを発生させる動きが重要であることは明らかである。したがってコーチング実践では,コーチは競技者に対する運動感覚的な共鳴によって彼らの動きの感覚意味構造を見抜くことが前提となる。

そこで金子[注]にならって,助走における運動意味構造の観察能力について,主なチェックポイントを以下に示したい。

1) 競技者の今の体感能力を読み解けるか?
2) 競技者の遠近能力をチェックできるか?
3) 競技者の現前化の運動メロディーを見つけてやれるか?
4) 競技者の運動感覚の類似図式(アナロゴン)を見つけてやれるか?
5) 競技者の図式化において統覚能力をチェックできるか?

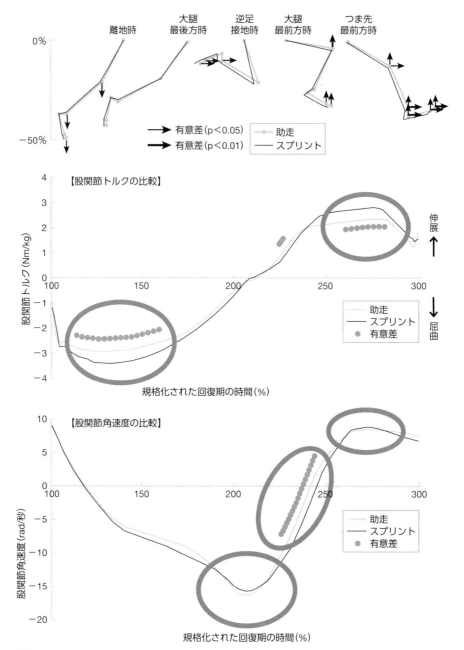

図3 回復期における大転子を中心とした下肢の相対位置および股関節トルク・角速度
（文献8を改変）

6) 競技者の調和化図式の欠落を再現できるか？
7) 競技者の局面化能力をどこでチェックするか？
8) 競技者の再認化能力をどこでチェックするか？
9) 競技者の優勢化能力を共感してみることができるか？
10) 競技者のリズム化を動く感じとしてチェックできるか？
11) 競技者の伝導化能力の不足を見抜けるか？
12) 競技者の弾力化能力の不足を見抜けるか？

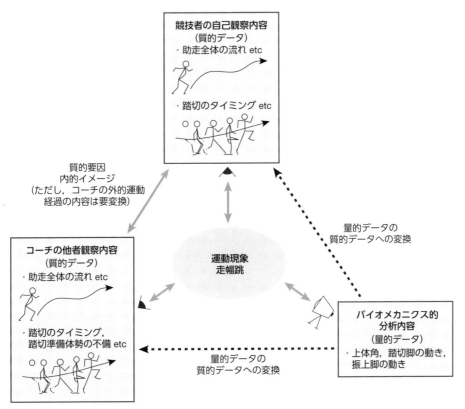

図4 コーチングにおける運動分析

13）競技者の解消化能力の不足をどこでチェックするか？
14）競技者の即興能力のチェックポイントを示せるか？

　コーチや競技者には上記のような競技者の動感意識を読み解く解釈学的能力が求められる．また，前述した競技者の運動抑制現象という運動問題は，運動感覚的な問題として発生し，それは同時にバイオメカニクス的な問題としても把握される．つまり，このような運動問題は主観身体と身体物体[9]を検討の場として運動感覚的側面と物理的側面の両面，あるいはそれぞれの代理可能な一面として把握される[10]．したがって，コーチは競技者の運動問題について運動感覚的側面を基底として把握しながらも，物理的側面からの照合作業による確認が必要となる．これについてはコーチング学的運動分析の全体像を図4に示したので参照されたい[11]．コーチング実践における運動問題の解決には，その実践的思考をこのような思考形態として獲得することが必要である．

　助走技術の獲得には，助走そのもののトレーニング，つまり助走トレーニングが重要である．しかし，助走技術の獲得のためには，その基礎となる走形態にかかわる基礎的なトレーニングが必要となる．なぜならば，走形態はきわめてシンプルな動きによって構成されており，その動き方は日常生活からも影響を受けるからである．

助走動作獲得の起点としての「センター意識」による「軸づくり」

　跳躍種目で用いられる助走形態は，運動形態としては走形態の1つとして存在するシンプルな動きである．動き自体がシンプルであるがゆえに，トレーニングやコーチングに際

しては，内在経験の反省分析の追究が求められるが，その内在経験の基礎となるのが，動きづくりの基礎である。

　この動きづくりの基礎とは，①適切な身体運び，②身体各部の配列（軸づくり），③身体内部の動きの統一的連関，によって構成される。この動きづくりの成素は，「センター意識」という運動感覚意識によって実践的に統合化され，トレーニングされる[12]。谷田部ほか[13]によれば，センター意識に基づく動きの基礎づくりトレーニングは，従来の合理的・科学的トレーニングとは異なり，技術的な合理性を洗練させていった結果，精神面におけるコントロールと密接なつながりを持つことが経験的に評価されてきたという。これは「丹田」の思想や禅における瞑想法とセンター意識が関連していることにも関係する。したがって，センター意識の獲得は実践的な意味において合理的な運動技術獲得には不可欠であり，助走動作の習熟においても同様であることが理解できる。

　動感運動学では，動きを覚える身体知を「動感創発身体知」と呼んでいる。この動感創発身体知の基盤となる身体知として「始原身体知」（今ここを感じる身体知）がある。この始原身体知は，「体感身体知」（ここを感じる身体知）と「時間化身体知」（今を感じる身体知）に分けられ，さらに体感身体知は，「定位感能力」，「遠近感能力」，「気配感能力」に，時間化能力は「直感化能力」，「予感化能力」，「差異的時間化能力」というそれぞれ3つの動感能力によって現実の動きを生み出す動感基底能力として存在する[注]。

　村木[12]は動きの実行に際してセンター意識を持っているか，軸づくりができているかの判断について，スクワット・ジャンプがどれだけ連続してできるかがその指標になるという。このスクワット・ジャンプの連続的実行においては，自分の身体の中に「ここ」として自分を位置づける定位感能力を作動させながら，「今」動いた感じを捉える能力としての直感化能力とこれから未来に起こる動きに探りを入れる予感化能力，そしてこの直感と予感の動感意識の「現れ」と「隠れ」を差異化現象として捉えることのできる差異的時間化能力が作動している。さらに，このセンター意識，軸づくりは移動を伴ったときに困難が生じるので，身体の移動速度に見合った形式でのセンター意識，軸づくりが求められる。たとえば，積極接地（active landing）の技術を身につけるためのスキップ・ドリルでは，身体の並進速度に見合ったかたちで足を振り戻しながら地面を積極的にキャッチすることにより，力・パワー発揮の大きい股関節周りの筋群がその接地衝撃を受け止めることを可能とする[12]。このスキップ・ドリルの実行に際しては，スクワット・ジャンプ時と同様に，定位感能力，時間化能力を作動させるとともに，積極接地のタイミングを読み切る弾力化能力も必要となる。

　以上のことから，助走技術の習得にあたっては，センター意識による軸づくりを動感身体知の能力として捉え，様々なバリエーションのトレーニング運動を用いて習熟させる必要がある。その際，トレーニング方法論的には「その場での軸づくり」から「並進運動を伴う軸づくり」へと学習ステップを踏むべきであろう。助走技術のコーチング学的ポイントにかかわる運動問題の解決は，このようにセンター意識と軸づくりにその起点が求められる。では次に，全習法的方法論としての「主観的努力度」の変化を用いたトレーニング例を紹介したい。

主観的努力度の変化が助走に与える影響

　トレーニングの志向性はその強度により習熟的方向と強化的方向に変化する。そのため，最大下主観的努力度のトレーニングでは，トレーニングの技術的習熟が目指されることになる。技術トレーニングでは，当該技

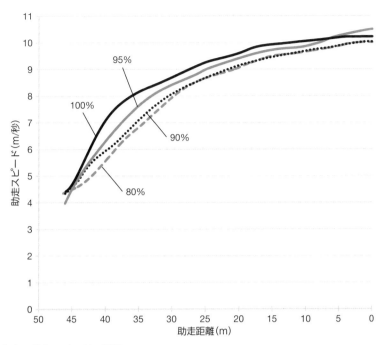

図5 主観的努力度と助走スピードの関係

術の発生機序に関心が持たれるが，この発生機序の解明にはどのような運動感覚意識が前提となり，どのような運動感覚意識が生じるのかを確認する必要がある。

この運動分析方法としての現象学的「解体（abbauen）」では，一部の運動感覚意識を「消去」することによって，どのような運動感覚が当該技術の中核となっているかを確かめることができる[14]。また，技術の習熟においては運動スピードの影響もあるので，最大下主観的努力度の全習法的トレーニングは，運動スピードの低下により必然的にもたらされる試合運動の「解体」作用により，当該の運動と最大努力時の運動実行とを比較することができる。それは，厳密な運動の意味構造（コツ）を把握することを可能にし，運動構造の全体性を維持したまま技術習熟を促進することができる。

水平跳躍種目においては，助走局面が主要局面である踏切局面に大きな影響を与える。そのため，トレーニングにおける助走トレーニングの位置づけは重要である。図5は助走トレーニングにおいて主観的努力度を80％，90％，95％，100％に変化させた場合の助走スピードの変化を示したものである。

これをみると，主観的努力度を変化させても助走スピードの変化パターンは同様の傾向を示すことがわかる。したがって，主観的努力度を変化させた助走トレーニングは，センター意識によって形成された軸づくりを並進運動のレベルで強化させ，助走技術の習熟を可能にさせるトレーニングとして位置づけることができるだろう[15]。

まとめ

本章では，跳躍種目における助走スプリントについてコーチング学的観点から述べてきた。跳躍種目における助走とはそのパフォーマンスの正否を決定するきわめて重要な運動局面であり，コーチングターゲットとなる動きである。このような助走にかかわる運動問題（運動抑制現象）の把握には多様な観点から

のアプローチが求められ，かつそれらを統合する思考が鍵となる。

【青山清英】

● 参考文献

1) 金子明友：身体知の構造, pp221-224, 明和出版, 2007
2) 村木征人：スポーツ方法学研究 8:129-138, 1995
3) 青山清英ほか：陸上競技研究 71:13-28, 2007
4) 青山清英ほか：体育学研究 54:197-212, 2009a
5) 青山清英ほか：スポーツ方法学研究 22:87-100, 2009b
6) 吉田孝久：陸上競技入門ブック 跳躍, pp78-79, ベースボール・マガジン社, 2011
7) 伊藤信之ほか：スプリント研究 16:60-71, 2006
8) 伊藤信之：スプリント研究 17:1-9, 2007
9) エトムント・フッサール：イデーンⅢ, pp1-29, みすず書房, 2009
10) ヴァイツゼッカー, 木村敏訳：生命と主体, pp110-117, 人文書院, 1995
11) 青山清英：陸上競技研究 77:2-9, 2009
12) 村木征人：トレーニングジャーナル 9:30-31, 1987
13) 谷田部英正ほか：スポーツ方法学研究 9:101-108, 1996
14) 朝岡正雄：陸上競技学会誌 12:108-117, 2014
15) 青山清英ほか：陸上競技研究 97:41-46, 2014

注)：身体知, 運動感覚能力の全体像については, 金子明友『わざの伝承』(明和出版, 2002年)を参照されたい。

10 投てき競技におけるスプリント能力

本章のねらい

　投てき競技は，砲丸投，円盤投，ハンマー投，やり投の4種目である。一言で投てき種目といっても，投てき物の重さや形状がそれぞれ大きく異なり（図1），またルールも異なることから，各種目において特異な投てき動作が存在する。特に，やり投は，他の3種目が直径の定められたサークル内で投てきを行うのに対し，長い助走を利用して投てきを行う特徴を持つ（本章ではやり投以外の3種目を便宜的にサークル系種目と呼ぶこととする）。

　投てき競技では，各種目において特異な投てき動作が存在するが，投てき物をより遠くへ投げるという目的は共通している。投てき物の飛距離は，空気抵抗を無視すれば理論的にはリリース速度，リリース角，リリース高で決定されるが，中でもリリース速度が最も重要であることが知られている。そのリリース速度を高めるためには，投てき物により大きな力学的エネルギーを与える必要がある。したがって，各種目にみられる投てき動作は，投てき物の特徴およびルールに応じて，身体により大きな力学的エネルギーを獲得させ，最終的にそれを投てき物に伝達させるための動作であると言い換えることができる。

　力学的エネルギー（E）は，並進運動エネルギー，回転運動エネルギーおよび位置エネルギーの総和であり，式の上では以下のように示すことができる。

$$E = \frac{1}{2}mv^2 + \frac{1}{2}I\omega^2 + mgh$$

　ここで，mは質量，vは速度，Iは慣性モーメント，ωは角速度，gは重力加速度，hは高さを示す。したがって，力学的エネルギーを大きくするためには，体格の大きい競技者（＝位置エネルギーが大きい）が，より速く移動し（並進運動エネルギーが大きい），より速く回転すれば（回転運動エネルギーが大きい）よいことになる。このとき，身体をより速く移動させたり，回転させたりするのは，常に下肢の動作が起点になる。投てき種目の指導現場において，しばしば「脚で投げろ！」などと表現されたりするが，この意味は下肢の動作を効果的に利用して，大きな力学的エネルギーを発生させることを意図している。

　投てき競技におけるスプリントといえば，動作の特性上，やり投の助走が連想される。そこで，ここではまず，やり投における助走の実態を把握し，やり投の競技パフォーマンスと助走スピード（身体重心速度）との関係からやり投におけるスプリント能力についてみていく。次に，サークル系種目におけるスプリント能力について論じていきたい。

やり投における助走の実態

　やり投にみられる一連の動作は，右手投げの場合，やりを右肩の上で保持した姿勢から走りはじめ，投げの準備のためにやりを後方に引きながら体幹を捻り，助走最後の右足接地（R-on）から左足接地（L-on）後にやりを前方へ投げ出す動作である（図2）。やり投では，特に準備動作時の体幹を捻りながらの助走をクロスステップ，最終的な左足接地する動作をブロック動作と呼んでいる。なお，本章ではやり投における助走を，走りはじめからR-onまでと定義する。

　助走距離は，おおよそ25 m前後をとる競

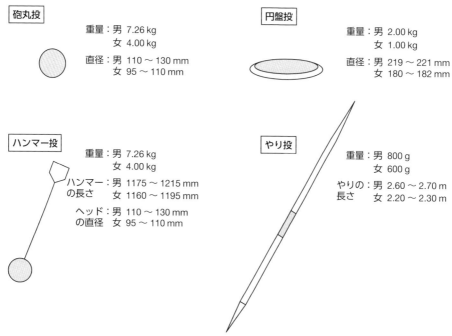

図1　各種目における投てき物の重量および形状

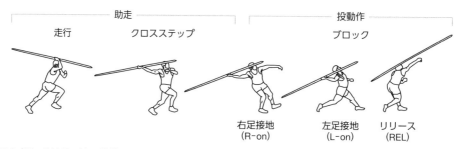

図2　やり投における一連の動作

技者が多い．表1に男子やり投における助走の歩数を示した．これは，ある国内グランプリの男子やり投(11名)における助走の歩数をカウントしたものである．その結果，11.2±3.0歩の走行後，5.4±0.8歩のクロスステップを経てR-onを迎えていた．クロスステップまでの助走の歩数は比較的個人差が大きかった(7～15歩)が，クロスステップは11名中9名が5歩，2名が7歩と，5歩のクロスステップを行う選手が多かった．

図3に，やり投における助走スピードの変化(走りはじめを0%，R-on時を100%に規格化してある)を示した．また，比較対象とし て，走幅跳における助走スピードの変化(走りはじめを0%，踏切時を100%に規格化してある)も示した．対象とした競技者は男女ともにすべて大学生であり，競技レベルは一般的な学生レベルであった．男女ともに，R-on直前まで助走スピードが徐々に増加し，R-on時に低下するパターンを示した．R-on時の減速は，直前に「ラストクロス」と呼ばれる前方へ大きく跳ぶステップを行うために，その際の滞空時間が長くなることが影響していると考えられる．

最大助走スピードは男子では6.75±0.42 m/秒，女子では5.48±0.60 m/秒であり(お

およそ1500〜3000mのレースペースに相当），R-on時のスピードは男子では5.60±0.52 m/秒，女子では4.41±0.88 m/秒であった．走幅跳の助走と比較すると，スピード増加の勾配はゆるやかであり，最大助走スピードもかなり低いことがわかる．走幅跳の助走における最大スピードは，男子では10.05±0.12 m/秒，女子では8.77±0.13 m/秒であったことから，やり投における助走の努力度は，走幅跳における助走に対して，およそ50〜60％程度である．

走幅跳においては，助走の最大スピードと跳躍距離との間にきわめて高い正の相関関係が認められている[1]．このことは，助走スピードの絶対値を高めることがそのままパフォーマンスの向上に直結することを示し，走幅跳においては全力疾走に近い努力度で助走を行っていると考えられる．一方，やり投においては，助走後に投動作という複雑な動作を行わなければならないことから，全力疾走に近い努力度で助走することは現実的ではない．やり投選手の最大疾走（スプリント）能力を測定していないため，正確な努力度を示すことはできないが，かなり低い努力度で助走していることが推察される（図3）．

表1 男子やり投における助走の歩数		
	走行(歩)	クロスステップ(歩)
A	9	5
B	9	5
C	11	5
D	15	7
E	7	5
F	11	5
G	11	5
H	15	5
I	13	5
J	15	7
K	7	5
平均値	11.2	5.4
標準偏差	3.0	0.8

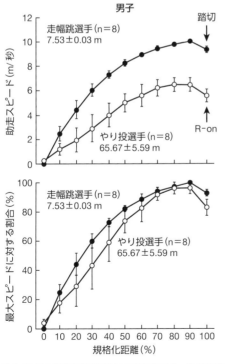
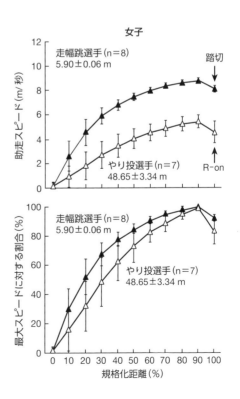

図3 やり投および走幅跳における助走スピードの変化

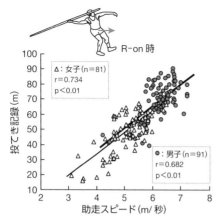
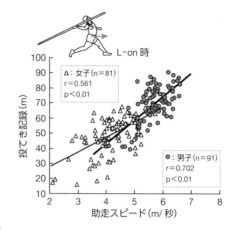

図4 やり投における助走スピードと投てき記録との関係

やり投における スプリント能力

ここまで，やり投では助走後に投動作を行う必要のあることから，みずからのスプリント能力に対してかなり低い努力度で助走を行っていることを示してきた。しかし，このことは，「やり投では高いスプリント能力は要求されない」ということと同義であろうか。この疑問に対して，やり投における助走スピードと投てき記録との関係から，やり投におけるスプリント能力の位置づけを考えてみたい。

競技者間でみた助走スピードと投てき記録との関係

やり投における助走スピードと投てき記録との関係について，まず競技者間での関係を紹介する。図4に，男女やり投選手におけるR-on時およびL-on時の助走スピードと投てき記録との関係を示した。対象者は，男子では 39.09〜90.33 m の記録を有する 91 名，女子では 16.57〜67.07 m の記録を有する 81 名であり，初心者レベルから世界トップレベルまでを網羅している。その結果，男女およびR-on時，L-on時のいずれにおいても，両者の間には有意な正の相関関係が認められた。このことは，広範な記録レベルを対象にすれば，男女ともに助走スピードが高い者ほど投てき記録がよいことを示している。すなわち，助走によってより大きな力学的エネルギーを獲得することが，競技パフォーマンスを高めるうえで重要であることが示唆される。

しかしながら，たとえば男子のR-on時の散布図をみると，助走スピードがおおよそ 6 m/秒である競技者の中には，投てき記録が 40 m 程度の者もいれば，80 m 程度の者もおり，非常に個人差が大きいことがわかる。そこで，図4に示した競技者らを投てき記録が比較的近い競技者同士でグループに分け，そのグループ内で相関関係を検討したところ，男女ともに国内レベル，国内トップレベル，世界トップレベルのいずれのグループにおいても，助走スピードと投てき記録との間に有意な相関関係は認められなかった（表2）。このことは，競技レベルが比較的近い競技者の中では，助走スピードは必ずしもパフォーマンスを決定する要因ではないことを示している。

このような結果が得られた理由の1つには，助走によって獲得した力学的エネルギーをどれだけ効果的にやりに伝達させられるかという，投動作の良し悪しが影響していることが挙げられる。つまり，投てき記録の差が

表2　競技レベル別にみたやり投における助走スピードと投てき記録との相関係数

	男子				女子		
	n	R-on時	L-on時		n	R-on時	L-on時
G60	25	−0.034 ns	−0.035 ns	G40	25	0.340 ns	0.013 ns
G70	27	−0.129 ns	0.096 ns	G50	26	−0.129 ns	0.096 ns
G80	16	0.117 ns	0.029 ns	G60	13	0.117 ns	0.029 ns

- 国内レベル：男子 G60（60 m以上, 70 m未満），女子 G40（40 m以上, 50 m未満）
- 国内トップレベル：男子 G70（70 m以上, 80 m未満），女子 G50（50 m以上, 60 m未満）
- 世界トップレベル：男子 G80（80 m以上），女子 G60（60 m以上）
- ns：有意性なし（p＞0.05）

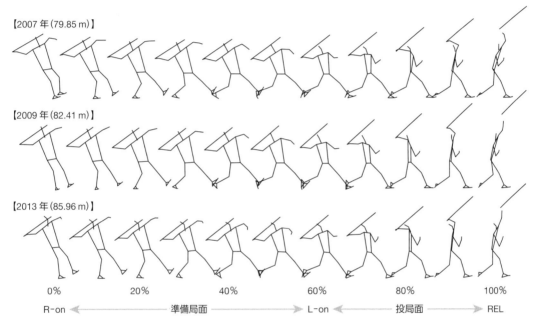

図5　村上選手における側方からみた投てき動作

10 m程度の競技者間では，助走スピードが遅くても投動作に優れている者，助走スピードは速いが投動作に劣る者などが混在しているものと考えられる。

個人内における助走スピードと投てき記録との関係

次に，同一競技者の縦断的なパフォーマンス変化に対する助走スピードの変化について紹介する。ここでは，オリンピック選手である村上幸史選手とディーン元気選手を例として取り上げる。

村上幸史選手の場合

村上選手は2009年にベルリンで行われた世界陸上競技選手権大会において82 m90を投げ，銅メダルを獲得している。村上選手が80 mオーバーの投げを初めて記録したのは2001年であったが，2002〜2008年までの7年間に80 mオーバーを記録したのはわずか1回に過ぎなかった。しかし，2009年には6回，2010〜2013年までの4年間には15回も記録している。このことは，2009年を境にしてパフォーマンスが大きく変化したことを示している[2]。

そこで，村上選手の代表試技として，2007

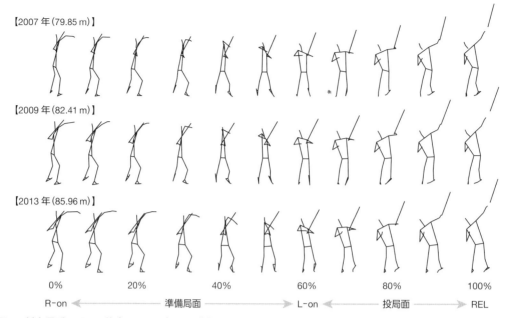

図6　村上選手における後方からみた投てき動作

　年のシーズンベストである 79 m85 の試技，2009 年の 82 m41 の試技，および 2013 年に記録した自己ベストである 85 m96 の試技を選定し，助走スピードおよび投動作の変化を検討した（図5，図6）。

　その結果，村上選手は投てき記録の増加に反して，R-on 時の助走スピードは低下する傾向にあった（表3）。このことは，村上選手における記録の向上が助走スピードを高めたことによるものではなく，他の要因，すなわち投動作の改善によって達成されたものであることを示唆する。具体的な動作の変化については，図6に示した後方からみた場合，年を経るごとに体幹の捻転が大きくなり（図7に捻転角度の時系列データを示した），やりのグリップがより捻りの位置（左回旋位）に移動していた。体幹の捻転が大きくなることは，やりの急激な加速が開始される L-on 時に，グリップがより後方に位置することにつながり，やりの加速距離の増大や右肩関節周りの筋群の伸張–短縮サイクルの強調など，エネルギーの発生や伝達に有利に作用すると考えられる。

表3　村上選手における投てき記録，リリースパラメータおよび基礎的パラメータの縦断的変化

		2007	2009	2013
投てき記録	(m)	79.85	82.41	85.96
リリース速度	(m/秒)	27.4	28.2	29.2
左右	(m/秒)	1.1	2.3	−2.0
前方	(m/秒)	23.3	23.5	24.7
上方	(m/秒)	14.3	15.4	15.5
リリース高	(m)	1.84	1.93	1.91
リリース角	(deg)	33.4	34.5	33.5
迎え角	(deg)	1.7	0.0	1.9
重心速度				
R-on	(m/秒)	7.2	6.8	6.1
L-on	(m/秒)	5.7	5.7	5.5
REL	(m/秒)	4.0	3.8	3.5
動作時間				
準備局面	(秒)	0.217	0.200	0.200
投局面	(秒)	0.100	0.100	0.100
歩幅(縦)	(m)	1.92	1.85	1.73
投行程	(m)	3.03	2.86	2.82
準備局面	(m)	1.70	1.42	1.41
投局面	(m)	1.33	1.43	1.41

　したがって，村上選手の場合，図4の結果の解釈とは異なり，助走スピードの低下に伴って投動作前の力学的エネルギーは減少し

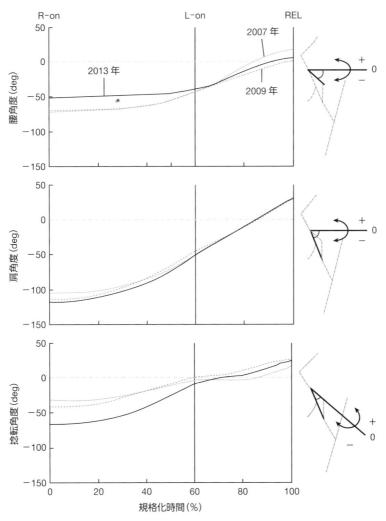

図7 腰，肩および捻転角度

たとしても，より効果的にやりにエネルギーを伝達する投動作ができるようになったことで，投てき記録が向上したものと考えられる。

ディーン元気選手の場合

ディーン選手は，高校2年時(2008年)にやり投を始め，2012年に開催されたロンドンオリンピックに出場した選手である。わずか4年のキャリアで世界トップレベルに達したディーン選手の代表的な試技として，2009年のインターハイで優勝を決めた69 m42の試技，2010年の76 m15の試技，および2012年の日本選手権で優勝を決めた84 m03の試技を選定し，助走スピードおよび投動作の変化を検討した。

表4に，男子やり投における投てき動作を客観(バイオメカニクス)的に評価するための基準値および得点表を示した。この表は，図4に示した男子やり投選手91名を対象にして，まず投てき記録を決定する動作要因およびそれらの優先順位を，重回帰分析を用いて明らかにし，次に各動作要因の平均値および標準偏差に優先順位を加味して，得点に重みづけすることによって作成されたものである。なお，各動作要因，評価基準の算出方法などの詳細については田内ほか[3]を参照されたい。この得点表から，やり投の投てき記録には助走スピード(L-on時)が最も大きく貢献しており，次いで投動作にかかわる要因が

表4　男子やり投における投てき動作の評価基準および得点

優先度		得点	4	6	8	10	12	14	16	18	20
1	助走スピード (m/秒)		4.4≧	~4.7	~5.0	~5.3	~5.6	~5.9	~6.5	~6.8	6.8<
		得点	2	3	4	5	6	7	8	9	10
2	身体重心とグリップとの水平距離 (m)		0.66≧	~0.69	~0.72	~0.75	~0.78	~0.81	~0.84	~0.87	0.87<
3	上肢角度 (deg)		−76≦	~−82	~−88	~−94	~−100	~−106	~−112	~−118	−118>
4	腰の角変位 (deg)		−1≧	~6	~13	~20	~27	~34	~41	~48	48<
5	体幹角度 (deg)		114≦	~111	~108	~105	~102	~99	~96	~93	93>
		得点		2			3		4		5
6	左膝角度 (deg)			160≧			~166		~172		172<
7	右膝角度 (deg)			146≦			~136		~126		126>

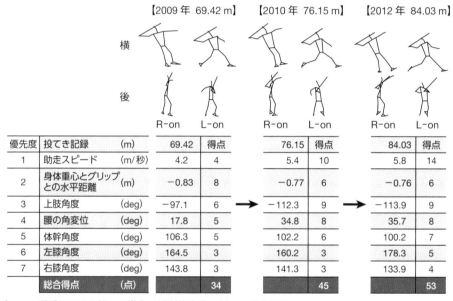

図8　ディーン選手における投てき動作の縦断的変化に対する動作評価

貢献していることがわかる。

　この表4を用いて，ディーン選手の投てき試技を分析した結果，助走スピードは記録の向上に伴って増加し，得点も大きく増加していた（図8）。また，投動作にかかわる動作要因についても，得点は増加傾向にあり，総合得点も増加していた。このことは，ディーン選手の記録の向上は，助走スピードの増加に加えて，投動作の改善がなされたことによって生じたことを示唆するものである。ちなみに，村上選手における投動作の改善は，体幹の捻転動作が大きくなったことによりなされたことを指摘したが，ディーン選手においても同様の結果が得られている（図8では優先度3の上肢角度が捻転動作の指標に相当する）。したがって，ディーン選手の場合，図4の結果の解釈と同様に，助走スピードの増加に伴って投動作前の力学的エネルギーが増大したと同時に，より効果的にやりにエネルギーを伝達する投動作（適切な投動作）を獲得したことによって，投てき記録が大幅に向上したものと考えられる。

以上のことから，やり投においては，村上選手のように助走スピードが低下したとしても，投動作の改善によって投てき記録が向上する者，あるいはディーン選手のように助走スピードの増加によって投てき記録が向上する者など，個人差が存在することが明らかとなった．したがって，やり投における助走スピードと投てき記録との関係については以下のようにまとめられる．

 やり投においては，大きな視点からみれば，助走スピードを高め，投動作前に身体の力学的エネルギーを増大させておくことが重要である．しかし，競技パフォーマンスには投動作の良し悪しが多分に影響しており，単に助走スピードを高めたからといって，投てき記録が高まるわけではない．つまり，やり投における助走スピードは，競技パフォーマンスに対する必要条件ではあるが，十分条件ではないということになる．

 さて，ここで本題であるやり投におけるスプリント能力の位置づけであるが，図4に示した競技者らのスプリント能力を測定しておらず，助走スピードの高いトップレベルの競技者ほどスプリント能力が高いのか，あるいは助走に対する努力度が高いだけなのかを明確にすることはできない．ただし，図3に示したように，助走スピードの努力度は走幅跳と比較してかなり低いことから，たとえば国内レベルの競技者が世界トップレベルの競技者と同等の助走スピードを出すことは難しいことではないと考えられる．実際，著者が専任コーチとしてディーン選手をみている限り，図8のように2009～2012年まで助走スピードは増加していたが，その間スプリント能力が顕著に高まったとはいえない（もちろん，低下したわけではないが維持あるいはわずかな上昇にとどまっていた）．さらにいえば，2009年の段階で2012年のスピードで助走することは可能であったが，2010年あたりまでは助走スピードを高めると適切な投動作が遂行できなくなるという状態であった．

それが徐々に助走スピードを高めた中でも適切な投動作が行えるようになり，2012年の成果につながったと認識している．

 したがって，やり投においては，必ずしも高いスプリント能力が要求されるわけではなく，適切な投動作が遂行できることを担保する中で，できる限り助走スピードを高めることがより重要であると結論づけられる．ただし，スプリント能力が高ければ，同じ助走スピードに対する努力度が低下するため，適切な投動作の遂行がより容易になったり，同じ努力であれば助走スピードが高められるため，エネルギー論においてより有利になったりすると考えられる．このことから，やり投においてスプリント能力を高めることは他の体力要因と同様に重要であることは間違いないであろう．

サークル系種目におけるスプリント能力

 サークル系種目には，砲丸投，円盤投およびハンマー投がある．それぞれの種目のサークルの直径は，砲丸投およびハンマー投で2.135 m，円盤投で2.50 mであり，非常に狭い空間内での投てきが要求される．

 図9に，サークル系種目における主な投てき動作を示した．いずれの種目も投てき方向に対して後ろ向きに立った姿勢から動作を開始する．砲丸投では，いったんしゃがみ込んだ後に後方へ直線的に移動（グライド）し，上体を起こしながら振り向いていく中で砲丸を押し出す，いわゆるグライド投法，円盤投では，身体に対して円盤を振り回すスイング動作から，円盤とともに身体を一回転半して投げ出す回転投法，ハンマー投では，身体に対してハンマーを振り回すスイング動作から，ハンマーとともに身体を4回転させて投げ出す回転投法がそれぞれ主流である．なお近年，男子砲丸投では円盤投のような回転投法が主流になりつつある．

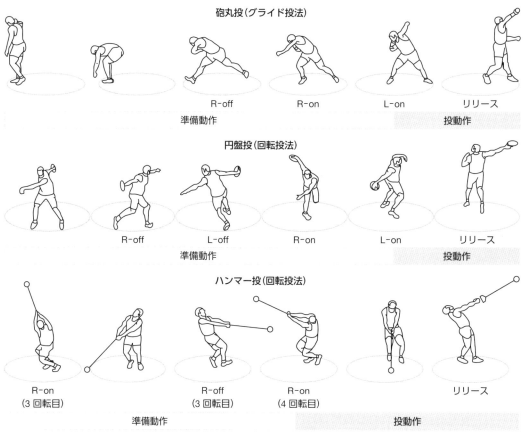

図9　各種サークル系種目における一連の動作

このようなサークル系種目においては，サークルの後方から投てき方向へ並進運動を行いながら回転運動を同時に行っていることになる。冒頭に示した式を考慮すれば，サークル系種目においては，並進運動によるエネルギーに回転運動によるエネルギーを付加することで，力学的エネルギー全体を最大化させようとする意図があると考えられる。

サークル系種目におけるスプリント能力を考える場合，動作の類似性からすれば，走動作と投てき動作とは大きく異なっているため，直接的に関連性を論じることは困難である。そこで，スプリントを並進方向への移動運動であると捉え，サークル系種目における並進運動の要素，つまり重心速度が投てき記録にどの程度影響しているかを検討し，スプリント能力の位置づけを考えてみたい。

表5に，本章で紹介するサークル系種目の分析対象者の特性，記録および重心速度を示した。分析対象者の特性については，各種目ともに日本の競技者の場合は日本選手権出場者であり，国内トップレベルの競技者である。一方，外国の競技者については世界選手権出場あるいは上位入賞者であり，世界（トップ）レベルの競技者である。重心速度については，一連の動作中に出現した最大値を示している。

砲丸投の最大重心速度は，おおよそ2.4 m/秒前後であり，すべての競技者においてR-off付近で出現していた。円盤投の重心速度はおおよそ3.7 m/秒前後であり，すべての競技者においてL-off付近で出現していた。また，世界トップレベルの競技者と日本の競技者とを比較すると，世界トップレベルの競技

表5 サークル系種目における分析対象者の特性，記録および重心速度

種目	砲丸	円盤	ハンマー
性別	女子	男子	男子
対象者	日本の競技者15名，WCH優勝者，WCH 3位	日本の競技者19名，WCH決勝進出者12名	WCH出場者13名
記録(m)	日本13.89±1.22，優勝20.12，3位18.94	日本47.37±4.00，世界64.55±2.17	71.62±2.07
重心速度(m/秒)	日本2.31±0.19，優勝2.42，3位2.61	日本3.61±0.33，世界3.86±0.40	3.78±0.40
最大値の出現したタイミング	R-off	L-off	R-on (3 or 4回転目)

WCH：世界選手権

者の方が高い傾向にあったが有意差は認められなかった（p=0.064）。

　ハンマー投の重心速度はおおよそ3.8 m/秒前後であり，多くの選手が3回転目あるいは4回転目のR-on付近で出現していた。このように，サークル系種目における投動作前の重心速度は2〜4 m/秒の範囲内にあり，やり投の助走スピードと比較するとかなり低い。これには，サークル内で投てき動作を成立させなければならないという空間的な制約が大きく影響しているものと考えられる。

　図10に，サークル系種目における重心速度と投てき記録との関係を示した。その結果，種目間で分析対象者の人数や記録の範囲に差はあるが，いずれも相関係数が0.4程度の弱い正の相関関係が認められた。このことは，サークル系種目においても，おおまかにみれば投動作前に身体の重心速度を高めることが，投てき記録を高めるための1つの要因であることを示唆するものである。ただし，やり投における相関係数（0.561〜0.734）（図4）と比較すると，いずれの種目においても低

値であった。この理由は，やり投は長い助走が可能であることから，相対的に並進運動によるエネルギーの大きさが投てき記録に影響を及ぼしやすい種目であるのに対し，サークル系種目は2m程度という限られた空間内で投てきを行うことから，並進運動に加えて，回転運動によるエネルギーの大きさも重要となることが影響していると考えられる。

　相対的に並進運動によるエネルギーの大きさが投てき記録に影響を及ぼしやすいやり投であっても，その投てき記録には助走スピードの高低だけでなく，投動作の良し悪しが大きく影響していることは前述した。したがって，サークル系種目の投てき記録に対する重心速度の重要度は，やり投よりもさらに低い位置づけとなり，回転運動を含んだ投動作の良し悪しがより重要になることが推察される。図10に示した女子砲丸投および男子円盤投の散布図をみると，記録としては圧倒的に劣る日本の競技者でも，世界トップレベルの競技者と同等かそれ以上の重心速度を示している競技者が少なくないことは，この推察

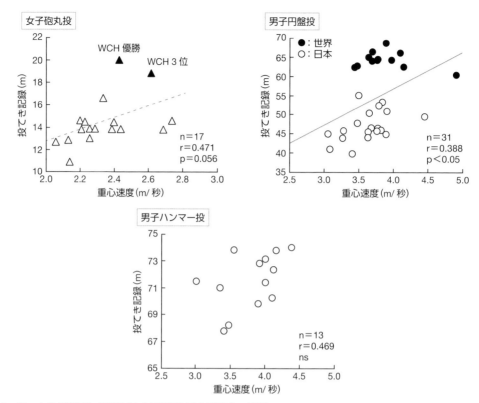

図10 サークル系種目における投てき記録と重心速度との関係

を支持するものと考えられる。

　以上のことから，サークル系種目においては，移動範囲が短く制限されていることから重心速度の絶対値は小さいものの，その速度が大きいことは投てき記録に好影響を及ぼすことが示された。しかし，やり投と比較すると，投てき記録に対する重心速度の重要度はより低く，投てき動作の良し悪しがより大きな影響を及ぼしているものと考えられる。やり投と同様，ここに紹介した競技者らのスプリント能力を把握できないことから断言はできないが，サークル系種目におけるスプリント能力の重要性はより低く位置づけられるものと考えられる。

まとめ

　本章では，投てきのスプリント能力について，主に投てき動作中の重心速度（助走）と投てき記録との関係をもとにして論じてきた。その結果，いずれの種目においても投てき動作中の重心速度が高いほど，投てき記録に対してプラスに作用するが，主動作である投動作の良し悪しがより重要になることを紹介した。

　本来，スプリント能力は，疾走動作に関する技術的要因およびそれを構成する体力要因によって決定される。その中で，動作に関していえば，特にサークル系種目についてはスプリントと類似した運動とはいえない。それにもかかわらず，投てき種目ではスプリントをトレーニング手段として頻繁に用いているのが現状である。その理由を考えると，投てき種目においては高いスプリント能力を獲得しようとするよりは，むしろそのトレーニング手段に内在する下肢のキャパシティ（筋力およびそれらのコーディネーション能力）を

表6 やり投およびハンマー投における投てき記録と 30 m ダッシュ（立位から）との対応関係

やり投[*1]				ハンマー投[*2]	
男子	（秒）	女子	（秒）	男子	（秒）
40 m	4.40〜4.36	30 m	4.90〜4.86	40 m	4.4
45 m	4.35〜4.31	35 m	4.85〜4.81	45 m	4.3
50 m	4.30〜4.26	40 m	4.80〜4.76	50 m	4.3
55 m	4.25〜4.21	45 m	4.75〜4.71	55 m	4.2
60 m	4.20〜4.16	50 m	4.70〜4.66	60 m	4.2
65 m	4.15〜4.11	55 m	4.65〜4.61	65 m	4.1
70 m	4.10〜4.06	60 m	4.60〜4.51	70 m	4.0
75 m	4.05〜	65 m	4.50〜	75 m	3.9
				80 m	3.8

[*1]：栗山佳也教授（大阪体育大学）より提供
[*2]：『月刊陸上競技』（1991年1月号, p121）より

高めることが主な目的となるからであろう。投てき種目においてスプリント能力が高いことは，それに伴う下肢のキャパシティが高いことを示しており，より速く移動および回転できる，あるいは同じ動作であれば努力度を下げられるという意味において，投てき記録を高めるに必要不可欠な能力であると考えられる。

最後に，やり投およびハンマー投における投てき記録とスプリント能力（30 m ダッシュの記録）との対応関係を表6に示した。やり投については日本のやり投指導の第一人者である大阪体育大学の栗山佳也教授から提供された体力指標を，ハンマー投については旧ソ連のハンマー投コーチから提供された体力指標を引用した。これらの記録をみると，いずれの種目でも投てき記録が高いほど，30 m ダッシュの記録が短くなっており，男子のやり投およびハンマー投における投てき記録と 30 m ダッシュの記録との対応関係はほとんど一致している。このことは，投てき種目においては，種目の違いにかかわらず，スプリント能力が高ければ高いほどよいという解釈が妥当なものであることを示唆している。したがって，ここに示した 30 m ダッシュの記録が，投てき種目に要求されるスプリント能力の参考値として利用できるものと考えられる。

【田内健二】

● 参考文献

1) 小山宏之ほか：筑波大学体育科学系紀要 34：169-173, 2011
2) 村上幸史ほか：陸上競技研究 98：36-43, 2014
3) 田内健二ほか：バイオメカニクス研究 16：2-11, 2012

第3部 様々なスポーツにおけるスプリント能力

11章　スピードスケートにおけるスプリント能力 …… 132
12章　野球におけるスプリント能力 …………………… 145
13章　サッカーにおけるスプリント能力 ……………… 156

11 スピードスケートにおけるスプリント能力

本章のねらい

　スピードスケートの競技種目は，男子では 500～10000 m までの 6 種目，女子では 500～5000 m までの 5 種目が設定されている．一般に，このうちの 500 m および 1000 m が短距離種目として分類され，これら 2 種目を 2 日間でそれぞれ 2 回ずつ滑走し，のべ 4 レースのタイムを得点化して競う「スプリント総合」という競技形式がある．

　世界記録（2017 年 5 月現在）は，男子では 500 m が 33 秒 98，1000 m が 1 分 06 秒 42 であり，1000 m の平均スピードは 500 m よりも速い（500 m に換算すると 33 秒 21 に相当）．女子の世界記録も男子と同様に，500 m の 36 秒 36 に対し，1000 m はその 2 倍よりも速い 1 分 12 秒 18（500 m 換算で 36 秒 09）である．このように 1000 m の平均スピードが 500 m よりも大きい傾向は，国内においても通常みられるスピードスケート競技の特徴である．

　図 1 は，1998 年長野オリンピック男子 500 m レースにおける滑走スピードの変化を直線区間とカーブ区間ごとの平均で計 5 区間について示したものである[1]．

　滑走スピードは，全選手とも 100 m を通過して第 1 カーブ区間でさらに加速し，200～300 m 区間（バックストレート）で最大値に達し，その後やや減速していく．最大スピードは男子トップ選手で時速 60 km にもなるが，そこに到達するまでに 200 m 以上，およそ 20 秒もの所要時間を要する．しかし，いったん最大スピードが獲得されると，1 m/秒（最大値の約 6％）程度の減速でほぼそのスピードを保ったままゴールに至る．このように，スピードスケートの短距離種目では最大スピードに到達するまでに多くの時間を要するが，そのスピードは大きくかつ減速が小さいため，500 m よりも 1000 m の平均スピードが大きくなる．

　本章では，これらの特徴をもとに，スピードスケートのスプリントレースとして扱われる 500 m と 1000 m のうち，500 m でいかに早く大きな最大スピードを獲得するかに焦点を絞り，そのためのスプリント能力について述べていく．

スピードスケートのスプリントレース

　スピードスケート 500 m の競技時間は男子でおよそ 34～35 秒，女子で 37～38 秒である．レース中の 100 m 区間ごとの平均スピードと競技成績（500 m タイム）との相関関係を調べた研究[2]によると，最大スピードよりも最初の 100 m 通過タイムの速さが重要であることがわかっている．また，100 m の通過タイムをよくするためには，スタートから 20 m 地点までの通過時間を短縮することが重要であるという知見もある[1,3]．競技者の努力感もこれに一致し，100 m 通過までをほとんどの競技者が全力に近い努力感で滑走する．一方，最大スピード到達地点ではパワーの発揮を大きくするよりも動作の正確性を意識する競技者が多い．これはスピードスケートが氷上の摩擦減速のきわめて小さい環境下で行われるため，最大スピードに達するレース中盤以降のタイム差よりもレース前半でのタイム差がトータルタイムに大きく影響することによると考えられる．

　図 2 は，1991 年に東京で行われた世界陸上競技選手権大会 100 m 走で世界記録を樹立し優勝したカール・ルイス選手（9 秒 86）[4]と 1998 年の長野オリンピック 500 m で金メダ

11章　スピードスケートにおけるスプリント能力

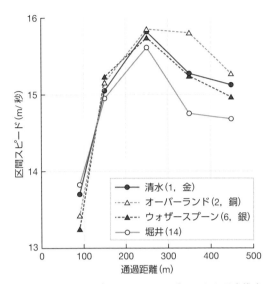

図1　長野オリンピック500mメダリストと日本代表選手における500mレース中の滑走スピードの変化

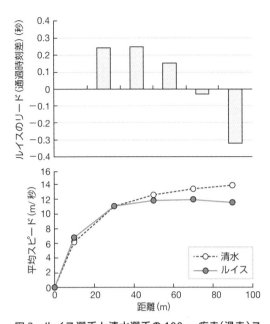

図2　ルイス選手と清水選手の100m疾走(滑走)スピードの比較
20mごとの通過時刻差(ルイスのリードを正)(上)と平均スピードの比較(下)

ルを獲得した清水宏保選手の100m通過(500mは35秒57, 100m通過は9秒54)までを比較したものである[3),5)]。図2上は20m, 40m, 60m, 80m, 100m地点における2人のタイム差をルイス選手がリードしているときを正としてあらわしたもの, 下が20mごとの平均スピードである。通過時刻を比べると, 20mで0.24秒, 40mで0.24秒, 60mで0.14秒差でルイス選手がリードし, その後80m付近で清水選手が追いつき, その後は清水選手が先行することがわかる。また, 図2下の疾走もしくは滑走スピードをみると40〜60m付近以降で清水選手のスピードがルイス選手を上回ることがわかる。

このように, スピードスケートの最短距離種目である500mは, 最大スピードが16m/秒(時速60km)を超えるほど大きいが, それに到達するまでには20秒(250m)ほどの時間を要し, 静止から約7秒(60m)までは陸上での疾走よりも遅い運動であるといえる。一方, ゴールタイムへの影響は, スピードの小さい100m区間のタイムを短縮することが重要で, 特にスタートから20mまでのタイムがきわめて重要となる。

スピードスケートのスタート動作のバイオメカニクス

ここでは世界一流競技者が参加するスプリントの世界選手権を対象としたバイオメカニクス的な研究[3)]に触れながら, スピードスケートのスタート動作について解説する。

スタートの構えに関する知見

スピードスケートのスタート動作は, 陸上競技の800m以上の距離種目で用いられるスタンディングスタートと同じような立位姿勢で行われる。ただし, 号砲とともに行われる最初の1歩目の動作が大きく異なり, 陸上競技では前後に開いた後ろ足が前足をまたぎ越えて動き出すのに対して, スピードスケートでは, 図3のように後ろ足が軸となって前足(スケート)の向きを外向きに換える動作となる。

図3には, 優れたスピードスケート選手の

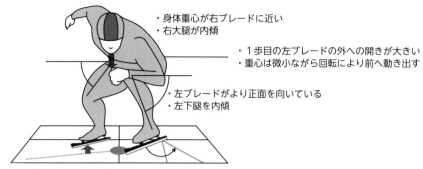

図3　優れたスピードスケート選手のスタートの構え動作の特徴

スタートの構え動作の特徴を模式的に示した。後ろ脚の膝関節角度が小さく，身体重心が後ろ脚に加重されている特徴がみられる。指導の現場では，構えの姿勢をとるとき，前足と後ろ足にかける加重を割合で示すことが多く，やや前加重にしたければ「6：4」，均等加重は「5：5」，やや後ろ加重であれば「4：6」のように表現する。前述した優れた選手にみられる特徴をもとにすると，優れた構え姿勢の加重はやや後ろ加重といえそうだ。

また，前側の脚には，ブレードがより前方に向いて，下腿が内傾する特徴がみられる。前に置かれたスケートがより前方に向けられているということは，スタートの号砲とともに，前側の足（スケート）を外側に回転する回転角度を小さくさせる効果がある。しかし，実際に，ツルツルに滑る氷の上で前側のスケートをより前方に向けて静止することはたやすいことではない。そこで，下腿を内傾させてブレードをわずかインエッジにすることで，氷との摩擦を大きくし静止するよう工夫しているのである。

スタート動作に関する知見

スピードスケートのスタート合図（号砲）は，相撲の立ち合いによく似ている。すなわち，2名（シングルレースのように複数でレースをする場合は3名以上）のスケーターが『ready』の合図の後にすみやかに構えの姿勢をとって静止し，すべてのスケーターが静止したとみなされてから約1.5秒後に号砲が鳴ることになる。したがって，一方のスケーターの静止が遅くなるとreadyから号砲までに長い時間を要し，静止が早ければ短くなる。

スケーターは号砲とともに，構えの姿勢から前側に位置するスケートを外側にほぼ90度回転させて1歩目を着く。優れたスケーターは，進行方向に対して1歩目のブレードの外への開き角度が大きくなる特徴がある。その後も両方のスケートの先端を外側に向けたいわゆる「ガニ股姿勢」でダッシュしていく。このように，スケートのスタート動作は，股関節を外旋させてつま先を外側に向けながらダッシュするきわめて特異な動作となる。

図4には，世界スプリント選手権に参加した上位8名とそれに続く8名のスタートから5歩目までの重心速度の変化を平均値で比べたものである。重心速度（実線）は，スケートの速度とスケートに対する重心の相対速度（スケート上での身体の動きの速度）との和であるため，それぞれの速度成分に分けて示した。欠損部分は，非支持期（滞空期）である。

これをみると，3歩目（300～400%）と5歩目（500～600%）で上位群の重心速度が大きいことがわかる。また，重心速度を構成する速度成分に注目すると，3歩目と5歩目ではスケート速度が大きく，優れた選手は3歩目以降でスケートを滑らせることによって重心速度を大きくし，優れた100m通過タイムを

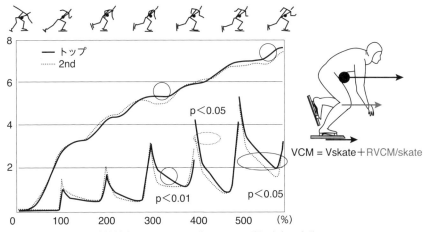

図4　スピードスケート世界一流競技者のスタート5歩目までの重心速度の変化

図5　優れたスピードスケート選手のスタート加速動作の特徴

達成しているといえる。

図5には，優れた選手にみられる加速動作の特徴を模式的に示した．大腿を外転位にしてブレードを進行方向に対して開く姿勢をとることによって，キックの後方成分を有効に生み出す姿勢で脚を伸展していることがわかる．さらに，3歩目以降で体幹が前傾することにより着氷時の股関節角度と足関節角度が小さく，いわゆる低姿勢で動いていることがみてとれる．

「3点スタート」に関する知見

最近では，スピードスケートのスタートの構えに，陸上競技のクラウチング姿勢のように片手を氷に着いて両脚支持の上体を低く構える，いわゆる「3点スタート」を用いる競技者が増えつつある．図6の右側は，従来から採用されてきたスタンディングスタートの選手，そして左側が3点スタートで構える選手である．図7は，3点スタートの構えを後方から撮影したものである．

高橋ほか[6]は，世界スプリント出場選手の3点スタート動作を3次元的に分析し，100 mの通過タイムが等しい2点スタートを採用している選手とのスタート閃光後6歩目までの動作を比較している．その結果，3点スタート選手はスタート後1歩目から6歩目までの重心速度が大きく，3 m，5 m，7 mの通過タイムは，それぞれ3点スタート，2点スター

図6 スタンディングスタートの選手(右)と3点スタートの選手(左)

図7 後方からみた3点スタートの構え

トの順に，3 m が 1.69 秒，1.74 秒(差は 0.05 秒)，5 m が 2.18 秒，2.23 秒(差は 0.05 秒)，7 m が 2.58 秒，2.65 秒(差は 0.08 秒)であった。また，滑走動作も，2点スタートでは3歩目以降で下肢関節角度が徐々に小さくなり滑走姿勢に入っていくが，3点スタートでは2歩目以降で低い姿勢に移行し，より早く滑走姿勢に入っていることが示された。さらに，水平面内での身体重心の軌跡も，3点スタートでは2点のそれに比べて直線的であることが指摘されている。このように，スタートに優れる3点スタートは，今後さらに普及していく可能性がある。

優れたスピードスケート選手のスタート技術

著者は，長野オリンピックまで，日本スケート連盟のトレーニングドクターとして日本選手の滑走動作をバイオメカニクス手法により科学的にサポートしてきた[7]。ここでは，その活動で得られたデータ[8]をもとに，清水宏保選手のスタート動作の優れた特徴について触れてみたい。

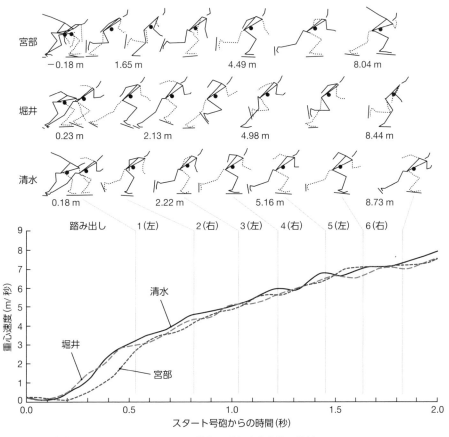

図8 清水選手と日本代表2選手におけるスタート動作と重心速度変化の比較

清水宏保選手のスタート技術

　図8は，清水宏保選手，堀井学選手(当時1000m世界記録保持者)，宮部保範選手(元1000m世界記録保持者)といった世界一流競技者のピストル閃光から2秒間における進行方向への重心速度を比較したものである。図上には，3選手のスティックピクチャーを清水選手の各ステップの着氷時刻にあわせて示し，さらに各選手の0.5秒ごとの重心位置を数値で示してある。

　3選手の重心速度を比較すると，構えから1歩目を踏み出すまでの約0.5秒間は清水選手と堀井選手がほぼ等しく，宮部選手の立ち上がりはやや遅い(約0.6秒後まで重心速度が小さい)。0.5秒以降では，清水選手の重心速度が他の2選手に比べてわずかに大きくな

る。清水選手と堀井選手の0.5秒ごとの重心位置を比較すると，スタート号砲直後の0.5秒では堀井選手(0.23m)が清水選手(0.18m)よりもやや前に出ているものの，1秒後には逆に清水選手(2.22m)が堀井選手(2.13m)より前に位置し，それ以降清水選手のリードが大きくなっている。これらのことは，清水選手がピストルへの反応動作ともいえるスタート号砲直後の踏み出し動作の速さよりも，1歩目以降の重心速度の大きさに優れていることを示している。

　3選手間の重心速度の差異について検討するため，図9には重心速度(実線)をスケートの速度とスケートに対する重心の相対速度に分けて示した。

　清水選手と堀井選手を比較すると，スケートに対する重心相対速度(点線)のピークは堀

第3部　様々なスポーツにおけるスプリント能力

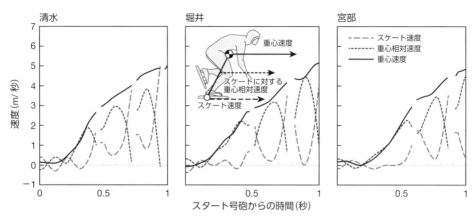

図9　清水選手のスタート動作における重心およびスケートの速度成分

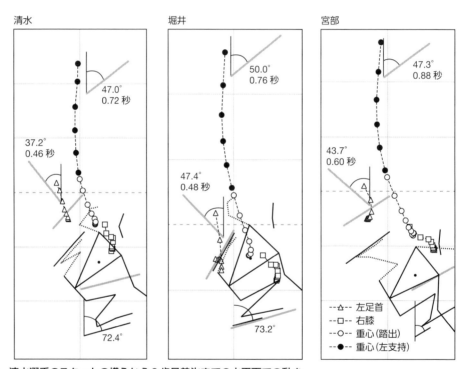

図10　清水選手のスタートの構えから2歩目着氷までの水平面での動き

井選手が1歩目，2歩目ともに大きかった。しかし，重心相対速度のピーク時点におけるスケート速度（破線）をみると，清水選手が1歩目（0.5 m/秒），2歩目（1.0 m/秒）と徐々に大きくなっているのに対し，堀井選手は1歩目（0.1 m/秒），2歩目（0.0 m/秒）ともに小さかった。このことは，清水選手のスケートが1歩目から滑りはじめており，まるで平地のエスカレータ上を走っていくような動作になっていることを示している。

図10は，水平面内（上からみた平面）におけるスケート（太いグレーの実線），重心（白丸：号砲から左踏み出しまで，黒丸：その後左支持から右着氷まで），右膝（四角）および左足首（三角）の位置を0.06秒ごとにプロットしたものである。参考のために，各選手の

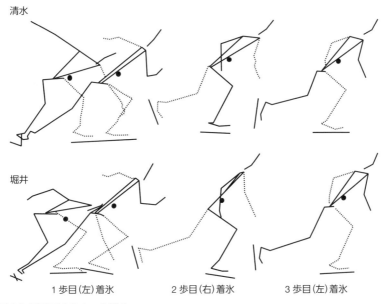

図 11 清水選手の矢状面でのスタート動作

スタート号砲時のスティックピクチャーを重ねた。なお，太い破線はスタートラインをあらわし，マス目の間隔は 0.5 m である。

スタートの構えから踏み出しまでの動作における比較では，宮部選手の後ろ右スケートの進行方向に対する開き角度が，他の2選手よりも 15 度ほど小さかった。右膝の動きは，清水選手では前方向に変位していたが，堀井選手と宮部選手ではやや左方向に変位していた。また，堀井選手の左足首がいったん後方に動いたのちに前方に踏み出されていた。

踏み出された左スケートをみると，進行方向に対する開き角度は，清水選手が他の2選手に比べて小さく 37.2 度であった。黒丸で示した踏み出し後の1歩目（左支持）における重心の軌跡は，清水選手が直線的に前方変位しているのに対し，堀井選手と宮部選手はやや左右方向の変位幅が大きかった。これらのことから，清水選手のスタート踏み出し動作は，他の2選手に比べて直線的に行われ，踏み出しの左スケートの開き角が小さい特徴のあることがわかる。このことは，引き続く1歩目（左支持）における重心の側方変位を小さくすることや，進行方向のスケート速度を大きくすることに役立っていると考えられる。

図 11 は，矢状面内（横からみた平面）における清水選手と堀井選手のスタート動作のスティックピクチャーである。黒丸は身体重心をあらわす。

スタートの構えから1歩目の着氷における重心高の変化は，清水選手ではたった 0.02 m（0.61〜0.63 m）しか上昇せず，重心がほぼ水平に移動している。一方，堀井選手は 0.13 m（0.62〜0.75 m）と急峻に立ち上がっている。また，1歩目と2歩目の着氷時における水平に対する体幹の角度は，清水選手が 38.7〜29.3 度と小さくなり前傾が深まるのに対し，堀井選手は 39.7〜46.9 度と大きくなり上体が起きるように変化した。脚の動作では，清水選手の1歩目（左支持）における左股関節の伸展角速度（9.4 rad/秒）が，他の2選手（堀井選手：6.7 rad/秒，宮部選手：5.9 rad/秒）に比べて著しく大きく，清水選手は低い姿勢を保ったまま股関節を素早く後方回転させていることがわかる。

「走る」か,「滑る」か

　スピードスケートでは,いわゆる「走る」タイプと「滑る」タイプのスタート動作があるといわれている。本章で紹介したデータからは,1歩目以降のスケート速度が大きく,体幹の前傾が深い清水選手は「滑っている」ことがわかる。

　清水選手のような「滑る」タイプのスタート動作は,体幹の前傾が深く保たれることに特徴づけられる。体幹の前傾を深く保ちながら身体を前に運ぶには,股関節の深い屈曲姿勢(約80度)からの素早い伸展動作が要求されるため,清水選手の股関節伸筋群の屈曲位での発揮パワーはきわめて優れていることがうかがい知れる。清水選手には深い姿勢で股関節を最大限伸展しても上体が起こされないだけの強靭な腹筋と外腹斜筋が備わっており,彼自身,その部位のトレーニングは,股関節のトレーニング同様,重要なポイントとして認識していたことを付記したい。

　前述したように,スピードスケートでは100 mの通過タイムが最大スピードの大きさよりもゴールタイムに影響するため,競技者やコーチはスタートタイムを短縮することを重要視する。しかし,陸上競技100 m走の競技者がスタートをピストン型で(押して)ダッシュし,その後スイング型に移行しようとすることが難しいのと同様に(2章参照),スケートでもスタートで「走って」しまうと「滑り」に移行することは難しい。清水選手は「滑る」スタート動作が獲得される段階(1990年頃)でルイス選手の走りを参考にしたことがある。それは,ルイス選手がスタート局面で多少遅れても,最初から最大スピード疾走時に用いるスイング動作を用いていた点である。これは,スケートでもスタート時点から「滑ること」を目指そうとした動きの後押しになった。

「力を抜く」意識

　スピードスケートでは,ワールドカップのエキシビションとして「100 m競技」が採用されていた時期があった。面白いことに,清水選手などの500 mに優れている選手らの「100 m競技」のタイムは,500 m競技の「100 m通過タイム」よりも遅いことが多かった。

　2000年のシドニーオリンピックの直前,あるテレビ局から陸上競技の男子100 m走で金メダル最有力候補のモーリス・グリーン選手(9.82秒で金メダル獲得)が清水選手のスタート動作を参考にしているということについてコメントを求められた。当時,清水選手の担当コーチを務めていた著者は明言を避けた。グリーン選手担当のスミスコーチが清水選手の何を参考にしているのかが不明確だったこともあったが,やはり清水選手の100 mには,それまでの経験で培ってきた「知られたくないノウハウ」が詰まっていたからである。グリーン選手がスピードスケート選手のスプリントから何を参考にしたのかは不明なままであるが,コメントを差し控えた理由は実は少し怖かったからである。

　当時,日本のスピードスケート短距離チームは合宿や遠征に出ると,惜しげもなく自分の感覚をお互いに話してしまう雰囲気があった。その頃の話題の1つに,「100 m通過までの50 m付近で『フーッ』と力を抜くと,その後の100 m通過に向けてスピードが乗ってくる感覚がある」というものがあった。競技時間が35秒前後と長いことから後半に余力を残すために行ったこの試みが,100 mに優れた日本のスピードスケート短距離の伝統的な「ノウハウ」となった例である。果たして,陸上競技の100 m走にヒントとして役立つかどうかはいまだ不明であるが,50 m付近はちょうど清水選手のスピードがルイス選手のスピードを上回るあたりである。もちろん,陸上競技とスケート滑走の違いがそのスピード差を生み出すことはいうまでもないが,

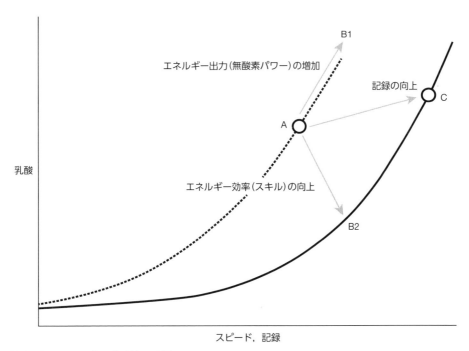

図12 競技記録とレース後の乳酸値の関係

100m競技よりも(その5倍の距離の)500m競技の100m通過タイムの方がなぜ勝るのかを考えてみる価値はあろう。

　力学的に考えれば,パワーは力と速度の積なので,「力を抜く」ことによって,発揮される力が小さくなり速度が大きくなる,つまり「動きのスピードが上がる」というトレードオフが成立する。しかし実際には,「力を抜く」ことによって,たとえば,身体が適切に前方に傾いて「重心が前に流れるように」なったり,接地時の前方への反力が減って「ブレーキが少なくなる」など,疾走動作そのものにも変容が生じ,好循環が生まれるのかもしれない。

スピードスケート・スプリント能力を高めるトレーニング

　図12は,スピードスケートにおける滑走記録とレース後の血中乳酸濃度との関係を模式的に示したものである[9]。スピードスケートのスプリント種目(500m,1000m)では,レース後の血中乳酸濃度はタイムがよくなると非線形に増加することが知られている。

　優れたタイムを達成するためには,競技者はスケートを介して氷に多くのキック力を加えなければならない[5]。高速のスケート滑走では,ブレードの進行方向には推進力を生み出す有効な力を作用させることができないので,競技者はブレードの進行方向に対して横方向に精確にキック力を発揮する。また,高速滑走中,競技者は,彼らに作用する空気抵抗力を小さくするため,下肢関節をより屈曲した低い姿勢で滑走することを余儀なくされる。このような要因によって優れたタイムが達成されるとき,競技者の解糖系パワー(図中の無酸素パワー)はより発揮され,血中乳酸濃度が増加する。したがって,スピードスケートでは,解糖系パワーを発揮する身体能力を高めることもスプリントトレーニングの課題の1つになる。しかし,スケート滑走中,いかに効率よく氷にキックの力を伝えるかという滑走技術は常に考慮しなければならない。

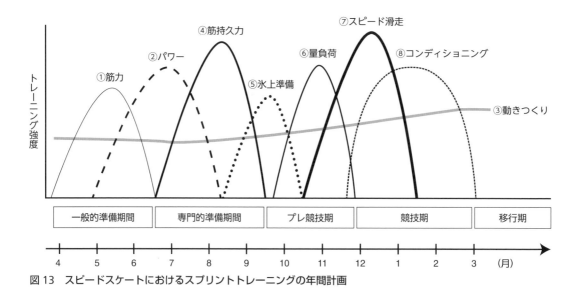

図13 スピードスケートにおけるスプリントトレーニングの年間計画

スピードスケートにおけるスプリントトレーニングの計画と実際

図13には，スピードスケートにおけるスプリントトレーニングの年間計画をトレーニングの目的によって期分けした一例を示した[10]。ここ数年，競技会の開催されない夏季においても海外合宿などで氷上滑走トレーニングを行う傾向にあるが，スピードスケート競技は，通常，1年間に競技期が1回であり，年間計画はモノサイクルと捉えることができる。

モノサイクルは，一般的準備期，専門的準備期，プレ競技期，競技期，そして（翌シーズンへの）移行期に分けられる。各期分けにおいて重要視すべき①～⑧のトレーニング内容は以下のように分類できる。

一般的準備期

①筋力トレーニング期：ウエイトトレーニングなどによる筋力アップを目的とする。トレーニングは，引き続く長くて激しい専門的準備期のトレーニングに耐えるための筋，腱，関節の準備期である。また，スピードスケートの動作の特異性を常に考慮しなければその効果が競技力には結びつかないので，ウエイトトレーニングでは最大筋力を高めることよりも，むしろ，より屈曲した関節角度で出しうる筋力を高めることが重要である。

②パワートレーニング期：主にジャンプトレーニングや負荷をつけた平地ダッシュ，登坂走などのトレーニング手段を用い，力型のパワー（上記①）からスピード型のパワーへの転換を目的とする。ジャンプトレーニングは，スケートの動作を考慮しないプライオメトリックス的なドロップジャンプとスケートの動作を用いて行うものに大別される。

プライオメトリックスでは，足関節だけで行おうとするドロップジャンプや，膝・股関節を中心とする高さ50 cm～1 mの連続ジャンプなどが主に用いられる。スケート動作を考慮するジャンプトレーニングには，横へ移動するサイドステップ，サイドジャンプと呼ばれるものと，前方に大きく移動しながら行うスプリントローウォークと呼ばれるもの，高く跳ぼうとするパワージャンプと呼ばれるものに分けられる。

専門的準備期

③動きつくり：スピードスケートの動きをつくるトレーニングで年間を通して行われる。準備期には，スケートの動作を陸上で

模倣して行うイミテーションスケーティングや，インラインローラーを利用して行うローラー滑走，アイスホッケーリンクで1周100 mのコースを滑るショートトラック滑走などがある．また，競技期では，滑走フォームの改善をねらって，ケーブルなどを牽引して行うケーブル牽引トレーニングや，固定したストッパーを横に蹴って直線滑走を模倣するスライドボードなども含まれる．

④筋持久力トレーニング期：競技期への準備として，筋収縮のスピードを高めながら，ATP-PC系，解糖系などの無酸素性エネルギー能力を高めることを目的とする．自転車エルゴメーターでの90秒前後の全力駆動を間欠的に完全休息をとりながら行うレペティション形式や，20秒前後の全力駆動を10秒前後の不完全休息を挟んで複数セット行うインターバル形式などが主に行われている．いずれもスピードスケートで行われるよりも高い筋収縮速度の運動により筋にスピード型パワーの発揮を要求しつつ，生理的エネルギー系としては，無酸素性エネルギーの発揮能力を限界まで追い込み，酸素借能力を向上させる狙いがある．トレーニング手段には，自転車エルゴメーターのほかに，陸上競技で行われているような200〜600 mの設定距離によるレペティション走などがある．

プレ競技期

⑤氷上準備期：競技期で用いる動作（スケーティング）の獲得や用具・ウエアなどの調整を目的とし，冬季（季節型）スポーツにおいて特有の期分けであり，この成果がそのシーズンの競技成績を大きく左右することが多い．

⑥量負荷トレーニング期：スケート滑走を手段とし，試合で用いられるスピードよりもやや小さい滑走スピードを用いることによりトレーニングの量負荷を獲得することを目的とする．複数の選手で連なって滑走することにより，空気抵抗などの負荷を軽減し，滑走距離や本数を多くすることができる．複数の選手で連なって滑走する場合，後続を滑走する選手は空気抵抗が軽減されるが，氷からの反力は軽減されないため，脚へのトレーニング刺激としてはやや余裕のある負荷に調節され，量負荷を高めやすい．また，滑走技術に優れた選手の後続を滑走することによって，遊脚の振り出し動作と支持脚の伸展動作とのタイミングや，スケートの着氷位置，上半身の方向など，技術の転移が生じる効果も期待できる．トレーニングパートナー（チーム）が重要といえる時期である．

競技期

⑦スピード滑走トレーニング期：試合で用いられる滑走スピード，あるいはそれ以上の滑走スピードによる氷上トレーニングで，スピードを高めることが目的となる．試合よりも高いスピードでの氷上トレーニングは，たとえば，空気抵抗の小さい高所環境のスケートリンクで行うことや，屋外で追い風を利用して半周滑走すること，女子選手が男子選手を追従して滑走すること，試合のコース設定よりも小さな曲率のカーブでスピード滑走することにより行われる．前述したように，スピードスケートは動作の特異性を常に考慮する必要があるが，これは言い換えれば，高いスピードを得るためには高い滑走技術が必要であることを示している．したがって，この時期は，技術の完成度を高めようとする試行錯誤的な技術練習と，それを実践的に表現しようとする最大スピード滑走とを繰り返す時期ともいえる．競技力が高くなるにつれ，タイムトライアルや競技会などをスピードトレーニングと位置づけ，試合強度の中での精神的な緊張も伴いながら完成度を高めるなどの工夫が必要となる．

⑧コンディショニング期：積極的な休息など疲労回復を主な目的としながら，ここまで

行ってきた期分け①〜⑦におけるトレーニング刺激を必要に応じて適宜取り入れ，パフォーマンスを最高に発揮しようとすることを目的とする。筋や腱の状態に大きな影響を及ぼすトレーナーの手技や，筋のエネルギー貯蔵状態，遠征などの移動による時差や疲労，連続する試合強度による精神的な緊張状態など，様々な要因が複雑に影響しあう。

【結城匡啓】

● 参考文献

1) 結城匡啓：バイオメカニクス研究 2：257-262, 1998a
2) 結城匡啓ほか：平成9年度日本体育協会スポーツ医・科学研究報告 No.Ⅱ 競技種目別競技力向上に関する研究 第21報, pp335-361, 1998b
3) 結城匡啓ほか：日本体育学会第59回大会, 2008
4) 阿江通良ほか：世界一流競技者の技術, pp14-28, ベースボールマガジン社, 1994
5) 結城匡啓：スプリント研究 13：21-27, 2003
6) 高橋佳奈：平成16年度信州大学教育学部卒業論文抄録集, 2005
7) 結城匡啓：体育学研究 44：33-41, 1999
8) 結城匡啓ほか：平成8年度日本体育協会スポーツ医・科学研究報告 No.Ⅱ 競技種目別競技力向上に関する研究 第20報, pp337-341, 1997
9) 伊藤静夫：臨床スポーツ医学 17：1507-1513, 2000
10) Bompa TO, 魚住廣信訳：スポーツトレーニング 選手を育てるためのトレーニング計画, pp209-288, メディカル葵出版, 1988

12 野球におけるスプリント能力

本章のねらい

　野球の試合は2チームが攻守を交替して勝敗を競う団体対抗戦であるため，自チームと対戦チームの総合力の優劣によって野球の勝敗は決定される．野球は，投・打・走・守の動作を中心に様々な基本となる技術要素が複合的に組み合わされて行われる競技であり，中でも，投球や打撃動作は野球の勝敗を左右する最も重要な要素である．それゆえ，自チームよりも投手力や打撃力に勝る対戦チームとの試合においては，守備面を重視するとともに，攻撃面では盗塁，ヒットエンドラン，犠打などを主体とした戦術，いわゆる機動力野球（スモールベースボール）を重視した戦術を採るチームが多い．しかし，こうした戦術を駆使するためには，チームの選手一人ひとりが広角に打ち分ける打撃力に加えて，高度なスプリント能力を兼ね備えていなければならない．したがって，個々の選手のスプリント能力を高めるために適切な走技術と体力トレーニング指導を行う必要がある．
　本章では，野球のスプリント特性を検討した後，野球のスプリント走に関連した研究を取り上げて解説していきたい．

野球のスプリント特性

スプリント走の形式と特徴

　野球におけるスプリント走は，攻守において様々な形式がある．たとえば，**図1**に示すように，攻撃面では，走塁（一塁打走，二塁打走，三塁打走，ランニングホームラン走）や盗塁などのスプリント走，一方，守備面では，外野手の捕球に伴うスプリント走や内野手のバンド処理などで行う数歩程度のスプリント走（ダッシュ）などである．こうした野球のスプリント走の大きな特徴は，たとえば，打者走者がベースを曲がる[注1]ために走方向を切り換えたり，ベースに向けてスライディングをしたり，あるいは守備選手が打球を捕球したりする際に，走りながら状況に応じてあらゆる方向へ加減速を繰り返さなければならないことである．

　これらの点は，陸上競技やスピードスケートなど，走路が規定され加速度の変動が単調であるトラック型のスプリント走と比べて大きく異なる点であり，サッカーやハンドボールなど球技型のスプリント走の特徴と類似している．

スプリント距離と体力トレーニング

　野球場の塁間距離は，公認野球規則1.04[1]によれば，27.431 m（90 ft）であるので，ベース1周（4個のベースを結んだ直線距離）は109.724 mである．しかし，打者走者は，ベースを直角に曲がることができないため，ベースを曲がる際には外側へ膨らみながら曲線的に走らなければならない．では，ランニングホームランを想定した場合，打者走者がベース1周を走る実質的な距離はどれくらいだろうか．
　いま仮に，**図2**の点線で示すように，打者走者が正方形の4つの点（ベース）に外接する円の円周上を走る場合を想定する．円の周長

図1　野球における各種スプリント走の例

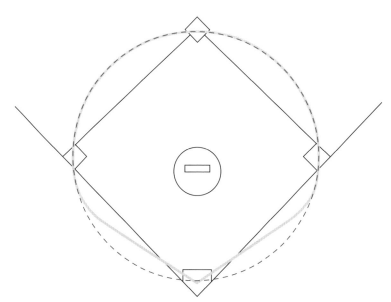

図2　ランニングホームランにおける走者の走塁軌跡のイメージ図
実線：走塁軌跡（イメージ），点線：各ベースを接点とした円の軌跡

は $2\pi r$ で求められる。r は円の半径である。三平方（ピタゴラス）の定理により，直角二等辺三角形の底辺以外の1辺と底辺との比は $1:\sqrt{2}$ となる。ここで，底辺（塁間の距離）は27.431 m であるため，円の半径 r は，以下のように求められる。

$$1:\sqrt{2} = r:27.431\,(\mathrm{m})$$
$$r = 27.431/\sqrt{2} \fallingdotseq 19.3966\,(\mathrm{m})$$

したがって，円の周長を C とすると，

$$C = 2\pi r$$
$$C \fallingdotseq 2 \times 3.1416 \times 19.3966$$
$$C \fallingdotseq 121.872\,(\mathrm{m})$$

となる。

このように，打者走者が正方形の4つの点（4個のベース）に外接する円の円周上を走る距離は，約122 m である。しかし，通常，打

者走者が打撃後バッターボックスから一塁ベースへ向かうときと，三塁ベースを回りホームベースへ戻るときでは，実線で示すように，より直線的に走行しているものと考えられる。このため，打者走者が実際にベース1周を走る距離は，122 mよりも短くなるだろう。ベースの曲がり方にもよるが，おそらく，打者走者がベース1周を走る距離は，最小で115 mから最大で120 mの範囲にあると考えられる。なお，専門的に野球を実施している成年の打者走者が，ベース1周を走るために要する時間は14〜15秒ほどである。

以上のことをまとめると，野球の試合において，選手に求められるスプリント距離は，単打を打った際に走るホームベースから一塁ベースまでの約28 mからランニングホームランを打った際に走るベース1周約120 mまでの範囲内にあることになる。

ところで，実際の試合（1シーズン）において，ランニングホームランはまれにしかなく，三塁打を打つ確率もそう高くない。このため，これらのスプリント走を除くと，野球のスプリント走のほとんどはおよそ8秒以内で終了するパワー系の運動ということになる。この運動時間は，生理学的にいえば，無酸素的過程（非乳酸性機構ATP-CP系）における生理学的エネルギー供給時間の限界値に相当するものである[2]。したがって，野球選手には，陸上競技の短距離走選手と同様か，もしくはそれ以上の高強度のパワー発揮能力が要求されているといえる。

わが国の野球の体力トレーニングにおいては，持久力の向上を意図して「持久走」をはじめ，持久性の体力トレーニングが行われることが多いが，持久走は体脂肪率を低下させるなど体調面の調整（コンディショニング）を良好に保つことを除いて，直接的に試合の勝敗を左右することはない。野球のスプリント特性を考えると，日常的なトレーニングにおいて，野球選手は，距離にして20〜60 m（最大120 m）のスプリント走を数セット全力疾走することで無酸素性作業能力（高強度運動負荷に対する疲労耐性）を高めておくことが重要であろう。

野球のスプリント研究

一塁打走—走り抜け走 vs ヘッドスライディング走

特に試合の勝敗を左右する重大局面では，攻撃側の打者はボテボテの内野ゴロや内野手の守備位置の間にゴロを打った場合，一塁ベースを走り（駆け）抜けるのではなく，ヘッドスライディングを行う打者が少なくない。野球の指導現場や指導書では，走り抜けるよりもヘッドスライディングをした方がベースに早く到達できると考えられており，ヘッドスライディング技術が推奨されてきたが，両走法を取り上げた研究はほとんど見当たらない。はたして，走り抜けた場合とヘッドスライディングをした場合とでは，どちらの走法が一塁ベースに早く到達できるのだろうか。

宮西ほか[3]は，大学生の右打者を対象に，加速度計を取り付けたマットセンサーとビデオカメラを用いて，バッターボックスから一塁ベースまでの走り抜け走とヘッドスライディング走を行わせて，走塁時間や走スピードなどを測定した。その結果，走塁時間（平均値±標準偏差）は，走り抜け走が3.785±0.204秒，ヘッドスライディング走が3.911±0.212秒であり，走り抜け走がヘッドスライディング走よりも統計的に有意に短かった（$p<0.05$）。このように，従来，現場では，走り抜けるよりもヘッドスライディングをした方が一塁ベースに早く到達できると考えられてきたが，この研究はそれを支持しない結果であった。

では，なぜ走り抜け走がヘッドスライディング走よりも一塁ベースに早く到達できたのだろうか。そこで，さらに画像分析により走

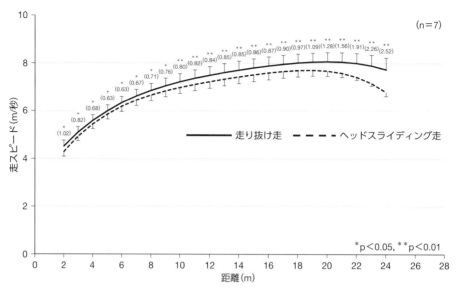

図3 走り抜け走とヘッドスライディング走における走スピード曲線(4次多項式近似)の変化[3]
図中の両カッコ内の数字は効果量(Cohen's d)を示したものである

スピード(身体重心速度)が求められた。図3は，1.5～24 mまでの計測区間の距離に対して，各打者走者の走スピード曲線を4次の多項式で近似し，その平均±標準偏差を示した走スピード-距離グラフである。

図に示すように，走スピードは，走塁局面全体にわたり，走り抜け走の方がヘッドスライディング走より大きかった。走り抜け走のピーク値は，8.07±0.38 m/秒で20 mの通過地点に出現し，ヘッドスライディング走のピーク値は，7.71±0.24 m/秒で19 mの通過地点に出現した。また，ヘッドスライディング動作に入ると想定される約23 m地点の走スピードは，走り抜け走が7.90±0.45 m/秒，ヘッドスライディング走が7.16±0.11 m/秒であった。走スピードのピーク値が出現した地点から約23 m地点までに減少したスピードは，走り抜け走が0.17 m/秒，ヘッドスライディング走が0.55 m/秒であり，スピードの減少率(〈ピークスピード−約23 mの地点のスピード〉／ピークスピード×100)を求めると，走り抜け走が2.11%，ヘッドスライディング走が7.13%であった。このように，ヘッドスライディング走におけるスピードの減少は，走り抜け走の約3.4倍に達した。

一方，走り抜け走とヘッドスライディング走のスピード差の拡大が始まる約19 m地点は，ヘッドスライディング走において身体重心が降下を開始する地点とほぼ一致していた。すなわち，ヘッドスライディング走では，ヘッドスライディングの準備体勢に入るため，身体重心を降下させなければならず，その走スピードを維持できないものと推察される。このことが，ヘッドスライディング走の走塁時間が走り抜け走よりも遅くなった原因の1つになったと考えられる。

盗塁スタート方法―クロスオーバーステップ vs ジャブステップ

野球の盗塁のスタートの方法は，陸上競技の100 m走のように，身体を進行方向に正対してスタートを切る(クラウチングスタート法)のではなく，身体を進行方向に対してほぼ90度真横に向けてスタートを切る方法(ラテラルスタート法)である。

走者が一塁から二塁へ盗塁(二盗)を行う場合，通常，走者はリードした地点から二塁

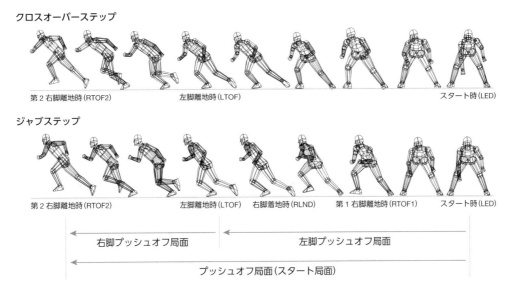

図4 クロスオーバーステップとジャブステップによるスタート動作と局面定義[7]

ベース手前でスライディングを行うまでの約20 mの距離を12歩程度で走り切る。走距離が短いがゆえに，スタート時の最初の一歩が盗塁の成功のカギを握っている。

図4に示すように，ラテラルスタート法は，大きく「クロスオーバーステップ（crossover step）」と「ジャブステップ（jab step）」と呼ばれる2つの方法（技術）がある[4]。通常，どちらの方法も両脚に体重を均等荷重させた状態でスタートを切るが，クロスオーバーステップ（図4上）は，右脚を地面に接地させた状態でつま先を進塁方向へ回転させながら左脚を身体の前で交差させてスタートを切るのに対して，ジャブステップ（図4下）は，左脚を身体の前で交差させる前に右脚を一瞬離地させ，進塁方向へつま先を向けてからスタートを切る方法である。

一般に，野球の指導書では，ジャブステップよりもクロスオーバーステップが推奨されている[4]。これまでにも，クロスオーバーステップとジャブステップを比較検討した研究は散見されており，そこでは，クロスオーバーステップがジャブステップよりも統計的に有意に早くスタートが切れるとする報告[5]がある一方で，両方法間に統計的な差はない

という報告[6]もあり，一致した見解が得られていない。

ところで，盗塁の動作を「リード」，「スタート」，「加速」および「スライディング」の4局面に分割すると，盗塁のスタート局面の動作は，図4に示すように，①スタート時（LED）から第2右脚離地時（RTOF2）までの時間が短いこと，②第2右脚離地時における走者の進行方向速度，すなわち身体重心前方速度（以下，重心速度と記す）が大きいことの2点で評価できると考えられる。これらの点に着目して，クロスオーバーステップとジャブステップの2つのスタート方法が3次元的に分析された[7]。

Miyanishi et al[7]は，大学生の野手を対象として，モーションキャプチャーシステムを用いて，クロスオーバーステップとジャブステップのスタート動作を計測した。その結果，両脚，左脚および右脚のいずれのプッシュオフ局面時間においても，両ステップ間に統計的な差はみられなかった。一方，両脚のプッシュオフによって獲得された重心速度は，クロスオーバーステップが3.44 ± 0.33 m/秒，ジャブステップが3.58 ± 0.24 m/秒であり，ジャブステップがクロスオーバース

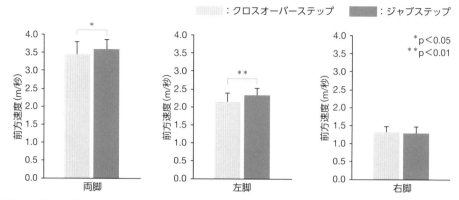

図5 両脚，左脚，右脚のプッシュオフにより獲得された身体重心前方速度の比較[7]

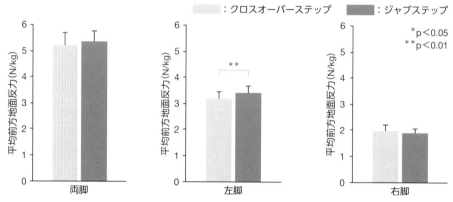

図6 両脚，左脚，右脚のプッシュオフによる平均水平前方地面反力の比較[7]

テップよりも有意に大きかった（$p<0.05$）（図5）。このように，プッシュオフのいずれの局面時間も両ステップ間に統計的な差はみられなかったものの，両脚のプッシュオフによって獲得された重心速度は，ジャブステップがクロスオーバーステップよりも有意に大きいことが示された。

では，左脚と右脚のどちらが重心速度を増加させるために貢献しているのだろうか。そこで，さらに各脚のプッシュオフにより獲得された重心速度を求めたところ，左脚のプッシュオフにより獲得された重心速度は，クロスオーバーステップが2.13 ± 0.20 m/秒，ジャブステップが2.31 ± 0.17 m/秒であり，ジャブステップがクロスオーバーステップよりも有意に大きかった（$p<0.01$）（図5）。一方，右脚のプッシュオフにより獲得された重心速度には，両ステップ間に統計的な差はみられなかった（図5）。

このように，ジャブステップにおける両脚のプッシュオフにより獲得された重心速度は，左脚のプッシュオフに起因していることが示された。また，各脚のプッシュオフによる力積（局面時間と平均地面反力）を求めた結果，ジャブステップにおける右脚離地時の重心速度は，局面時間の長さや右脚のプッシュオフによる地面反力に起因したものではなく，左脚のプッシュオフによる地面反力によって生じたものであることが示された（図6）。さらに，左脚各関節の力学的仕事（正・負仕事）を求めた結果，ジャブステップがクロスオーバーステップよりも，左脚における短縮性の股関節伸展筋群および伸張性の足関節内転筋群の活動が亢進したという示唆が得

12章 野球におけるスプリント能力

サイドステップカット　　　　　　クロスオーバーカット

図7　方向変換走における2種類の切り換えし方法（「カッティング動作」）

られている．

　以上のように，Miyanishi et al[7]の研究結果は，盗塁のスタート方法としては，クロスオーバーステップよりもジャブステップの方が，右脚離地時の重心速度を大きくすることができるため有効であることを示している．ジャブステップはクロスオーバーステップよりも，左脚へ意識的に加重し地面を後方へ強く蹴り地面反力を大きくすることができる．したがって，ジャブステップを用いて，さらなるスタートパフォーマンスを高めるためには，左脚における短縮性の股関節伸展筋力および伸張性の足関節内転筋力を増強して地面反力を最大化することが重要であろう．

走塁における方向変換

カッティング動作—サイドステップとクロスステップ

　野球のスプリント走の大きな特徴の1つは，打者走者がベースを曲がったり，守備選手が打球を追いかけたりする際に，状況に応じて走方向を切り換えることである．一般に，直進走から目的とする方向へ素早く急激に切り換える動作は，バスケットボールやラグビーなどの球技スポーツにおいて，相手をかわすときの攻防動作（フェイント動作の1つ）として用いられ，学術的には「カッティング（cutting）」と呼ばれている[8]．カッティング動作は，大別すると，「サイドステップカット（sidestep cut）」と「クロスオーバーカット（crossover cut）」と呼ばれる2つの切り換え方法[注2]がある（図7）[8]．

　図7に示すように，サイドステップカットは変換方向側の脚（図では左脚）を進行方向へ踏み出す方法である．それに対して，クロスオーバーカットは変換方向の反対側の脚（図では右脚）を支持脚の前で交差させて進行方向へ踏み出す方法である．ここでは，サイドステップカットを「サイドステップ」，クロスオーバーカットを「クロスステップ」と呼ぶことにする．なお，実際の試合の状況（切り換え条件）においては，オフェンス選手がディフェンス選手をかわそうとしてあらかじめどの方向へ走る（動く）のかを決めておいてから切り換える場合（能動的条件）と，ディフェンス選手がオフェンス選手にかわされまいと咄嗟の判断で切り換える場合（受動的条件）があり，それぞれのカッティング動作の特性を詳しく明らかにするためには，これらの異なる条件を考慮する必要がある[9]．

　野球のベースランニングにおいては，打者走者はホームベースから一塁ベースへ向けて左回りに走るため，打者走者がベースを曲が

る方向は常に左向きで，かつ打球の行方を追いながらあらかじめ曲がるかどうかを決めてから曲がること（能動的条件）が多い。さらに，前述したように，打者走者は各ベースを曲がるにしても直角（90度：直進方向を0度とする）の方向へ曲がることはできず，ベースの外側へ膨らみながらおよそ30〜60度の範囲で曲がっているものと考えられる（図2）。

しかし，このような野球のベースランニングに特有の状況でカッティング動作を調査した研究はあまりみられない。そこで，カッティング動作の評価について，力学的観点から説明し，野球の走塁のカッティング動作の技術的指導やトレーニング方法を検討するうえで手がかりとなる研究をいくつか紹介する。

カッティング動作の評価—走スピードの維持と切り換え時間の短縮

カッティング動作のパフォーマンスは，力学的な観点から，運動量と力積の関係を使って評価することができる。運動量と力積の関係は，「運動量の変化は力積に等しい」と言いあらわされる関係であり，以下の式(4.1)で示される。

$$mv_2 - mv_1 = \int_{t_1}^{t_2} F(t)\,dt \tag{4.1}$$

ここで，mv_1とmv_2は，それぞれ方向変換前と変換後の走者の運動量である。$\int_{t_1}^{t_2} F(t)\,dt$は，方向変換中（時刻$t_1$から$t_2$の時間中）に走者がみずからの足で地面をキックして獲得した力積である。力積は力と時間の積であり，力を時間で積分することにより得られる。そして，式(4.1)を変形すると，

$$mv_2 = mv_1 + \int_{t_1}^{t_2} F(t)\,dt \tag{4.2}$$

となる。

式(4.2)からわかるように，方向変換後の走者の運動量は，変換前の走者の運動量と変換中に生じた力積を足すことで求められる。走者は方向変換に備えてその直前に減速するため，方向変換の前後で走者が走スピードを維持するためには，走者は変換中にみずからの足で地面をキックすることにより減速分の力積を獲得しなければならない。もちろん，方向変換によって減速分の力積が獲得できなければ，走スピードは維持されない。

さて，カッティング動作の課題は，方向変換前後で走スピードを維持し，かつ素早く走方向を切り換えなければならないことである。ここで，「素早く」というのは，「短時間で」という意味である。したがって，方向変換前後で走スピードを維持するためには，前述した減速分の力積の獲得の仕方が問題となる。つまり，力の発揮を抑えて長時間にわたり力積を獲得するのではなく，できるだけ短時間内に最大限の力を発揮して力積を獲得しなければならない。

このように力学の原則に照らして考えると，カッティング動作は，「走スピードの維持」と「切り換え時間の短縮」という2つの相反的な課題の解決が同時に求められていることがわかる。カッティング動作のパフォーマンスを評価するためには，これらの課題にかかわる変量が，切り換え方法（サイドステップ，クロスステップなど）と変換方向（角度）の違いでどう変わるのかを詳細に調べる必要がある。

カッティング動作の研究

方向変換タイム，接地時間，身体重心速度

鈴木ほか[10]は，アメリカンフットボール学生選手を対象に，ビデオカメラと地面反力計を用いて，それぞれ異なる方向変換角（45度，90度，135度：能動的条件）を課したサイドステップとクロスステップ動作を比較した。ここで45度，90度，135度の変換角は直進方向を0度として計った角度であり，それぞれ鈍角，直角，鋭角に切り返す条件である。その結果，方向変換タイム（測定開始時から終了時までの時間），接地時間（切り換え側の

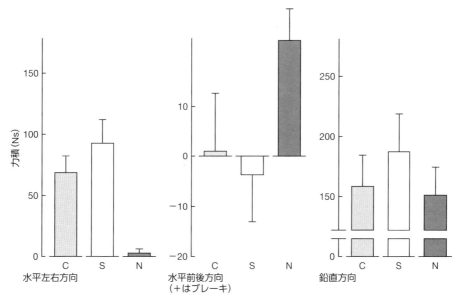

図8 刺激に反応して走行方向を変更する場合（受動的条件）における方向変換のための第1歩の接地によって地面に加えられる力積
C：クロスステップ，S：サイドステップ，N：直進走行
（文献11を改変）

支持脚）とも両ステップ間に統計的な差はみられなかったが，両変量とも変換角度が小さいほど短かったことを報告している。また，身体重心速度（水平速度）は，支持脚接地時では両ステップ間に差はみられないが，離地時ではクロスステップがサイドステップよりも大きかったこと，また変換角度が小さいほどいずれの時点においても大きかったことを報告している。

これらの知見は，野球のベースランニングでは，サイドステップを使ってベースを急激に曲がるのではなく，クロスステップを使ってベースを膨らんで曲がれば，走スピードを落とさずにベースを速く曲がれることを示唆している。

地面反力

ビリヤードゲームの例からもわかるように，直進する玉の移動方向（運動量）を変えるためには，別の方向から玉を衝突させ，その玉に力を作用させなければならない（ニュートンの第二法則）。ヒトの方向変換走もこれと同様で，身体の移動方向を変えるためには，みずからの足を側方に接地させ地面をキックすることによって，左右方向の反力（地面反力）を獲得する必要がある[注3]。

Ohtsuki et al[11]は，能動的条件と受動的条件のそれぞれについて，サイドステップとクロスステップの方向変換の有効性を明らかにするために，学生球技選手を対象に，両動作における地面反力を測定し比較した。その結果，どちらの条件においても，サイドステップはクロスステップよりも左右方向の力積が大きかったことから，方向を変換するためのステップとしては，サイドステップの方が有効であることを報告している（図8：受動的条件）。

また，鈴木ほか[10]は，能動的条件について，直進方向（0度）に対して30度，60度，90度左向きの方向変換走を行わせたときの両ステップの地面反力を測定し比較した。その結果，内側成分力の大きさは，サイドステップでは30度よりも他の角度が大きく（60度と90度間では差がみられず），クロスステップではいずれの角度でも差がみられな

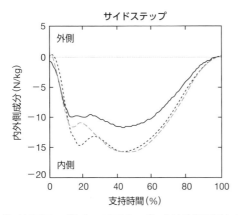
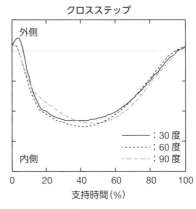

図9 サイドステップとクロスステップにおける地面反力の内外側成分の変化[13]

かった（図9）。

しかし，内側成分の力積を求めると，両ステップとも変換角度が大きいほど支持時間が長く，力積が大きかったことから，内側成分力の大きさではなく，支持時間を長くすることによって方向を変換していたことを報告している。なお，Ohtsuki et al[11] の結果と同様に，内側成分の力積は，変換角度が大きい60度と90度条件では，サイドステップがクロスステップよりも明らかに大きいことがわかるが，一方，30度条件では，クロスステップのほうがサイドステップよりも大きいことがみてとれる（図9）。

これらの知見に基づくと，野球のベースランニングにおいては，切り換え時間を無視すると，60度を超えてベースを急激に曲がるのであれば，クロスステップよりもサイドステップを使った方が力積を大きくすることができるため効果的であり，60度以下でベースをゆるく曲がるのであれば，サイドステップよりもクロスステップを使った方が力積を増加させることができ，かつ切り換え時間も短縮できて効果的であることが示唆される。

支持脚の動きと関節トルク発揮

サイドステップとクロスステップ動作において，具体的に方向変換に主としてかかわる下肢の動作とはどのような動きであり，またその機能の違いは何だろうか。

方向変換を行う支持脚に着目すると，大腿が前方へ最大に引き上げられ，接地に向けて振り下ろされはじめる頃に，サイドステップの場合は大腿が内旋しはじめ，クロスステップの場合は大腿が外旋しはじめる。支持期中，この大腿の回旋とともに，サイドステップでは外転が，クロスステップでは内転が加わることによって，方向変換のための素早いステップが発現する[12]。

鈴木ほか[13] は，男子学生球技選手を対象に，サイドステップとクロスステップにおける各方向変換角（30度，60度，90度）について，さらに支持脚三関節の関節トルクを求めている。図10に示されるように，関節トルクの発揮パターンに各条件の関節ごとに細かい違いはあるが，両ステップとも足関節底屈トルク，膝関節伸展トルク，股関節屈伸トルクの発揮がみられる。つまり，ステップの違いにかかわらず，足関節は底屈トルク，膝関節は伸展トルクを発揮して，身体を支持しながら後半に加速を行う。また，股関節は前半に伸展トルクを発揮しながら身体を前進させ，後半に屈曲トルクを発揮して大腿を前方へ引き出す準備をしていることになる。

ステップ間の発揮トルクの違いを細かくみると，サイドステップはクロスステップよりも，足関節底屈トルクが小さく（30度条件），膝関節伸展トルクが大きい（60度および90度条件）。さらに，両ステップ間において，股関節内外転トルクの発揮パターンそのものに

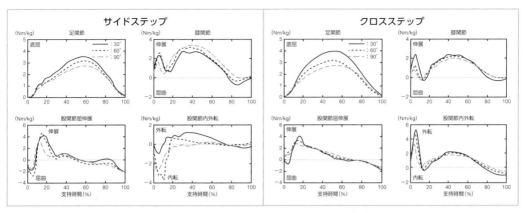

図10 サイドステップとクロスステップにおける支持脚の足，膝，股関節トルクの変化[11]

著しい違いが生じている．つまり，接地直後にサイドステップでは急激な内転トルクが発揮されるが，クロスステップでは逆に外転トルクが発揮される．さらに，支持期中盤において，サイドステップは外転トルクの発揮がほとんどみられない（60度および90度条件）が，クロスステップでは一定の大きさの外転トルクの発揮がみられる．なお，両ステップ間において顕著に異なることが強く予測されている支持脚股関節内外旋トルクの発揮様相については示されていない．

これらの知見に基づくと，野球のベースランニングにおいては，サイドステップとクロスステップのどちらのステップも，支持脚の足関節底屈筋群，膝関節伸展筋群，股関節屈伸筋群の発揮力を増強する必要がある．とりわけ，サイドステップを使う場合には支持脚股関節の内転筋群を，クロスステップを使う場合には支持脚股関節の外転筋群の発揮力を高めておくことが素早い切り換えのために重要であるといえるだろう．

注1：野球のベースランニングは，直進走から目的とする方向へ素早く急激に切り換える動作（つまり「曲がる」動作）であるカッティング動作（「走塁における方向変換」の項参照）とは異なるため，ベースを「曲がる」と表現するよりも「回る」と表現した方がより適切であるが，ここでは「曲がる」という表現を用いる．

注2：サイドステップカットは「サイドステップ」または「オープンステップ」，クロスオーバーカットは「クロスステップ」と呼ばれることもある．

注3：野球の左回りのベースランニングでは，サイドステップは右足により，一方，クロスステップは左足により，左方向の反力（ベースから足へ作用する左向きの地面反力）を獲得している．

【宮西智久】

● 参考文献

1) 全日本野球協会編：日本プロフェッショナル野球組織，公認野球規則，2017
2) R. マルガリア，金子公宥訳：身体運動のエネルギー，ベースボール・マガジン社，1978
3) 宮西智久ほか：日本体育学会第63回大会予稿集，p157，2012（一部未発表資料）
4) Johnson M et al：Baseball Skills & Drills，pp75-76，Human Kinetics，2001
5) Edwards DK et al：Res Quart 40：284-287，1969
6) Israel RG：Res Quart 47：196-202，1976
7) Miyanishi T et al：Sports Biomech 16：552-566，2017 [http://dx.doi.org/10.1080/14763141.2016.1246604]
8) Andrews JR et al：Am J Sport Med 5：111-121，1977
9) 藤原素子：体育の科学 60：733-738，2010
10) 鈴木雄太ほか：京都体育学研究 24：1-12，2008
11) Ohtsuki et al：Biomechanics XI-B，de Groot G et al eds，pp820-825，Free University Press，1988
12) 大築立志：バイオメカニクス 身体運動の科学的基礎，金子公宥ほか編，pp103-107，杏林書院，2004
13) 鈴木雄太ほか：体育の科学 60：751-755，2010

13 サッカーにおけるスプリント能力

本章のねらい

　サッカーにおける戦術の発展は，ボールスキルやプレーの芸術性だけではなく，フィジカル的な側面をきわめて重要にしている。中でも特に重要な要素と位置づけられるのがスプリント能力であり，その向上はサッカー選手にとって大きな課題である。
　そこで本章では，サッカーにおけるスプリント能力の重要性とその特徴について解説し，その能力を向上させるポイントについて解説したい。

サッカーとスピード

なぜスピードが求められるのか
　　―戦術的側面から

　走るスピードに対するニーズは陸上競技だけにとどまらず，その他のスポーツ種目においても大きなものである。走るスピードは多くのスポーツのパフォーマンスと強い関連があり，そのスピードの向上は，パフォーマンスの質を高めることになる。

　そのため，走るスピードを向上させるトレーニングに対する需要は高く，その知識およびトレーニング方法に対するニーズは高まっている。サッカーにおいてもこうした傾向は同様であり，走るスピードは重要なポイントとなる。しかし，走るスピードを向上させる具体的な知識やトレーニング方法はサッカーでは浸透しておらず，単純に「速く動かす」，「力を入れる」ことで達成されるといったレベルにとどまっている感がある。特に日本のサッカーの場合，スピードに関しては先天的な才能に依存するだけのことが多く，幼少期からのトレーニングシステムに導入されているケースはほとんどない。逆にサッカー先進国であるヨーロッパ諸国では，プロチームはもちろんのこと，幼少期からのトレーニングシステムにも陸上競技のトレーニングが採用されており，スピードの養成が実践されている。

　このようなスピードを求める傾向は，戦術の変化に伴い年々強くなってきている。現在の戦術はコンパクトな陣形で，かつスピーディーな攻守の展開を柱としている。そのため，走るスピードは戦術における重要な構成要素となる。走るスピード，攻守の切り替えのスピード，ステップワークなどの移動スピードなど，すべてのプレーにおいてスピードはキーワードになっている。

　ただし，これらのことは，「常にトップスピードでプレーすべき」ということではない。「常にトップスピードを出し続けてプレーすること」は不可能である。したがって，「必要とされるシーンでスピードを上げられるか」ということが問題になる。

　こうしたスピードの切り替えは戦術的側面でも大変重要である。スピードの切り替えができることのメリットは，攻守においてメリハリがつき，相手のマークを剥がしやすくなることや，相手の戦術的システムのバランスを崩しやすくなることである。それにより，ゲームの主導権を握り，自分たちの戦術を活

かせる可能性が高くなる。

戦術の分析や構築に対して，現在では科学的なアプローチが導入され，スタジアムに設置された複数のカメラによって試合中の走行距離やスピード，ポジショニングなどのデータが集積されるようになった。またトレーニング中もGPSを装着することで，その走行データをすぐにフィードバックすることが可能となった。こうしたデータの活用は，ボールスキル以外のフィジカル部分の重要性をより明らかにし，中でも「走る」能力が非常に重要視されることとなった。つまり，近代的な戦術を実践するには，高度なボールスキルだけでなく高い走力も求められ，それを獲得することが競技者の実力を向上させる鍵になっているともいえる。

求められる走る能力とは

サッカーで求められる走る能力は主に2つあげられる。それは持久力とスピードである。持久力は，試合時間内にどれだけ走行距離を伸ばすことができるかであり，特にハイスピードでの走行距離といったインテンシティの質が問われている。

現在の戦術は非常に高い体力レベルを必要としており，常にアグレッシブに動き回ることが要求される。実際，プロサッカー選手が1試合中，平均10 km以上も走る事実を考慮すると，持久力は欠かせない能力である。もし持久力に問題があるならば，スターティングメンバーとしてプレーすることは困難になるに違いない。

持久力と同様に，スピードも重要な能力である。前述したように，モダンな戦術を実現するにはスピードが欠かせない。その能力を高める前提条件となるのが，トップスピードの向上である。当然のことながら，スピードのある人は速く走ることはもちろん，ゆっくり走ることも可能である。逆にスピードのない人は，ゆっくりは走れても速く走ることはできない。よって，スピードの切り替えを容易にし，その効果を上げるためには高いレベルのスピードが必要となることは明白である。

選手のスカウトにおいても，「速く走れる」ことは大きな武器として注目され，大きな魅力となっている。実際にアフリカなどでは，ある場所で「足の速い子どもがいる」という情報があると，サッカーのヨーロッパトップチームのスタッフが出向き，スカウトしている事例もみられる。走るスピードは，サッカーの技術と同様に選手の重要な資質として考えられている。だからこそ，トップスピードを高いレベルに引き上げていくことは非常に重要であり，大きな課題の1つとなっている。

サッカーのためのスプリントトレーニング

陸上競技からのフィードバック

サッカーにおけるスピードの重要性の高まりは，陸上競技で実践されているスピードを養うトレーニングに対するニーズを高めることとなった。これまでも陸上競技の指導者による走り方の指導や陸上競技のスプリントトレーニングの導入などは行われてきていたが，それが継続的に行われるケースはあまり多くなかった。また，それらのトレーニングの評価についてもポジティブであったとは限らない。その理由として，スプリントトレーニングとサッカーのプレーとの融合がうまく機能しなかったことが挙げられる。陸上競技のトレーニングがサッカーのトレーニングにそっくりそのまま応用できるとは限らないことは考慮する必要がある。

陸上競技のトレーニングは走力の向上にその目的が特化していることが特徴的である。走る練習はもちろん，筋力トレーニングなどの様々なトレーニングバリエーションも走力を改善することが目的になる。したがって，

時間的にも内容的にも，トレーニングを走力の向上だけに集中させることができる。しかしサッカーにおいては，走ることだけにトレーニングの内容および時間を費やすことはできない。ボールスキルのトレーニングや戦術トレーニング，フィジカルトレーニング（筋力トレーニング，走るトレーニング，アジリティトレーニング）といった多種多様なトレーニングが必要となる。そのため，陸上競技のように「走る」ことだけに時間を割り当てていくことは不可能である。どのスポーツ種目でも，「陸上競技であれば走る」，「サッカーであればサッカー」，「野球であれば野球」と，各種目固有なプレーそのものを行うことが最良のトレーニングとなる。したがって，サッカーにおいては「走る」ことがトレーニングの主役になることはありえない。陸上競技のトレーニングをそのまま取り込むことは多少なりとも問題が生じてしまう。

こうした条件の違いは，スプリントトレーニングの内容に大きな影響を及ぼす。サッカーでは，必然的に陸上競技の場合より少ないトレーニング頻度と時間の中で速く走ることを追求しなくてはならない。アイディアを駆使しなくては「速く走る」トレーニングはできないのである。このような違いを認識せずに「走る」ことだけに注意を注げば，サッカーのプレーにも支障をきたす可能性が出てくる。だからこそ，サッカーに必要な多様な要素を理解し，その中で最大限の効果が出るように「走るトレーニング」の計画を立て，実践しなければならない。

前述したように，陸上競技のトレーニングそのものを他のスポーツにそのまま移植することは無理である。またサッカーの指導者や競技者が陸上競技の考え方を全面的に受け入れることも難しい。だからといって，「陸上競技とサッカーの走り方は違う」といった考え方を持つことや，今までの経験や価値観に縛られたトレーニングを続けてばかりいるようではパフォーマンスの向上には結びつかない。そこで走るトレーニングの基本を押さえつつ，サッカーの特性に適合したスタイルを構築する必要がある。つまり，陸上競技とサッカーの考え方やトレーニング方法を融合させることが重要であり，グローバルな視点で双方のトレーニング方法を捉えることが重要になる。このような考え方のもと，「走る」トレーニングに取り組むことが，サッカーにおける走りのパフォーマンスを向上させていくことにつながるであろう。

サッカーと走る技術

サッカーのゲーム中におけるプレーを分析すると，走り続け，ダッシュを繰り返し，トップスピードから急減速，あるいはジョグから急加速，ステップやジャンプから走ったり，走りからジャンプやステップに入ったりと，様々な走りによってそのプレーが構成されていることがわかる。つまり，ゲームの中で走りを自由自在にコントロールする技術が重要になってくる。

通常，速く走るためには，「力を出して走る」，「速く手足を動かす」といった抽象的な表現が用いられる。しかしこれでは曖昧であり，走る能力の向上に関する適切な方法を示しているとは言いがたい。そこで考えなければならないのが，速く走るために「どのように身体を使ったらよいのか」ということである。そのためには，身体各部位の動かし方，力の入れ方，リズムなど，細かなところまで気を配らなければならない。加えて，トップレベルのプレーをするには，全力疾走中でも自分の身体の動きを細かくコントロールしながらボールスキルを発揮し，ステップワークを行うなど，大きなスピードの中で身体をうまく使いこなすことが必要となる。したがって，サッカーのスプリントトレーニングでは，ボールスキルと同様に，速い動きの中で自分自身の身体の動きを意識し，イメージどおりに身体各部をコントロールできることが

大きな課題となる。それはつまり，速く走るための基本的技術を身につけ，サッカーの様々な動きとリンクさせていくことである。

速く走る基本的な技術は，陸上競技とサッカーで大きな違いはない。陸上競技ではスプリント技術を獲得することをその第一目的とし，サッカーではスプリント技術の基本を獲得し，サッカーの様々な動きに生かしていくことが第一目的となる。つまり速く走る基本的な技術を習得し，その要素をプレーの局面で常に発揮できるようにすることが求められる。

このような点を考慮すれば，サッカーでの走りは，「巧く走る」という概念があてはまる。もしただ速く走ればよいのであれば，優秀なスプリンターを陸上競技から転向させればよい。しかし，現実としてそのようなことは不可能である。サッカーでは，「巧く走る」トレーニングを積むことで運動能力全般を向上させ，ボールスキルなどプレー全体の質の向上を導くことができる。

「巧く走る」ことの効果

「巧く走る」ことを実現するには，陸上競技の競技者より走る動作に対して追求しなければならない点がいくつかみられる。たとえば，加速力やスピードコントロール，ストライド長ならびにリズムのコントロールといった点である。

加速力に関しては，陸上競技のスプリンターと同等かそれ以上の能力が必要である。陸上競技の短距離走において，加速力は重要な要素ではあるが，加速力だけで記録が決定されるわけではない。しかし，サッカーの場合，5〜10 m という短い距離での加速力によって相手プレーヤーとの駆け引きが左右され，ポジショニングが決定されるため，加速力は非常に重要であり，それが爆発的であればあるほど有効な能力となる。また様々な体勢から，あるいは相手の動きにあわせたリアクション動作から加速し，相手を抜き去る，または併走することも必要となる。それは，陸上競技のように同じ動作を正確に再現する技術ではなく，常に異なった状況の中で加速する技術である。またスピードに関してもコントロールする幅が大きく，これを「スムーズ」に行わなければ相手との駆け引きの中でミスを犯すことにつながる。よって，陸上競技よりも「巧く走る」能力が必要であり，この巧緻性がプレーの質に大きな影響を与える。

サッカーでは，プレー局面の違いによって走るストライド長を変えなければならない。ドリブル中やボールを保持している局面では，単に走っているときとは異なったストライド長になる。ステップやジャンプしてからの走り，走ってからのステップやジャンプに対しても，ストライド長を変化させて対応しなければならない。これができなければ，スピードの低下やぎこちない動作を招くことにつながってしまう。

さらにスピードやストライド長の変化に伴い，動きのリズムも変える必要がある。サッカーでは，急加速，急減速などが多くみられるため，その走りのリズム変化の幅は大きい。また相手のマークを剥がしたり，タイミングを外したりするため，リズムをコントロールする能力が不可欠である。サッカーではリズムを変化させながら速く走ることが不可欠であり，これができなければスピードの変化をうまく利用できないことになる。

このようなことから，単にトップスピードを上げるだけでなく，自分の走りをコントロールする能力が重要であり，「巧く走る」能力を習得するトレーニングが重要だと理解できる。そして，「巧く走る」ことは次のプレーに対するウォーミングアップの役割も担い，プレー自体の質を上げることにも貢献する。つまり，速く走る技術が全体的な動きや次のプレーの質を向上させ，パフォーマンス全体の向上にもつながっていくのである。そのためには陸上競技選手と同様に，速く走るた

の技術の基本的要素もボールスキルと同様にトレーニングを積み，身につけることが求められる。

「巧く走る」を身につけるための条件

　日本のサッカー選手の多くは走りの技術を習得するためのトレーニングを経験していない。そのため走る動作について考えることはもちろん，走る際に自身の身体がどのように動いているかを気にしていることはまれである。つまりサッカー選手の場合，走りに対する身体感覚を持っていないことが一般的である。

　しかし，走りの技術を習得するには，身体の動きを把握する感覚が不可欠である。そのため，自分自身が走っているとき，どのように自分の身体が動いているかを感じ取ることが重要である。たとえば，走っているとき，「どの身体の部位を使って腿を上げているのか」，「腕を振る際にどれくらい力が入っているのか」などである。自分の動きをイメージし，それと自分の動作がどれくらい一致しているかを確認する，こうした作業はボールスキルのトレーニング以外，走りを含めたその他のトレーニングでおろそかになっているのが現状であろう。

　そこでボールスキルのトレーニングで実践しているように，身体感覚を鋭敏にしながら走りのトレーニングを行うことが大切になる。頭の中で描くイメージや具体的なフォームに対して身体をそれと合致させるように動かすことは，自分自身の身体を思いどおりに動かすレベルを上げ，新たな技術の習得や既存の技術の改善につなげていくことになる。速く走る技術は，スピードのレベルが上がれば上がるほど，その技術の正確性を保つことが困難になる。だからこそ，感覚が重要な役割を果たし，それは技術を正確に発揮できるようになるための土台となる。

速く走る技術にみられる基礎的要素

　サッカーにおいても走ることは重要であり，速く走る基本的な技術は絶対獲得しておかなければならない。その基本とは，「姿勢の維持」，「股関節を動かす」，「リズミカルに動かす」である。

姿勢の維持

姿勢の重要性

　走るのが遅いサッカー選手に多くみられる傾向は，猫背で重心が低く，バタバタと走るといったフォームである。その原因としては，足下のボールをみることによって背中が丸くなることや，「腰を落として走れ」という指導が根強くされていることが考えられる。これでは速く走ることはもちろん，巧く走ることは困難である。猫背や巻き肩といった姿勢は腕の動きを制限し，腕振りを不十分にさせる。腕振りが不十分な場合，出力も上がらないし，バランスを保つことも難しい。こうした姿勢では骨盤が後傾しがちになり，重心も後方に移動してしまう。それは，前方に進むことが主な目的である「走る」という動作に対してマイナスの影響を与える。骨盤が後傾すると股関節の動きも制限され，脚の動きにもマイナスの影響が及ぼされる。姿勢が維持できなければ重心の位置を高く保つことができず，エネルギーロスが多くなり，すぐに疲労もたまってしまう[1]。

　サッカーにおいても，姿勢が悪いことは「百害あって一利なし」である。サッカーの走りに必要な基本姿勢は，「気をつけ」の姿勢からさらに背筋を伸ばした姿勢で，「身長を測定する際の姿勢」というイメージになる。体幹部の筋を使い，この上半身の姿勢を維持することは，サッカーの走り全般に対して効果的である。このような姿勢によって体幹部が

安定し，走りはもちろん，ボディバランスも向上する[2)]。これはコンタクトプレーでも効果があり，バランスの崩れを小さくすることや転倒を防ぐ可能性が高まる。

サッカーの一流選手は，走り，ドリブル，相手との接触，ジャンプといった様々な局面でよい姿勢を崩さずにプレーすることができる。したがって，どのような状況でもよい姿勢を維持することがよい走りの必須条件となる。これは持久力，加速力，トップスピードの維持など，すべての走る能力に対して有効であり，ステップワークの速さ，反転，接触プレーなどにおけるボディバランス，そして視野の確保にもプラスの効果を生み出す。だからこそ，ただ単純に頑張って走るのではなく，よい姿勢を崩さずに走ることが重要となる。

姿勢を意識する

正しい姿勢を身につけるには，走りの局面はもちろん，すべてのトレーニングで姿勢を意識することが必要不可欠になる。しかし静止時と比べ，走ったり，跳んだりする移動時には身体に大きな負荷がかかり，姿勢を維持し続けることは困難になる。こうした負荷がかかった状態でも姿勢を維持するためには，腹筋や背筋を強化するとともに，トレーニング中に手脚の動作だけではなく，姿勢に対する注意を払うことが重要である。さらに，立っているときや歩いているときなど，普段の生活から正しい姿勢を意識し，それが自然になるように癖づけすることも重要である。つまり，トレーニング時だけでなく，朝起きて夜寝るまでのすべての時間において姿勢に対する意識を持ち，自分の姿勢をセルフチェックすることが求められる。そして最終的には正しい姿勢が普段の姿勢となるように習慣化することがベストである。正しい姿勢を有していなければ，体幹トレーニングなどの効果も薄れてしまう。

股関節を動かす

走りにおける股関節の役割

現在，股関節の重要性は多くのスポーツ関係者に理解されている。股関節は体幹と下半身をつなぎ，直立するために大きく発達した関節である。「腰を下ろす」，「腰を回す」，「腰を使う」，「膝を使う」，「足をさばく」という動作も股関節の動きが関与する。膝の屈曲や伸展においても，股関節が必ず連動して屈曲や伸展が行われる。したがって，多くの下半身の動きは股関節の動きと連動しており，その巧みな使い方は身体，特に下半身のうまい使い方のキーポイントになる。

股関節の機能はケガにも強く関連する。スポーツヘルニアやサッカー選手によくみられる恥骨結合炎などは，股関節と体幹がうまく連動しないことで腰や足の付け根に負荷がかかることが原因の1つとされている。膝のケガなどにも股関節が影響を及ぼす。股関節をうまく使うことができず大腿部の筋力に頼る動きになると，膝に大きな負担がかかり，ケガを誘発する可能性が高くなる。つまり股関節が機能しないと，様々なケガのリスクも高くなってしまう。

速く走るためにも股関節は大変重要な役割を果たす。走る際の股関節は，主として前後に脚を開きかつ閉じる動作を行う。サッカーでは特に股関節の前方への開きが重要であり，この動きが大きくなるように膝を前に引き出すことで，ドリブル時などの加速力やトップスピードが向上する。一流選手のドリブルは，膝から下の動作でボールを押し出すのではなく，腿を前方にスイングする過程でボールタッチをする。したがって，ボールを進めてから追いつくという動きではなく，走動作，すなわち股関節の前方への開きが行われている途中でボールにタッチし，走りと連動させながらボールを移動させるスタイルになっている。

股関節を使うことは脚の支持動作にも大き

図1 支持脚の機能を強調した腿上げ

な影響を及ぼす。それは腰の位置を安定させ，重心移動をスムースにさせる。走行中のバランスもよくなる。もし膝関節の動作で出力を上げようとすれば，膝の屈曲・伸展が大きくなり，腰の位置が大きく上下動し，重心が不安定になりやすい。この動作では，進行方向に対して腰が水平に移動せず，上下に動きながら進まざるをえない。そのため，進行方向への推進力は低下してしまう。したがって，股関節を支点として脚が離れる最後まで，自分の身体を支え切ることが大切である。

相手との接触やステップワーク，ターンの局面においても支持脚の役割は重要である。股関節主導で脚を使えることは，そのバランスの向上やクイックネスの向上も導く。サッカー選手の場合，この支持動作においてはより強い意識づけを求める必要がある。相手との接触やボールスキルを考慮すると，バランスを保つことは非常に重要であり，そのためには，支持する時間（接地時間）が多少長くなっても，よりしっかりと地面を押さえるように接地していることが求められる。

支持局面のイメージづけをするドリル

接地の仕方と支持脚の使い方を覚えるため，トレーニングでは支持局面のイメージづけをするドリルを行うとよい。腿上げのドリルでプライオメトリックスを発揮するように接地前に膝を伸展し，足底全体で地面を押さえるように接地する。また，支持脚の腰あるいは中殿筋を少し持ち上げるような感じで接地できるとさらによい。あまり前には進まないようにし，しっかりとした接地と支持の維持を強調する。図1における局面①，③，⑤に支持期中における脚の使い方があらわれている。また姿勢については常に背筋を伸ばすことが大事であり，特に接地した時点で頭から足首までが一直線になることが理想である。

リズミカルに動かす

走りのリズム

サッカー選手は試合中に多様なテンポを織り交ぜながら走っている。急加速や急減速，60％程度のスピードからトップスピードへの加速など，そのテンポは多様であり，プレーの局面によって大きな差がみられる。こうした状況に対応しながら走り，プレーの質を上げるためにはリズミカルに走ることが効果的である。さらには自身の走りのリズムやテンポをコントロールすることができれば，自身のプレーはもちろんのこと，チーム戦術にも大きな影響を与えることができる。

たとえば，走っている際，発揮する力の大きさのみでスピードをコントロールしようとした場合，手脚の動作がオーバーアクションになり姿勢を崩し，空回りするような走りになりやすい。その結果，疲労がより蓄積され，持久力に対しても悪影響が及ぼされる。そこで，力だけではなくリズムも同時にコントロールすることで，姿勢のバランスを保ちながら効率よくスピードアップできるようになる。また，相手との駆け引きにおいて，自身の走りのリズムをコントロールできれば，相手のマークを剥がしつつ，次のプレーにス

ムーズに入りやすくなる。サッカーにおいて「走りからステップやジャンプ」,「ジャンプやステップからの走り」といった一連の動作が「流れるように」行われるときは非常にリズミカルである。もし走りやステップ,ジャンプなどの動作のリズムが悪ければ,その後に連動する動作もリズミカルには動かない。それは連続する動作をノッキングさせスピードを低下させることで,相手との駆け引きにおいて不利な状況に陥る可能性を高めてしまう。こうした点から,サッカーでもリズムをコントロールした走り方が重要である。

リズムをイメージする

このようなリズムをつくり出すには,まずそのリズムをイメージすることから始める必要がある。なぜなら,多くのサッカー選手はリズムに対するイメージを持たないまま走っているからである。具体的には,自分の走りたいスピードにあう手脚のリズムをイメージし,そのリズムを頭の中でカウントする。そして頭の中でカウントしているリズムにあわせて身体を動かしていく。こうしたことで動作の中にリズムを感じられるようになる。

腕振りによってリズムをコントロールすることもポイントである。つまり,頭の中でカウントしたリズムにあわせて腕を振る。サッカーの特性上,多くの選手は脚の動きばかりに意識が集中し,腕を動かさないことが多い。しかしこれではボディバランスも低下し,出力も高まらない。この点から腕振りによってリズムをとることは重要であり,意識して行うべきである。腕振りのフォームについては陸上競技ほどこだわる必要はないが,加速局面では強いアクセントを置くように振ることが重要である。

サッカーにおける脚の動きは腿上げの動作でそのリズムのカウントをとるようにしたい。地面反力が小さい芝のグランドでは,地面を蹴る動作あるいは脚を振り下ろす動作を強調すると,脚が後方に流れやすくなり,推進力が大きくならない傾向が強くなる。一方,腿上げの動作でカウントをあわせると,股関節の可動域が広がると同時に,さらなるリズムアップも可能となる。それは,サッカーにみられるダッシュからステップ,方向転換など,次の動作に移行しやすい状況をつくり出す。腿上げの動作でリズムをとることは支持脚でしっかりと身体を支えることにもつながり,ドリブルなど,ボールスキルの面でも複数のメリットが派生し,プレー全体の質を上げていくことができる。

脚を動かすタイミング

次に,支持脚の接地と遊脚の腿上げ動作のタイミングにも考慮したい。より大きなスピードで走っている際には,支持脚の接地時に遊脚の膝の位置がより前方に引き出される。そのため,そのようなタイミングでの脚の使い方を習得させることもスプリント能力向上に大きく貢献する。また,これはステップワークにおいても速さを生み出すポイントとなる。このタイミングでのターンは,支持脚が接地した際,方向転換のみならず,ダッシュの1歩目の役割を果たす。その結果,「ターン=ダッシュ開始」となり,動きの連動性が高められ,ターン後の加速のタイミングも早まる。この傾向は逆の流れでも同様で,走りからターンへの連動性も高まる。つまり,この支持脚の接地と遊脚の動作をシンクロさせるタイミングは,オフ・ザ・ボールの動きの質を高めることを可能にする。

このタイミングをつかむためのトレーニングの代表例として「片脚の腿上げ」がある。これは遊脚の膝が最高点に達するタイミングと支持脚が接地するタイミングをシンクロナイズさせるものである(図2⑧,図3⑫)。接地の際には,支持脚の膝が屈曲しないように接地する。この動作を縦への進行,横への進行と2つの進行方向で行う。姿勢は常に背筋を伸ばすようにすることを意識するが,左右の脚がシンクロナイズしたときに,頭から足首までのラインが一直線になることが大事である。

図2　片脚の腿上げ（横進行）

図3　片脚の腿上げ（縦進行）

まとめ

　サッカーのスプリントにおいて最も重要な3つの要素は「姿勢の維持」、「股関節を動かす」、「リズミカルに動く」である。

　サッカーの動きは非常に多様であり、他のスポーツと同様に同じプレーは二度と再現されない。しかしスピードを上げることは戦術の質を確実に上げるため、多様な動作においてもスピードを高めることが不可欠となる。そのため、走りのスピードを上げる3つの重要な基本的要素、「姿勢の維持」、「股関節を動かす」、「リズミカルに動かす」を身につけることがサッカーにおけるスプリントトレーニングの最大の目標となる。そしてこれら3つの要素をトレーニングによって習得し、試合のどの局面でも無意識に実践できるようにす

ることが理想である。

　陸上競技のトレーニングの中でこれらを達成するには、高頻度で「走り」のトレーニングを行うことが必要と考えられる。しかし、サッカーのトレーニング計画の中では、「走り」だけのためのトレーニングセッションを高い頻度で設けるのは難しく、陸上競技と比べてかなり低い頻度にならざるをえない。サッカーではこうしたトレーニング頻度の低さを考慮してスプリントトレーニングを立案することが目的達成において重要な考え方となる。このような事実を考慮しないと、「スプリントトレーニングは効果がない」と判断され、導入されなかったり、継続されなかったりする原因となる。

　またスプリント能力の向上とステップワークやジャンプ、そしてボールスキルの向上とが因果関係を持つような内容を構築することも必須である。これがサッカーにおけるスプ

リントトレーニングの難しさでもある。しかし，この点を無視してしまうと，「走るのは速くなったが，サッカーには役立たない」という現象が起きてしまう。こうした現象を防ぐためにも，スプリント能力だけでなく，ステップワークならびにボールスキルも同時に向上させるような工夫をし，プログラムを構築しなければならない。

したがって，単にスプリント技術だけを理解するのではなく，サッカーのプレー全般に対する理解度を上げる中でスプリント技術を考えることが必要となる。またこうしたトレーニングの効果を最大限にするには，選手が高い意識を持つ必要があり，これをサポートするコミュニケーションも大きなポイントとなる。これに対しても，サッカー全般に対する理解度が重要であり，サッカーの局面に照らしあわせた説明や具体例をできる限り提示できる準備をしなくてはならない。つまり，サッカーのスプリントトレーニングは単体として捉えるのではなく，戦術面およびプレーの中の一部分として捉え，それぞれの相互作用を理解しながらプログラムを計画し，実践することが不可欠である。

【杉本龍勇】

● 参考文献

1) 征矢英昭：月刊スポーツメディスン 59：11-14, 2004
2) 山本里佳：月刊スポーツメディスン 59：19-21, 2004
3) 鈴木俊明：月刊スポーツメディスン 59：6-10, 2004
4) 米倉加奈子：月刊トレーニングジャーナル 302：20-22, 2004
5) 阿江通良：月刊トレーニングジャーナル 314：12-15, 2005
6) 橋本佳子：月刊トレーニングジャーナル 314：24-27, 2005
7) 渡会公治：月刊トレーニングジャーナル 302：12-15, 2004
8) Frans Bosch：Positive running, a model for high speed running. International Festival of athletics coaching, 2012
9) 日本陸上競技連盟：アスリートのパフォーマンス及び技術に関する調査研究 データブック 2014 年度版
10) 日本陸上競技連盟：アスリートのパフォーマンス及び技術に関する調査研究 データブック 2016 年度版
11) 日本陸上競技連盟：世界一流陸上競技者のパフォーマンスと技術，2010
12) 村越雄太ほか：スプリント研究 24：33-45, 2015
13) 村越雄太ほか：スプリント研究 24：73-87, 2015
14) 日本体育協会：公認スポーツ指導者養成テキスト 共通科目 I
15) 日本体育協会：公認スポーツ指導者養成テキスト 共通科目 II
16) 日本体育協会：公認スポーツ指導者養成テキスト 共通科目 III

用語集

スプリント走関係

エロンゲーテッドスタート　elongated start
クラウチングスタートで前足がスタートラインから遠い位置にセットされるスタート方法。身長が高い競技者向きといわれる。

オンユアマークス（位置について）　on your marks
スターターが競技者をスタート地点につかせるために発する言葉。現在は国内競技会でも英語で発声される。

クラウチングスタート　crouching start
スタートラインに両手をつき，しゃがんだ姿勢からのスタート方法のことで，公認競技大会の短距離競技，ハードル競技，リレー競技の第一走者はこのスタート方法で行わなければならない。

セット（用意）　set
スターターが競技者をスタート地点につかせた後に発する言葉。クラウチングスタートで構えた競技者はこの指示で腰を上げてダッシュできる体勢をとる。現在は国内競技会でも英語で発声される。

短距離種目　sprint event
陸上競技の 400 m 以下の距離の種目のことを指し，100 m, 200 m 種目を短短あるいはショートスプリント，400 m を短長あるいはロングスプリント種目という。

バンチスタート　bunch start
クラウチングスタートで前足がスタートラインに近い位置にセットされるスタート方法。初心者や筋力が十分でない競技者向きといわれる。

フルスプリント　full sprint
全力疾走のこと。

ブレイクライン　break line
決められたレーン内を走るセパレートレーンから自由な位置を走ることのできるオープンレーンになる位置に引かれた曲線ラインのこと。

ブロッククリアランス　block clearance
短距離・ハードル種目でスターティングブロックを用いる際のクラウチングスタートの動き出しのこと。

ミディアムスタート　medium start
クラウチングスタートで前足がバンチスタートとエロンゲーテッドスタートの中間位置にセットされるスタート方法。最も一般的なスタート方法。

スプリント動作関係

空中期　air phase
ランニングでは左右の脚がどちらとも接地していない期間のこと。非支持期もしくは滞空期ともいわれる。ハードル走ではハードリング時の踏切時と着地時を除いた局面のことで，どちらも身体が空中にある期間のことを指す。

シザース動作　scissors movement
ランニングやハードリングの際，両脚を前後に開脚した状態から左右の脚で挟み込む動作のこと。

支持期　support phase
支持脚で身体を支えている局面のこと。接地期（contact phase）ともいわれる。疾走中では，接地から身体重心が最も下がる，あるいは疾走スピードが最も低下するまでを支持期前半（early support phase），もしくはブレーキ局面（braking phase），そこから身体重心高や疾走スピードが上がり，離地を迎えるまでの局面を支持期後半（late support phase），もしくは推進局面（propulsive phase）という。

支持脚　support leg
ランニングやハードリングの際，地面に接地し，身体を支えている脚のこと。

スイング動作　swing movement
疾走中に脚を前から後ろ，後ろから前に動かす一連の動作のこと。

ストライド長　stride length
接地（離地）から逆足接地（離地）までの 1 歩に要する歩幅のこと。ステップ長（step length）ともいわれる。なお，接地（離地）から逆足接地（離地）を挟んで次の同足接地（離地）までの 2 歩分（1 周期）の長さを指すこともある。

すり足　sliding feet
移動する際，足先が地面を擦るようにして足を動かすこと。世界一流スプリンターのスタート時によくみられる。

接地　touchdown
足が地面と接した瞬間のことで，着地（landing）ともいわれる。短距離走では第 5 中足骨遠位端から拇指球付近で接地することが多い。

ドライブ動作　drive movement
遊脚期後半から支持期にかけて，股関節を中心に脚

全体を伸展させることで身体を効率よく前方へと進める動作のこと。

ニーアップ　knee up
疾走中やドリルの際に膝を上げる動作のこと。

引きつけ　pick up
疾走中やドリルの際に踵を殿部に引きつける動作のこと。

非支持期　non-support phase
両足がともに地面を離れている局面のこと。空中期ともいわれる。

ピッチ　stride frequency
脚の回転数のこと。ケーデンス(cadence)ともいわれる。1秒間に脚が何回回転しているか，あるいは何歩進んでいるかを意味し，単位は回/秒，歩/秒もしくは Hz であらわされる。

フィニッシュ動作　finish movement
トラック種目のゴール時において，より早くゴール地点に胴体(トルソー)を到達させようと胸や肩を前に出す動作のこと。

踏切　take-off
ハードル走ではハードリング時の最初の局面で，跳躍種目では助走から跳躍に移行する局面で強く地面を蹴る(押す)動作のこと。

遊脚　free leg/non-support leg
ランニングやハードリングの際，地面に接地していない脚のこと。離地後，接地に向けて前方へと運ばれる脚であることから，回復脚(recovery leg)ともいわれる。

遊脚期　free-leg phase/non-support phase
脚が離地から接地までにある局面のこと。離地後を遊脚期前半(early free-leg phase)あるいは回復期前半(early recovery phase)，接地前を遊脚期後半(late free-leg phase)あるいは回復期後半(late recovery phase)と分けることもある。

リーピング　leaping
一方の足で踏み切り，両足がともに地面から離れる局面(非支持局面)を経て他方の足で着地する動作のこと。走運動の獲得過程で歩行動作から偶然に発生する新しい運動といえ，その後それを反復することで走運動が獲得される。

ハードル関係

アプローチ　approach
ハードル走では1台目のハードル，跳躍種目では踏切に対し，スタート後，各自が所定の歩数で近づいていく動作のこと。

インターバル　interval
ハードル間の距離のことで，性別や種目でその長さは異なる。

クリアランス　clearance
ハードル走ではハードル，跳躍種目ではある高さにかけられたバーを跳び越えること。

シャトルハードル　shuttle hurdle
複数台並べたハードルを往復して跳ぶハードル走のトレーニング手段のこと。

着地　landing
ハードル走において特に用いられるハードルを越えた後の最初の接地のことで，次のインターバルへの起点となる動作のこと。接地(touchdown)ともいわれる。

着地側距離　landing distance
ハードルを跳び越える際のハードルから着地地点までの距離のこと。

ディップ動作　dip movement
ハードルを越える際，身体重心の上下動を抑えるために上体を前に倒す動作のこと。

抜脚　trail leg
ハードルを越える際の踏切時における踏切脚のこと。踏切後，股関節と膝関節とを屈曲させ，脚を身体の側方から前方へとハードル上を移動させるため，抜脚といわれる。着地後のインターバル第1歩となる脚。

ハードリング　hurdling
ハードルを跳び越える際の踏切から着地までの一連の動作のこと。

ハードルドリル　hurdle drill
主にハードルを用いたハードル走の技能を向上させるための分習法的な反復的基本練習のこと。

振上脚　lead leg
ハードル越える際，前方に振り上げながら出す脚のこと。リード脚ともいう。振上脚を前方に持ってくる際には，膝を屈曲して前方へと運び，その後膝を伸展させながらハードルに対してまっすぐ振り出す。短距離走でも脚を前方に運ぶ際に使われる言葉である。

踏切側距離　take-off distance
ハードルを跳び越える際の踏切地点からハードルまでの距離のこと。

リレー関係

アンダーハンドパス　under-hand pass
オルタネイトバトンパスとも呼ばれる。受け手が腰もしくはその後方にあまり肘を伸ばさず，手のひらが下を向くように手を開いて出し，渡し手が下から上へとバトンを渡す方法のこと。利得距離は小さいものの，受け手の手の位置がぶれにくいため，渡し

手がバトンを渡しやすく，受け手の走者もフォームをあまり変えないで受け取ることができるため，加速が大きくなるといわれている。リオデジャネイロオリンピックで日本チームは銀メダルを獲得したが，受け手が肘をこれまでよりも伸ばし，利得距離をより大きくした新アンダーハンドパスを行ったこともメダル獲得の一因となった。

オーバーハンドパス　over-hand pass
受け手が肩の高さあたりまで腕を後方に伸ばしながら，上あるいは後方に向けて開いた手のひらに，渡し手が上から下に，あるいは押し込むかたちでバトンを渡す方法のこと。利得距離が大きくなる一方，受け手の疾走フォームが大きく変わるため，加速しづらく，受け手のスピードが上がりにくい。

チェックマーク　check mark
次走者が全走者からバトンを受け取るためにスタートをする基準となるマークのこと。ダッシュマーク（dash mark）ともいわれる。

テイクオーバーゾーン　take-over zone
リレーにおいてバトンパスが行われなければならない区間のこと。400 m リレーでは 100 m ごとに引かれたセンターラインの前後 10 m，計 20 m の区間をさす。

バトン　baton
長さ 280～300 mm，直径 40 mm（±2 mm），重さ 50 g 以上の筒状のもので，リレーで用いられる。

バトンパス　baton pass
リレー競技において走者間で行われるバトンの受け渡しのこと。

ブルーゾーン　blue zone
ブルーラインからテイクオーバーゾーンの起点までの 10 m の区間で加速ゾーンともいわれる。この区間であればどこからスタートをしてもよいが，この間でのバトンパスは禁止されている。

ブルーライン　blue line
テイクオーバーゾーン起点より手前 10 m に引かれたラインのこと。

リレー種目　relay event
通常行われる種目は 4（人）×100 m（4継〈ヨンケイ〉），4（人）×400 m（マイル）であるが，4（人）×200 m や 4 人が順番に 100 m，200 m，300 m，400 m と走るスウェーデンリレーなどの種目もある。

トレーニング関係

アシステッドトレーニング　assisted training
下り坂や専用の機器などを用い，負荷を軽減させてよりスピードの出るかたちで行うトレーニングのこと。

ウエーブ走　wave sprint
フルスプリント―クルージング走―フルスプリントのように努力度合いを交互に変えていく走りのことで，トレーニング手段の 1 つとして用いられる。

エクスプロッシブストレッチ　explosive stretching
ストレッチングの方法の 1 つで，爆発的ストレッチといわれる。ジャンプなど上肢や下肢などを大きくかつ強い反動をつけながら筋や腱を引き伸ばす動きで，筋や神経系の活性化などにより運動のパフォーマンスも向上させる可能性を持つ。

オーバースピードトレーニング　over speed training
下り坂や専用の機器などを用い，強制的に自分の出せる疾走スピード以上の速さで走るトレーニング手段。

ギャロップ　gallop
股関節の動きを改善するドリルで用いられ，馬が走るようにどちらかの脚を前にした状態で，後ろ脚が前脚を追い越していくようにタ・タ，タ・タのリズムで前方に移動する動作のこと。

クルージング走　crusing run
加速後ある程度上がったスピードをできるだけ省エネで維持する走りのこと。フロート走ともいわれる。

ジョギング　jog（jogging）
ゆっくりとしたペースで走ること。短距離走のトレーニングでは，ウォーミングアップや持久的トレーニングとして長い時間走る場合に用いられる。

スキップ　skip（skipping）
同じ足で 2 回連続して接地する動作を左右交互に繰り返すこと。ドリルや流しなどでリラックスして走り出したいときに用いられる。ドリルで行われる腿上げをスキップというときもある。

スタティックストレッチ　static stretching
ストレッチングの方法の 1 つで静的ストレッチともいわれる。上肢や下肢などの関節を反射が生じないようゆっくりと引き伸ばした後，筋や腱の長さを変えず 10～30 秒程度その姿勢を保持する。競技直前にこのストレッチを行うと最大筋力などが低下し，パフォーマンスが低下する可能性があるため注意が必要である。

ストレッチング　stretching
身体の様々な筋，腱，関節を能動的あるいは他動的に引き伸ばす動作のこと。筋の緊張をやわらげる，柔軟性を高める，身体の可動性を高めるなど，ケガの予防にもつながる。練習の前後，休息時にも行われる。その種類には，スタティック，ダイナミック，エクスプロッシブストレッチなどがある。

スプリントドリル　sprint drill
スプリント走の技能を向上させるための分習法的な

反復的基本練習のこと。

ダイナミックストレッチ　dynamic stretching
ストレッチングの方法の1つで，動的ストレッチともいわれる。上肢や下肢などを多方向に反動をつけながら筋や腱を引き伸ばす動きで，ラジオ体操に代表される。柔軟性を高めるとともに，神経や筋の活性化を導く可能性を持つ。

トロッティング　trotting
膝をあまり上げず，足の上にしっかりと身体重心をリズムよく乗せることを意識しながら行う小さな腿上げ動作のこと。

流し　wind sprint
フルスプリントの70～80％の力でリズムよく走ること。ウィンドスプリントともいわれ，本練習前の予備練習や練習の最後にコンディショニングの一環として用いられる。

プライオメトリックトレーニング
plyometric training
筋の伸張反射や腱組織の弾性を利用したジャンプトレーニングで，短時間で大きな力を効率よく発揮させるトレーニング手段。

変形ダッシュ　variation dash
長座位や仰臥位などの様々な体勢から合図によりできる限り速く走り出すトレーニング手段。

ポイント走　point run
技術的ポイントを意識して，少し余裕を持って（努力度合いを低めて）走るトレーニング手段。

レジステッドトレーニング　resisted training
坂道を上る，重りを引く，また重りを着用するなど，負荷をかけた状態で行うトレーニングのこと。

運動力学・生理学関係

横断面（水平面）　transverse plane（horizontal plane）
身体を上下に分ける上方または下方からみた解剖学上の面。

回外　supination
肘関節を支点にして前腕を手のひらが上に向くように動かすこと。足関節では下腿を固定して足底を内側に向けるよう動かすこと。

外旋　lateral（external）rotaition
肩・股関節において上腕や大腿を外側へ回転させる動きのこと。

外転　abduction
上肢や下肢を身体の正中線から遠ざける動作のこと。

回内　pronation
肘関節を支点にして前腕を手のひらが下に向くように動かすこと。足関節では下腿を固定して足底を外側に向けるよう動かすこと。

加速　acceleration
疾走中，そのスピードが上がっていく状態のこと。100m走ではスタート後50～60m付近まで加速し，最大疾走スピードに達した後，徐々に減速していく。

冠状面（前額面）　coronal plane（frontal plane）
身体を前後に分ける前方または後方からみた解剖学上の面。

拮抗筋　antagonist muscle
主働筋の逆の作用をする筋のことで，主働筋が働く際は相反抑制が働き，この筋の収縮が抑制される。

協働（同）筋　synergist muscle
主働筋と共同して働く筋のこと。

屈曲　flexion
関節の角度が一方向に小さくなる動作のこと。

コーディネーション　coordination
ある運動目的を達成するため，主働筋や拮抗筋などの活動が強調して行われること。それぞれの動作にはそれぞれ特有の筋のコーディネーションパターンがみられる。

最大疾走スピード　maximum sprinting speed
疾走中にみられる最も大きいスピードのこと。一般的には，進行方向の速度だけを考えるので，最大スピードという。桐生祥秀選手が100m日本人初の9秒台を出した際のこのスピードは11.67m/秒であった。

矢状面　sagittal plane
身体を左右に分ける横からみた解剖学上の面。

地面反力　ground reaction force
地面に加えた力に対する反作用の力で，その力を利用することで身体は陸上を移動できる。

主動（働）筋　agonist muscle
筋運動の際に主として働く筋のこと。

身体重心　body center of gravity
身体各部分の質量中心が合成され身体全体の中心となるところ。解剖学上の3面（正中面，前頭面，水平面）が交差するところにあたる。成人男性では身長の約56％（女性は55％）の位置に，立位時には第2仙骨前面にあるといわれている。およそおへその下あたりになる。

伸張性収縮　eccentric contraction
筋が伸ばされながら力を発揮する収縮様式。

伸張-短縮サイクル運動（SSC運動）
streth-shortning cycle exercise
筋腱複合体が伸張された後，短縮すると，大きな力を効率よく発揮できる現象。蓄えられた弾性エネルギーや伸張反射による筋硬度の向上などにより，その後に続く筋の短縮局面で増強効果がみられる。プライオメトリックトレーニングはこの能力を高める代表的なトレーニングである。

伸張反射　stretch reflex
脊髄反射の1つで，骨格筋が引き伸ばされると，その筋線維と並行して存在する筋紡錘が興奮し，その求心性信号により筋が自動的に収縮する現象のこと。

伸展　extencion
関節の角度が一方向に大きくなる動作のこと。

垂直速度　vertical velocity
身体重心などが垂直（鉛直）方向に移動する速度のこと。

水平速度　horizontal velocity
身体重心などが水平方向に移動する速度のこと。

スピード　speed
身体重心などが動く際，1秒間あたりにどのくらい動いたか（大きさ）であらわされる。向きを考えないスカラー量。単位は m/秒や km/秒など。

速度　velocity
身体重心や各部位（セグメント）が動く際，1秒間あたりにどのくらい（大きさ），そしてどの方向に（向き）動いたかであらわされる。大きさと向きを持つベクトル量。単位は m/秒など。

短縮性収縮　concentric contraction
筋が短縮しながら力を発揮する収縮様式。

等尺性収縮　isometric contraction
筋腱複合体の長さが一定の中で力を発揮する収縮様式。筋腱複合体全体の長さは一定でも，実際には力を発揮する筋が収縮し，腱組織は伸ばされている状態になる。

等速性収縮　isokinetic contraction
一定の速度で収縮あるいは伸張されている筋が力を発揮する収縮様式。

等張性収縮　isotonic contraction
筋の張力と負荷とが釣りあった状態で筋が張力を発揮する様式で，短縮性と伸張性収縮はこの収縮の様式である。

内旋　medial（internal）rotation
肩・股関節において上腕や大腿を内側へ回転させる動きのこと。

内転　adduction
上肢や下肢を身体の正中線に近づける動作のこと。

反応時間　reaction time
静止状態（ready の姿勢など）から合図が鳴り，身体が動き出すまでの時間のこと。スプリント走のスタートなどは，スタートの合図1つに対して身体を反応させるため，その反応時間は単純反応時間といわれる。

【串間敦郎／金子公宏】

索　引

数字

100 mH 走　56
100 m 走　51
110 mH 走　56
1500 m 走　93
10000 m 走　93
1 次加速局面　51
200 m 走　53
2 次加速局面　51
30 m ダッシュ　129
3 点スタート　135
4×100 m リレー　100
400 mH　57
400 m 走　54
5000 m 走　93
800 m 走　93

アルファベット

aerobic　3
anaerobic　3
ATP-CP 系　2
coupling time　21
CPG　12
development　30
growth　30
high-intensity interval training (HIIT)　8
HIIT (high-intensity interval training)　8
lactate shuttle　6
MTC (muscle-tendon complex)　20
muscle-tendon complex (MTC)　20
peak height velocity (PHV)　30
PHV (peak height velocity)　30
silent period　26
speed-accuracy trade-off　15
Spring-Mass モデル　63
SSC (stretch-shortening cycle)　20
stretch-shortening cycle (SSC)　20

あ行

アップスイープ　103
アプローチ局面　56
アプローチ区間　85
アプローチタイム　85
アンダーハンドパス　103
移行期　142
一塁打走　147
一般的準備期　142
イーブンペース　95
インターバルタイム　56
インターバルラン　84
羽状角　18
羽状筋　18
運動感覚　109
運動単位　17
運動方程式　71
運動量　72
エネルギー供給系　2
エネルギー代謝　2
円盤投　125
オーバーハンドパス　102

か行

回転運動　127
回転投法　125
解糖系　2
加速局面　51
加速動作　135
加速力　159
滑走記録　141
滑走姿勢　136
カッティング動作　151
環境条件　50
慣性の法則　71
関節トルク　78, 154
キネティクス　71
キネマティクス　68
逆振り子モデル　63
競技期　143

曲線走路　53
切換時間　21
筋腱複合体 (MTC)　18, 20
筋収縮形態　19
筋線維　18
筋損傷　24
筋紡錘　17
筋放電休止期　26
筋力　31
グライド投法　125
クラウチング姿勢　106
クロスオーバーカット (クロスステップ)　151
クロスオーバーステップ　148
クロスステップ　117
血中乳酸濃度　141
原始歩行　13
腱弾性　21
高強度インターバルトレーニング (HIIT)　8
高強度運動　4
公認記録　50
股関節　161
股関節内転筋群　88
コーチングポイント　109
骨格筋　18
骨年齢　39
骨盤　71
コーディネーションパターン　25, 28

さ行

サイズの原理　19
最大疾走スピード　36, 48
サイドステップカット (サイドステップ)　151
先取り　22
サークル系種目　125
サッカー　156
作用・反作用　71
酸化系　3
持久力　157

軸づくり 113
支持期 67
姿勢 160
疾走スピード 35, 48
疾走スピード曲線 52
質的負荷 11
自発的分化 32
地面反力 75
ジャブステップ 148
重心速度 126
重力加速度 73
主観的努力度 114
ジュニア競技者 41
種目間トランスファー 8
循環運動 25
女子 100 mH 83
女子 400 mH 87
助走 109
助走距離 117
助走形態 108
助走スピード 118
助走スプリント 108
神経筋システム 12
神経支配比 17
身体感覚 160
身体重心 38
身体重心高 83
身長最大発育(成長)速度(PHV) 30
伸張性収縮 19
身体成長速度曲線 31
伸張-短縮サイクル(SSC) 20
伸張反射 22
随意運動 12
スイング速度 69
スキップ・ドリル 114
スクワット・ジャンプ 114
スタディオン走 50
スタート動作 133, 136
ステップワーク 161
ストライド型 65
ストライド指数 38
ストライド長 35, 64
スピード曲線 28
スピードコントロール 159
スピード障害 9
スピードスケート 132
スピード-正確性トレードオフ 15
スピードの切り替え 156
スプリントドリル 15
スプリントハードル 81, 82

すり足 28
生理的エネルギー 7
接地距離 67
セット法 9
戦術 156
センター意識 113
専門的準備期 142
走運動 32, 62
走形態 108
走スピード 64
相反抑制 25
相補性原理 10
走塁 145
走塁時間 147
速筋線維 19

た行

体幹の捻転 122
滞空期 67
滞空距離 67
タイム設定 59
ダウンスイープ 103
ダッシュマーク 106
タッチダウンタイム 56, 84
タレントトランスファーマップ 43
タレント発掘 43
男子 110 mH 82
男子 400 mH 86
短縮性収縮 19
力-速度関係 77
遅筋線維 19
中枢神経系 13
中枢パターンジェネレータ(CPG) 12
中枢疲労 23
中長距離走 93
跳運動 33
長期増強 18
長期促通 18
調整走形態 108
跳躍種目 108
直進走形態 108
直線走路 53
テークオーバーゾーン 102
同期化 26
動作範囲 70
等尺性収縮 20
投てき競技 117
投てき記録 120

投動作 119
盗塁 148
特異性 8
ドリブル 161
努力度 119
トレーニングの年間計画 142

な行

内部モデル 13
肉離れ 24
乳酸系 2
乳酸シャトル 6
乗り込み 78

は行

バイオメカニクス 62
破壊法 9
走り抜け走 147
走幅跳 109
発育 30
発育スパート 38
発達 30
ハードリング 83
ハードリング距離 83
ハードル種目 56
ハードル走 81
ハードル走タイム 85
バトンパス 100
バトンパスの評価基準 104
バトン練習 105
ハムストリング 88
ハンマー投 125
ピックアップ加速局面 51
ピッチ 35, 64
ピッチ型 65
ピッチ指数 38
疲労 5, 23
フィードバック 13
フィードフォワード 14
負荷軽減法 9
不随意運動 12
プッシュプレス 103
プライオメトリックトレーニング 22
振上脚 38
プレ競技期 143
ブロック動作 117
平均疾走スピード 50
平行筋 18

索引

並進運動　127
ペース配分　53
ペースランニング　151
ヘッドスライディング走　147
砲丸投　125
方向変換　154
歩行運動　62
歩行動作　32
歩数　57
歩数切り換え　90
ボディバランス　161

ま行

前捌き　111
末梢性疲労　23

無酸素性　3
無酸素性作業能力　147
モデルタッチダウンタイム　84
腿上げ動作　163

や行

野球　145
やり投　117
有酸素性　3
予測　15
予備緊張　20

ら行

ライフサイクル　40

ラストクロス　118
ラストスパート　93
ラテラルスタート法　148
力学的エネルギー　7, 120
力積　72
リズム　162
リズムのコントロール　159
利得距離　102
リバウンド型ジャンプ　34
量的負荷　11
リレー種目　100
リレーの走順　101
レースパターン　5, 54
レースペース　93
レペティション法　9
ロングスプリントハードル　81, 86

スプリント学ハンドブック
すべてのスポーツパフォーマンスの基盤

2018年2月26日　初版第1刷発行
2019年2月4日　初版第2刷発行

編　　集	日本スプリント学会
発 行 人	西村正徳
発 行 所	西村書店
	東京出版編集部
	〒102-0071　東京都千代田区富士見2-4-6
	Tel.03-3239-7671　Fax.03-3239-7622
	http://www.nishimurashoten.co.jp
印　　刷	三報社印刷株式会社
製　　本	株式会社難波製本

Ⓒ2018 日本スプリント学会
本書の内容を無断で複写・複製・転載すると，著作権および出版権の侵害となることがありますので，ご注意ください。

ISBN978-4-89013-481-6